探索中国

未解之谜

帝王之谜

沛林◎主编

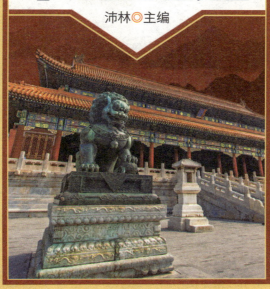

SPM
南方传媒

广东人民出版社

·广州·

图书在版编目（CIP）数据

探索中国未解之谜：全八册 / 沛林主编 . —广州：广东人民出版社，2024.1

ISBN 978-7-218-17092-3

Ⅰ . ①探…　Ⅱ . ①沛…　Ⅲ . ①中国历史—少儿读物　Ⅳ . ① K209

中国国家版本馆 CIP 数据核字（2023）第 211719 号

TANSUO ZHONGGUO WEIJIE ZHI MI

探索中国未解之谜

沛　林　主编

出 版 人：肖风华

责任编辑：李力夫
责任技编：吴彦斌　周星奎
装帧设计：朝旭文化

出版发行：广东人民出版社
地　　址：广东省广州市越秀区大沙头四马路 10 号（邮政编码：510199）
电　　话：（020）85716809（总编室）
传　　真：（020）83289585
网　　址：http://www.gdpph.com
印　　刷：天津泰宇印务有限公司
开　　本：890mm×1240mm　1/32
印　　张：24　字　　数：230 千
版　　次：2024 年 1 月第 1 版
印　　次：2024 年 1 月第 1 次印刷
定　　价：138.00 元（全八册）

如发现印装质量问题，影响阅读，请与出版社（020-85716849）联系调换。
售书热线：（020）87716172

前言
PREFACE

　　中国有着五千年的历史，在这片充满神奇的土地上，不管是人文历史还是自然景观，都隐藏着令人困惑不已的谜团：秦始皇到底是谁的儿子？徐福东渡到底去了哪里？传国玉玺到底在哪里？千年古莲真的会开花吗？珠穆朗玛峰到底能长多高？十二生肖里为什么没有猫？万里长城是怎么建成的呢？……

　　为了让孩子们在一个个未能完全解开的谜团中获得不一样的阅读体验，以探索的眼光研究各种谜题，在思考与探索中走向未来，我们特意编写了《探索中国未解之谜》这套书。本套丛书共包含八个分册，从帝王之谜到历史悬案，从考古谜踪到文化谜团，从生物之谜到地理谜境，从民俗探源到建筑奇谜，全方位、多角度地介

绍了中国多个领域具有探索意义的未解之谜，最大限度地拓展孩子的认知、视野，激发孩子对大自然和身边事物的好奇心以及探索未知世界的兴趣。

为了帮助孩子探索这些未解之谜，我们还在书中精心设置了有趣的板块，并配有精美的插图，以增加孩子的知识储备量，让孩子们的探索之旅更为有趣。希望孩子们通过阅读本套丛书能对我们神秘的国家多一些了解，并愿意为探索未解的谜团而贡献自己的一份力量！

Contents
目录

尧、舜禅让之谜

中国的历史开始于三皇五帝，那时帝王们"垂拱而治、天下清明"，特别是唐尧、虞舜相继禅让，反映了我们中华民族大公无私、唯才是举的传统美德，历来为儒家学者所推崇。然而，对于这样一段美好的历史，有人却提出了疑问，这究竟是怎么回事呢？

"禅让"的赞同者和反对者

万章是孟子最喜爱的弟子之一，他曾向孟子询问与"禅让"有关的问题。孟子的回答中出现了诸多"天"字，孟子口中的"天"，可以解读为人民、诸侯，也可以解读为天子，天子在当时被认为是上天派到人间的代表，孟子认为是上天看中了舜的品德与能力，所以尧才将王位传给了他，因此可以认为孟子是认可"禅让"这件事的。

早在战国时期就有人对"禅让"之说心存疑虑。第

一个提出疑问的人是荀子，他认为尧舜"禅让"其实是虚构的历史，是谣传。战国末期的韩非，不仅不认同有"禅让"这回事，还说舜和禹因为弑杀了君王才顺利登位。不止韩非一个人这样说，唐朝的刘知几所著的《史通》有"舜放尧于平阳"这样的话，又说舜是受禹的迫害，最后流落到苍梧而死。

近代学者的看法

近代部分学者的看法是，"尧舜禅让"源自战国初墨家的言论。《墨子》大概是记载"禅让"最早的书了。《墨子》中倡导圣人执政，认为王公大臣和天子都应推选

贤者担当。书中将舜描述成会烧窑、捕鱼的农夫，以表达墨子"尚贤"的态度。墨子出身低微，他的政治思想体现着处于社会底层的百姓的政治诉求。但是，墨家只说过"尧舜禅让"，那么"舜禹禅让"说又来自哪里呢？

近代一些学者认为"舜禹禅让"是儒家新添的。儒家在某种程度上也是提倡"举贤"。孟子参照墨家的"尧舜禅让"说，编写出"舜禹禅让"的故事，而且同样是将禹描述成匹夫出身。战国以后，墨家衰落，"禅让"说才被说成是儒家的言论。学者的这种观点，又一次将传了两千多年的"禅让"说全盘否定。

一些学者经过多种途径进行考证，认为"禅让"其实是一种部落选举的方式。例如我国史书上记载的乌桓民族，在汉朝时期，当多个小部落组成一个大部落时，部落中的人会推选身体强健、智谋过人的人为"大人"，这里的"大人"就是指帝王。其他民族如鲜卑、契丹、蒙古等也大致是这种情况。以此类推，汉民族的上古时期应该也是这样。只不过这种看似平常的选举，经过后人不断加工粉饰，使

"禅让"说充满了神圣而伟大的光彩。

"禅让"说，历代学者都持有不同观点，看来要破解这个谜，还需要更多史料的支持。

你知道吗？

帝尧曾慕名拜访一个名为子州支父的人，两人促膝长谈之后，帝尧认为此人文韬武略都在自己之上，就决定将帝位禅让给他。子州支父推辞说："将帝位禅让给我也不是不可以，只是我身患病症，需要好好调理一番，恐怕难堪大任。"帝尧听他这样说，也不好勉强，只能作罢，但依然很敬重他。

商纣王昏庸、残暴之谜

商纣王的残暴嗜杀、荒淫无度是众所周知的，商朝灭亡后，此后历朝历代的臣子们也多以商纣王为反面教材劝谏君王。大部分人也将商朝灭亡的根本原因归结为商纣王自身的缺点。但也有人认为商纣王并没有人们口中说的那样昏庸无能，认为他对中华民族的发展有过突出的贡献。真的是这样吗？

史书中的商纣王

商朝最后一任君主是商纣王，史书记载他残暴不仁，终日沉迷酒色，荒废政务。他曾奴役万余名百姓，花费多年时间，只为修建一座奢华无比的鹿台，使当时的百姓们苦不堪言。商纣王的恶劣行径也一度遭到朝中大臣们的反对，但他听到反对之声不但不进行自省，反而大发雷霆。纣王的叔父比干是个忠贞不贰的贤臣，曾多次进言，希望纣王能改邪归正，最终惹怒纣王，被挖心而

死。这样一来，其他大臣也不敢出言劝谏了。

商朝很快被商纣王弄得乌烟瘴气，危在旦夕。这时，周武王打着"吊民伐罪"的旗号，在各诸侯的簇拥下挥师讨伐纣王。然而此时商纣王仍然和宠妃、近臣们在鹿台把酒言欢，完全没有意识到危险的降临。直到手下的人将大军压境的消息告诉商纣王，他这才如梦初醒。他在慌乱中召集了 70 万人的军队来抵抗周武王，但这临时拼凑的军队根本不堪一击，再加上商纣王早已失去人心，很多士兵在战场上都倒戈相向，商纣王的军队很快败下阵来。商纣王觉得自己大势已去，便在鹿台之上引火自焚了。

我国大部分史书都是这样记载商纣王的，这种记载也被众多史学家认可。

学者们为商纣王"翻案"

但对于史书中的记载，有很多人提出了相反的意见。孔子的学生子贡就对史书上的内容产生过怀疑，在他看来，商纣王并不像史书

上记载的那样不堪，是后人把当时存在的不好的事情擅自加到商纣王身上的。

清朝学者李慈铭也认同子贡的说法。他认为历朝历代都有君王专宠妃嫔、屠杀臣子的事情，这是很常见的。新中国成立前著名学者顾颉刚在其所撰写的《纣恶七十事发生的次第》中也指出，商纣王的很多罪恶其实是后人强加给他的，离商纣王的时代越远，描述商纣王的罪行就越多，但也因此验证了这些罪行不可信。

1960 年，郭沫若在《新建设》上发表一篇文章，说纣王其实很有治国才能，做了许多对中国历史发展有益的事情，他曾经派兵镇压东夷叛乱，也曾开拓长江流域和淮河流域，为中国统一奠定了基础。

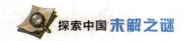

一些学者认为，关于商纣王听信宠妃的言论，并不是说他贪恋女色，而是来源于制度与习俗中的母权的影响，是当时一种普遍的社会现象。

如此看来，商纣王的残暴和好色，到底是确有其事，还是后人附加，还有待进一步考证。

你知道吗？

酒池肉林比喻奢华的生活，也形容酒肉数量多，宴席豪奢。这个成语的来源与商纣王相关。商纣王喜欢饮酒吃肉，于是依照夏桀的做法，找人在后宫挖了个大池子，将里面灌满了酒。这个"酒池"非常大，听说能在里面行船，池边的林木上又挂满了肉块，人们称其为"肉林"，后来就有了"酒池肉林"这一说法。

勾践卧薪尝胆之谜

　　春秋时期，越国被吴国击败，越王勾践被俘虏到吴国，在吴国宫廷中做了3年奴隶。3年后，勾践被吴王赦免，回国后企图灭掉吴国雪耻。为了激励自己，他卧薪尝胆，最终消灭了吴国。然而，人们对这件事的真实性提出了疑问：历史上真的发生过这件事吗？

"卧薪""尝胆"的时间问题

　　《左传》中记载了关于越王勾践的事迹，《国语》中也记载了越王与吴王的对战过程。但《左传》和《国语》中都没有提及有关越王勾践卧薪尝胆一事。另外，西汉司马迁的《史记》中也只是记载越王勾践曾经"尝胆"一事，但并没有涉及"卧薪"之事。直到东汉时，袁康、吴平编写的《越绝书》和赵晔编写的《吴越春秋》中专门对春秋末年到战国初期吴越两国的史事进行了叙述。这两本书在正史的基础上，根据传说或者凭借想象力，添加了很多细节，可信度已经大大缩减。《越绝书》中描述了"卧薪"，但没有提及"尝胆"；《吴越春秋》中写了"尝胆"，但没写"卧薪"。如此看来，"尝胆"最早记载在西汉的《史记》中；而"卧薪"到东汉时才有记载。

"卧薪""尝胆"同时出现

据学者考证，"卧薪"和"尝胆"同时出现且被当作成语被人们使用，最早出现在北宋苏轼所写的《拟孙权答曹操书》中。信中苏轼想象孙权在三国分立时一度"卧薪尝胆"，信中叙述的内容与勾践其实并没有什么关系。到南宋时期，吕祖谦的《左氏传说》中提到吴王夫差曾"坐薪尝胆"。明朝张溥的《春秋列国论》中也提到吴王夫差有卧薪尝胆之事。之后马骕在《绎史》和

《左传事纬》中都讲到吴王夫差有卧薪尝胆之事。然而，宋朝的黄震在《古今纪要》和《黄氏日抄》中，真德秀在《戊辰四月上殿奏札》中，都说卧薪尝胆是越王勾践的事情。由此可见，"卧薪尝胆"这个词最早是由北宋时期的苏轼提出的，从南宋到明朝，这件事到底是夫差做的还是勾践做的，一直是一个谜。

明朝末年，梁辰鱼在《浣纱记》中又为越王勾践卧薪尝胆一事增加了许多细节，使故事更加生动具体。冯梦龙在《东周列国志》中也提及勾践曾卧薪和尝胆之事。清朝初年，吴乘权编写的《纲鉴易知录》中也指出卧薪尝胆之事为越王勾践所为。从此，越王勾践卧薪尝胆的故事，就在民间流传开了。

"卧薪尝胆"的其他解释

有学者认为，越王勾践"卧薪"，早在《吴越春秋》中就有记载，只是当时将"薪"写成了"蓼"。清人马瑞辰在《毛诗传笺通释》中提到，"蓼"是一种苦菜，这种苦菜积累得多了，就成了"蓼薪"。而后人把"卧薪"当成是睡在柴草上，其实是错误的理解。

如果确有卧薪尝胆之事，那么为什么历史记载得这么迟呢？如果说没有发生此事，却又为何如此家喻户晓呢？其实，经过时间的洗礼，历史上的很多事情都是扑朔迷离的，要想弄清事情的真相，只能靠后人不断追寻了。

你知道吗？

"有志者，事竟成，破釜沉舟，百二秦关终属楚；苦心人，天不负，卧薪尝胆，三千越甲可吞吴"是一副对联。上联讲的是项羽与秦军战斗，在敌强我弱的情况下，破釜沉舟，使军队气势大涨，最终大败秦军的故事；下联讲的是越王勾践为了报仇雪恨，卧薪尝胆，最终消灭吴国的故事。

秦始皇十二金人下落之谜

十二金人一般认为是秦始皇统一天下后，为了防止百姓造反，将天下的兵器都收缴上来，然后铸成十二个大铜人像。也有人说秦始皇为了防止金属流通，网罗天下金属铸造的。还有人说十二金人是秦始皇用大禹九鼎铸造的。现在人们只知道它们的制造工艺、造型和高度，但是关于它们的下落，人们却不得而知。那么，它们如今在什么地方呢？

为什么是十二金人

史书中铜人又称"钟鐻""金人""钟""翁仲"等，其中将铜人叫作"钟"，是因为铜人是空心的，像钟一样；将铜人叫"金人"，是因为铜是黄色的；"翁仲"是铜像的意思。

那么，为什么铜人的数量是"十二"呢？原来，古代人将大地分成十二支，称作十二地支。十二地支加起

来就是大地。大地还有一种分法，先将大地分成四个方向，即东南西北，每个方向中再分出两个方向，即四面八方，其中的数字之和就是十二。由此，我们不难猜想"十二"就是"天下统一"的意思。另外，一年有十二个月，年复一年有千秋万代之意。两者合起来，"十二"的意思就是"天下统一，千秋万代"。

十二金人相关的故事

关于秦始皇铸造十二金人有这样两个故事。

一个故事是说，秦始皇统一六国之后，认为自己的德行与功绩都超过了三皇五帝，于是创立了"皇帝"的称号，自称始皇帝。为了让自己的子孙后代都是皇帝，秦始皇下令收缴民间的各种兵器，防止百姓造反。有一天，一个农民告诉秦始皇，说自己看到了 12 个巨人，

他们口中唱着歌谣："渠去一，显于金，百邪辟，百瑞生。"意思是依附金器就能显赫，而且百邪回避，福瑞丛生。秦始皇听后，认为这是上天的旨意，就下令将从民间收缴的兵器铸成 12 个铜人。

另外一个故事是说，一天，秦始皇在阿房宫中睡觉，突然有一个满头白发、胡子修长的道人来到他的面前。道人手拿拂尘，说道："铸造十二金人，才能江山永固。"秦始皇从梦中惊醒后就下令收缴全国的兵器，铸造成 12 个铜人。

然而，秦朝灭亡后 12 个铜人的踪迹却无从寻觅。目前，关于铜人的下落有以下 3 种猜测。

部分历史学者认为，当初项羽在攻下咸阳后，放火烧了阿房宫，而十二金人就在阿房宫中，它们连同阿房宫一起被烧毁了。

另外一些历史学者指出，是董卓毁了十二金人。《正义》中记载，东汉末年，董卓带兵占领长安，将十二金人中的 10 个金人销毁，并改铸成铜钱，而剩余的两个被搬到长安城清门里。

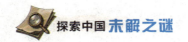

　　但也有人认为，12个铜人并未被销毁，而是掩埋在秦始皇的陵墓之中。

　　现在，由于各种原因，秦始皇陵墓的发掘工作还无法开展，所以十二金人到底在哪里，仍然是个谜。也许等到秦始皇陵墓开掘的那一天，这个谜底才能被揭晓。

你知道吗？

　　据知，北京大钟寺有一口明代永乐铜钟，座高几米，重约几万公斤，内外满铸佛经文字，声音洪亮，被称为"钟王"。据研究，秦十二金人，很可能是像它一样采用地坑造型法铸造的，在冶炼技术还不发达的秦国，能铸造如此重的铜器可以算得上一件奇事。

秦始皇"坑儒"之谜

　　说起秦始皇，人们就会联想起"焚书坑儒"事件，"焚书""坑儒"之间并没有关联，公元前213年，秦始皇下令焚毁书籍，在焚书的第二年，又发生了坑儒事件，坑儒不是焚书的直接继续，而是由于一些方士、儒生诽谤秦始皇引起的。但是秦始皇究竟有没有"坑儒"呢？

"焚书"的起因

　　公元前213年，秦始皇在咸阳宫大摆筵席，邀请群臣商讨国事。在宴会上，大家对是否实行分封制进行了激烈的争论。丞相王绾、齐国博士淳于越等人支持分封，而丞相李斯等则倾

向于郡县制，并指责淳于越等人不推崇今天的学问和学说，反而要学习古代的，这样会毁了秦朝刚刚建立起来的政权制度。秦始皇支持李斯的观点，并决定采纳李斯的"焚书"建议，将反对者严惩甚至判处死罪。从这里来看，秦始皇确实曾"焚书"。

"坑儒"的争议

秦始皇晚年向往长生，大肆炼丹。他花费大量人力、物力，先后派徐福、韩众、侯生、卢生等人四处寻药。侯生与卢生均为方士，他们被秦始皇委派去寻仙人和仙药，但一直没有找到，所以内心十分焦急。当时秦国律法严苛，如果找不到仙药就会被判处死刑。因此他们叹息说："秦始皇如此强人所难，这样狠辣凶残并且贪得无厌之人，根本不配得到仙

药。"于是，侯生、卢生偷偷地逃跑了。

秦始皇知晓此事后，大发雷霆，立刻下令审查、讯问咸阳的所有方士，一定要找出造谣生事的侯生、卢生二人。方士们为了保命，只能相互告发，秦始皇最后将有嫌疑的几百人都挖坑活埋了。

至于坑杀的人到底是方士还是儒生，历史学者说法不一。从"坑儒"事件的起因看，被坑杀的人应该是方士；但从史书记载"众儒生都学习孔子的学说"来看，被坑杀的人又似乎是儒生。

东汉卫宏在《诏定古文尚书序》中记载，秦始皇在骊山温谷种瓜，以冬季瓜熟的怪象引诱诸生来骊山观赏。当众儒生为此事热烈讨论时，秦始皇便下令将他们都活埋了，七百多名儒生就这样断送了性命。于是有人便根

据这一记载，认为秦始皇有过"坑儒"的行为。

有学者研究诸多史籍，认为"焚书"之事发生过，而"坑儒"之事实际上是"坑方士"的讹传，因此不能断定秦始皇"坑儒"。

但是，时至今日，秦始皇是否"坑儒"还没有定论。

你知道吗？

史书对秦始皇的外貌有两种描述。第一种，秦始皇的鼻梁高挺，眼睛细长，胸膛宽阔，声音洪亮，这种人尖刻冷酷，凶狠残暴。第二种，秦始皇高大威猛，身高2米左右，有一双大眼睛。

刘邦真实身份之谜

刘邦，沛县（今江苏省）人，字季，秦朝末期曾任泗水亭长，后因不满秦始皇的残暴统治，发起农民起义，并被项羽封为汉王，后与项羽展开长达五年的楚汉之争，最终刘邦胜利，并建国，国号为"汉"，史称西汉。然而就是这样一位厉害的人物，关于他的身世却众说纷纭，刘邦的身世到底是怎样的呢？他的亲生父母究竟是谁呢？

"蛟龙"转世

关于刘邦的身世，《史记》和《汉书》中曾这样记载，据说刘邦的母亲曾在河岸边休息，不一会儿，天色阴暗，电闪雷鸣，刘父见天色突变，便急忙跑到刘母身边，却看到一只蛟龙卧在刘母身上，刘父极为震撼。不久后，刘母便怀孕了，并生下了刘邦。刘邦称帝后，人们便认为刘邦是蛟龙转世。但事实上，这只是一个传说

而已，并非实际情况。在古代，但凡有人成为皇帝，后人总会编排出一些非凡的神奇故事，以此凸显他的不平凡。

他母亲未婚生子

有学者认为，刘邦的母亲是在未成婚的时候生下的他。阅读《史记》可以发现，里面记载了很多远古部落首领及其出生时的神话故事，比如商部落始祖契，他的母亲吞食鸟卵后生下了他，这显然是一个神话故事，不足为信。但是，由于他们都生活在远古蒙昧时代，实行的婚姻制度是群婚制，即一群男子与一群女子互为夫妻，

小孩出生后，只知其母，不知其父。在这样的情况下，将部落首领的出生神话，是可以理解的。与此不同的是，刘邦生活的年代早已进入文明时代，所以如果刘邦的母亲是未婚生下的他，是不会留下详细的文字说明的。

刘邦在家中不受欢迎

司马迁生活在西汉时期，所以对开国君主刘邦出生的描述也受到限制，其叙述的手法非常委婉：在雷雨交加的一天，刘邦的母亲与一个避雨的陌生人相遇，后行不轨之事，这一幕恰好被刘母的丈夫看到，丈夫将这个"外人"比成了"蛟龙"。在这里，司马迁一面"神化"了汉高祖刘邦的出生，一面依然坚持了自己的史笔写实

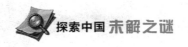

的原则。

《史记》中记载刘邦仪表堂堂，才华横溢且积极向上，这样一个人却不讨其父亲的喜欢，且常常被指责是无赖，不能管理家产，到了30岁，刘邦才与好友一起学习，后任泗水亭长。由此可以看出，刘邦在家中并不受欢迎，甚至是受到歧视的，与其他兄弟的成长经历完全不同，仔细分析，可能是因为太公知道刘邦不是自己的亲生儿子，才将种种坏情绪发泄到刘邦身上。不仅如此，《史记·楚元王世家》中记载，在刘邦所处的大家庭中，刘邦的嫂子也很厌恶他。刘邦曾带宾客到大嫂家吃饭，大嫂故意称羹汤已吃完，并用勺子刮锅，宾客离开后，刘邦却见锅里有羹汤，由此怨恨其大嫂，等他当上皇帝后唯独不愿封赏兄长的儿子。可能是这些经历让刘邦自觉无法得到家人的关心和支持，便一心投身社会，广交朋友，成了一个大度、豁达、仁义且有远大抱负的人。

不同的看法

有学者认为，农民出身的刘邦当上皇帝，让很多封建贵族无法接受，所以刘邦的部下及后代神话了他的出生。司马迁在《史记》中那样描述刘母怀孕的情景，也

是顺应了当时统治阶级的需要，因为司马迁也需要服务于刘氏皇权。

　　刘邦的身世到底是怎样的，其具体出生日期，以及其父亲真实的身份，我们无从得知，依旧是未解之谜。

你知道吗？

　　刘邦称帝之后，实行中央集权制度，为了稳固统治，陆续消灭了韩信、彭越等异姓诸侯王，分封了九个刘姓诸侯王，除此之外，他励精图治，建章立制，休养生息，减免徭役，实行了一系列政治、经济措施，使社会经济得到大力发展，使人们生活稳定，由此巩固了自己的统治。

大将韩信

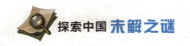

"扶不起的阿斗"之谜

刘禅，即蜀汉后主，刘备之子，小名阿斗。在世人的眼中，他是个宠信宦官，最后导致亡国的无能君主。因刘禅不思进取，无论诸葛亮如何辅佐，他始终没有一个君主该有的样子，于是大家讽刺他为"扶不起的阿斗"。但事实真的是这样吗？他真的是"扶不起的阿斗"吗？

众人对刘禅的评价

陈寿的《三国志》中有这样的记载，诸葛亮在射君（身份不详）面前表扬刘禅，说刘禅智慧和气度都不凡。射君于是将此事禀告给了刘备，刘备听后，心中大喜，于是在遗诏中这样对阿斗说："丞相都称赞你的智慧和气度，说你有很大的进步，这超出了我们对你的期望。如果果真如此，我还有什么担心的呢？希望你再接再厉。"诸葛亮敢言直谏，从不会阿谀奉承，陈寿也不可

能歪曲历史事实，所以，刘禅应该不像我们认为的那样无能。百家讲坛中也曾提到，刘禅在执政前期任用贤相，是个循理的君王。

刘禅的过人之处

熟读历史的人不难发现，刘禅在任的 41 年中，蜀汉局势十分稳定，几乎没发生什么内乱，另外，刘禅在位时间是三国时期所有君主中最长的。在那个动乱的时代，如果没有点过人之处，谁能稳坐皇位这么久呢？

刘禅十几岁就当了蜀汉的君主，刘备去世前特意嘱咐他："你和丞相一起处理事务，要像侍奉父亲一样侍奉他。"刘备死后，刘禅将所有的朝政事务都交由诸葛亮处理，也像侍奉父亲一样侍奉诸葛亮。后来刘禅的年纪到了可以独自执政的时候，诸葛亮理应将大权交还给刘禅，但诸葛亮以刘禅没有治国经验为借口，并没将政权交给刘禅，刘禅选择了隐忍。诸葛亮多次请缨北伐，刘禅虽然心里不赞成，但在明面上还是没有违背诸葛亮的意愿。应该说，刘禅深知，君臣不和，必定会导致内乱，他严格遵守了刘备的遗愿，让蜀国军民上下一心，使蜀国达到了前所未有的稳定局面。刘禅重用诸葛亮，将他

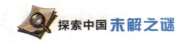
当作股肱之臣，单凭这一点就说明刘禅是极聪明的，虽然诸葛亮因常年用兵让很多人对他产生不满，但是诸葛亮的治国方略确实促进了蜀国的空前发展。所以说刘禅还是有一定远见的。

在用人方面，刘禅也表现出了惊人的才智，鉴于诸葛亮生前大权独揽，刘禅下令废除丞相制，让蒋琬担任大司马，费祎担任尚书令和大将军，两人的权力相互制衡，但又各有侧重。从此蜀国军政及内政大权不再掌握在一个人手中，刘禅也逐渐摆脱了手无实权的尴尬局面。这些创举都说明刘禅确实有真才实干。

蜀国被魏国灭亡后，刘禅投降被俘，后在魏国都城洛阳过起了乐不思蜀的享乐生活，但刘禅是真的因贪恋

富贵生活而忘蜀的吗？还是说他看清了大势，因此采取了明哲保身之法呢？个中缘由历来被人讨论，至今仍是个谜。

你知道吗？

四川省成都市龙泉驿区的洛带古镇的名字由来，据说与刘禅有关。相传刘禅初来此小镇时，因手上有污渍，想要洗手，转眼看到了一口井。于是，他解开玉带，却一不小心将玉带掉入井中，于是命人打捞。突然天色大变，狂风呼啸，大雨倾盆。刘禅极为惊异，就让风水师占卜。风水师占卜后，说这个地方是风水宝地，打捞玉带会影响天象。玉带怕是不能打捞了，于是刘禅就将玉带留在了井中。所以，人们将此地取名为"洛带（落带）镇"。

隋文帝死亡之谜

隋文帝即杨坚，是隋王朝的建立者，是中国历史上伟大的帝王之一。但关于隋文帝之死，历史上众说纷纭，至今仍没有定论。这是怎么回事呢？

隋文帝的一生

隋文帝是弘农郡华阴（今陕西省华阴市）人，是汉太尉杨震十四世孙，他结束了南北朝乱世纷争，统一了中国，开创了科举制度，统一了币制，发展文化经济，使当时的中国达到了空前繁荣的局面，他也被人尊为"圣人可汗"。

公元581年，杨坚夺得了帝位，开创了隋朝，史称隋文帝。隋文帝有5个儿子，皆出自独孤皇后。隋文帝即位后，即立长子杨勇为太子，次子杨广为晋王。后来，太子被废，晋王杨广被立为太子。公元604年四月，隋文帝身染重疾，七月病情加剧，很快便驾崩了。

关于隋文帝死因的猜测

历史上关于隋文帝的死因，主要有两种观点：

第一种观点认为，隋文帝是被他的儿子杨广杀死的。史书有载，在隋文帝杨坚病重期间，当时尚书仆射杨素、兵部尚书柳述等因皇帝病重而被召入宫中侍奉，太子杨广也住进宫中。杨广见隋文帝的病情危急，就写信叮嘱杨素时刻关注隋文帝病情，并询问今后的打算。却不曾想，宫人由于疏忽将信误送到隋文帝处，隋文帝看到后大发雷霆，想要废掉杨广，重新立杨勇为太子。杨广看事情已经败露，就命张衡去刺杀隋文帝。很快，宫里就

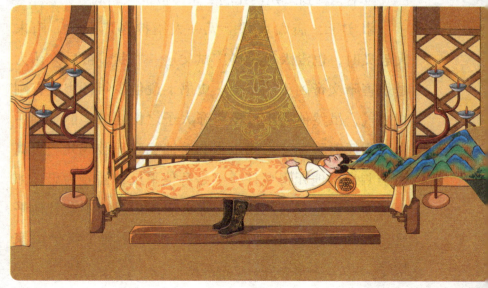

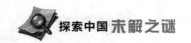

传来隋文帝的死讯。一时间，朝廷大臣们都议论纷纷，认为杨广唆使张衡杀死了隋文帝。

第二种观点认为隋文帝并不是被杨广所杀，而是病死的。自仁寿四年春，隋文帝就已经很少管理政事了，朝中大多数事务都交由太子杨广来处理，杨广当时已经基本把持朝政，大可不必担上弑父的罪名；七月，文帝的病情已经到了无药可医的地步，生命危在旦夕，杨广继位已成定局，没有必要再弑父。另外，有史料记载，自从杨广当了太子，与父亲的关系一直很好，隋文帝非常赏识杨广的才能和气魄；而且就仁寿宫所在的位置而言，杨广与杨素的卫兵很容易就能将仁寿宫控制住。杨广应该不会蠢到杀死快死的父亲，被世人诟病。

事实上，唐太宗君臣无一人指控杨广弑父。隋末大起义时，也没人声讨杨广弑父这一罪状。被后人认为是杀害隋文帝凶手的张衡，史书上说他少年怀志，有刚直之气，虽然他插手过杨广夺太子之位之事，但是到后来因为反对隋炀帝大兴土木和谤讪朝政而被赐死。唐高祖李渊觉得他死得冤枉，于是替他平反，谥号为忠。如果张衡果真是弑君的凶手，那么唐高祖恐怕不会替他平反，因为这涉及伦理道德问题，非常不利于维护国家秩序。

如果排除了他杀，隋文帝又是怎么死的呢？部分史学家认为隋文帝的确是病死的，而且死前还安排好了自己的后事。目前，隋文帝到底是如何死的仍是一个历史谜案，还有待进一步考证。

你知道吗？

隋文帝在位期间实施了很多创举，科举制度就是其中之一，它取代了九品中正制，自此选官不问门第。其实，汉代就已出现"举明经"等科举选官制度，但是魏晋以来实施的依旧是九品中正制，直到隋文帝在位期间科举制度才开始真正实行。

探索中国 未解之谜

隋炀帝开凿运河原因之谜

隋炀帝即杨广，在位时间虽然很短，却完成了营建东都洛阳，开凿运河，开辟驰道，修筑长城等重大工程。其中他开凿运河的原因，让历代史学家争论不休。那么，他是为了方便自己欣赏江南的秀丽风光，还是另有原因呢？

为了游玩而开凿运河

隋炀帝即位不久，就命人开凿运河。他在前人修的众多运河的基础上疏浚、开凿隋朝大运河，工程规模巨

大，但前后用了几年的时间就完成了修建。试问在那样的科学技术还不发达的年代，修建大运河是多么困难的事。那么隋炀帝为什么要开凿运河呢？

一部分人觉得，隋炀帝开通运河主要是为了方便自己巡游扬州风光。运河开通以后，隋炀帝多次乘坐豪华的龙舟从洛阳南下巡游扬州。持这种观点的人认为隋炀帝不仅喜欢扬州的富庶，而且喜欢扬州的秀美景色，他曾作过许多与扬州有关的诗篇，其中最有名的就是《春江花月夜》。持这种观点的人都一再强调隋炀帝酷爱奢靡无度的生活。

出于多方面的需要

　　一部分人认为隋炀帝开凿运河是出于当时政治和经济的需要，与隋炀帝个人贪图享乐并无关系。他们指出，隋代开凿运河，隋炀帝并不是第一人。早在隋文帝在位期间，为了保证在发生洪涝干旱的天灾之年国家能储备足够的粮食，他在下令修建大量仓库的同时，相继开凿了广通渠和山阳渎，以便漕运。不难发现，国家开凿运河是必不可少的，而隋炀帝开凿运河是在完成父亲的未竟之业。所以隋炀帝开凿运河主要是为了沟通洛阳与江淮的水路，方便漕运。

　　江淮以南地区经过数百年的发展，繁华富庶，已经成为全国的经济中心，但当时全国的政治中心洛阳在经济发展上却相对落后。所以，运河的开通可以将全国的政治中心与经济中心相连，将江南财富以田赋的方式进

行征集，并通过运河运送到洛阳。此外，隋朝建立以前，中国在很长一段时间内处于南北分裂的境况，隋朝建立以后，江南的陈朝的残余势力曾与朝廷对抗过，大运河开通后，便于朝廷对南方的控制，加强了中央集权。

也有一些人认为隋炀帝以江东诸帝深居宫中不问民间疾苦终至亡国为鉴，因此到处巡游，体察民情。《隋书》中记载，隋炀帝不止巡游过扬州，还巡游过西北各地，曾到过突厥与吐谷浑边境。这种巡游不排除有游玩的成分，但主要应该是出于对政治与军事的考量。隋炀帝曾多次下扬州，但肯定不是为单纯地欣赏美景，而很可能是看中了扬州占据的重要经济政治地位。

纵观史书，不能说隋炀帝的巡游单纯是为了享乐，但到底是因为什么，恐怕很难说清楚，看来还有待历史学家们进一步的探索。

你知道吗？

在政治等方面，人们对杨广的评价褒贬不一、毁誉参半，但在文学领域，杨广毋庸置疑占有一席之地。他勤奋好学，喜欢写文章，在诗歌方面更是造诣非凡，代表作有《春江花月夜》二首。

唐太宗篡改国史之谜

唐太宗即李世民，李渊次子，他是历史上一位伟大的皇帝，他在位期间励精图治，开创了"贞观之治"。虽然他一生功绩斐然，但"玄武门兵变"让他成了一个颇受争议的人物，而且后来他擅自修改国史，让后人议论纷纷。那么，唐太宗为什么要修改国史呢？

为了掩盖历史真相

有人猜测唐太宗修改国史是为了掩盖历史真相。在古代，皇帝没有干涉史官的权力，史官会根据实际情况，毫无偏私地记录历史。但唐太宗却影响了史官的公正性，犯了大忌。

《新编中国历朝纪事本末·隋唐卷》对李世民修改国史一事是这样记载的：由于武德年间萧璃等人还没有修成前朝的历史，唐太宗认为创建一套新制度很有必要。玄武门政变后，李世民登基成为皇帝，但在当时他的哥

哥李建成才是名正言顺的继承人，他杀死了自己的哥哥，并逼迫父亲李渊让位，这是大逆不道的行为。为了让自己登基成为名正言顺的事，李世民下令设置史官，编撰国史，建立了宰相监修国史的制度，这就迫使史官只能按他的意图撰写历史，无法做到客观公正。

公元 640 年，李世民下令让房玄龄等人删略国史并将其改为编年体，分别编撰《唐高祖实录》二十卷、《唐太宗实录》二十卷。在李世民的干预下，史官们将发动"玄武门之变"写成利国利民的正义之举，这就掩盖了"玄武门之变"的真实内情。

李世民授意史官，要求将他在武德年间的功绩写得比太子李建成的功绩还要大，减弱唐高祖李渊的作用，把太原起兵的策划人改为自己，而李渊只是起辅助作用。如此，李世民就成了开创李唐王业的头号功臣，他登基为帝也成了理所应当的事。

为了强化真命天子的形象

李世民还要求史臣将李渊在太原起兵的原因写成不得已而为之，目的是将李渊美化成一个忠臣，从而符合道德标准，这样就能帮助他稳定政局。而李世民要求贞观史臣写自己是太原起兵的策划者，是为了说明自己是"天选之子"，这与他授意史官在撰写《唐太宗实录》时，写他出生时有两条龙在馆门外面嬉戏，3天后才离去的异象如出一辙。他也要求史官在写太原起兵的细节时，突出他的智谋不凡和骁勇善战，更进一步说明他是一代明君。因此有些人认为李世民修改国史是想要突出自己在太原起兵中的重要作用，说明自己是真命天子。这种说法并没有史料作为依据，姑且当作一种与众不同的解读。至于李世民修改国史的真正目的，我们今天已无从知晓了。

你知道吗？

　　昭陵为唐太宗李世民与文德皇后长孙氏的合葬陵墓，坐落在陕西省咸阳市礼泉县东北九嵕山上。昭陵的规模和陪葬墓的数量让人惊叹，为关中唐十八座帝王陵园的代表陵园，现已成为国家 4A 级旅游景区。

孝敬皇帝李弘死亡之谜

孝敬皇帝李弘为唐高宗第五子，也是武则天亲生的长子。李弘在被确立为继承人后，多次接受监国的重任，深受父皇的宠爱和信任。令人感到奇怪的是，在24岁时，李弘突然在洛阳的合璧宫去世了，当时他是跟唐高宗和武则天到那里去的。李弘的突然去世匪夷所思，很多史料上的观点认为是武则天杀死了李弘。这是真的吗？

被武则天杀害的吗

从唐代至今，人们对李弘去世的真正原因一直没能研究清楚，一些人认为李弘的死与武则天有关，比如《唐会要》及新旧《唐书》中便认为武则天鸩杀了李弘。这种观点得到很多人赞同，因为武则天确实曾有滥杀的举动，如果李弘真的严重得罪了武则天，那么武则天是有可能下杀手的。

那些把李弘之死归因于武则天的人觉得，李弘的性

格比较谦逊，不但对朝中大臣彬彬有礼，而且对百姓也较为怜悯，广得人心。唐高宗对李弘十分喜爱，用各种办法来培养他。有一次唐高宗去东都，要求李弘监国。那时正赶上关中地区出现饥荒，就连禁军中也有一部分士兵以树皮为食，李弘便想办法筹集粮食送到那些士兵手中。

公元 673 年 8 月，唐高宗得病，命李弘批阅各个部门交上来的文件。这也体现出唐高宗意识到自己的身体堪忧，在为最坏的情况做准备。也就是说，如果唐高宗去世，那么李弘就要准备接位了。武则天当时会想什么呢？她当时或许已经有了夺权的打算，而李弘当时羽翼渐丰，如果任由李弘的势力发展，那么武则天夺权的路

将会十分艰难。在这种情况下，武则天是有可能对李弘起杀心并动手的。

除了争夺朝政大权，李弘和武则天还有其他矛盾。当时唐朝有义阳、宣城两位公主，这两位公主是萧淑妃的孩子，与武则天关系不和睦，武则天命人将这两位公主囚禁在掖廷，导致这两位公主到了40多岁还没能出嫁。李弘见状不忍，便向武则天提出请求，希望允许这两位公主嫁人。武则天对李弘的态度十分恼火，便从执勤的卫士中找人娶了这两位公主。这件事可能使武则天与李弘的关系急剧恶化。后来李弘又在自己的婚事上和武则天的家族产生了矛盾。起初，李弘想娶司卫少卿杨思俭的女儿。杨思俭的女儿有良好的文化素养，而且相貌出众，可算是李弘的佳偶，李弘对她十分喜爱。没想到，武则天的一个外甥也垂涎于她，并在明知李弘心仪于她的情况下对她加以强暴，使得这桩本已定好婚期的婚事不了了之。

死于结核病

尽管很多人觉得武则天是李弘之死的关键人物，但有些学者对李弘的死因提出了不一样的看法。这些学者在对《新唐书》等史料进行分析后认为，结核杆菌才是李弘之死的"凶手"。这些学者认为，史料中提到李弘患有结核病，而且他经常需要带病处理公务，由此使得病情不断恶化，再加上当时结核病本就难以治疗，所以李弘最终很可能死于疾病。

著《资治通鉴》

正如司马光所说，李弘去世可谓"其事难明"，即使到今天，李弘的真正死因依然是个难解的谜团。

你知道吗？

唐恭陵位于今河南省洛阳市偃师区缑氏镇，陵园坐北朝南，平面正方形。陵园内建有大、小二冢，大冢就是人们所说的太子冢，处在陵园中部偏西的位置，孝敬皇帝李弘便葬于此处。小冢位于大冢的东北部，哀皇后裴氏（李弘太子妃，裴居道之女）葬在这里，俗称"娘娘冢"。

武则天无字碑之谜

无字碑，就是无字的石碑，这种石碑在碑刻中显得十分奇特。我国历代皇帝死后都会在其墓碑上刻上生前的丰功伟业。武则天建立武周，成为中国历史上唯一的正统女皇帝，这样一位地位高贵的人，其墓碑上却没有任何文字，这是什么原因呢？

民间的三种说法

对于武则天无字碑为什么没有字，人们提出了不同观点，归纳起来主要有三种。

第一种观点，无字碑是武则天用来展示自己功绩的工具，也就是说，武则天觉得自己一生所创立的功业已经无法用文字来形容了。武则天的一生可谓传奇，如果从她当上皇后开始计算，那么她执掌大权的时间有足足五十年。即使从唐高宗去世开始计算，她执掌朝政的时间也超过二十年。武则天不但是中国古代第一位女性帝王，还是一位手腕高明的政治家，她掌权期间重视经济，劝课农桑，整顿土地制度，兴修水利设施，压制豪门，提拔人才，疏通边境各民族关系，促进了国家的繁荣，使众多人才有了用武之地。从武则天的一生不难发现，她在政治上有不小的抱负，并尽力去把国家治理好，对"贞观之治"的优良政治风气有所继承，并为后面"开元之治"的出现奠定了基础。

第二种观点，此观点与第一种观点恰恰相反，觉得武则天立下无字碑是因为无颜面对后人。武则天的一生确实传奇，但也确实伴随着杀戮和恐怖。武则天在掌权的路上费尽心机，拉拢小人，建立私党，提拔酷吏，诛

杀反对势力，并鼓励人们相互检举揭发，对不服从自己的人施加酷刑，使朝廷上下笼罩在一片恐怖的氛围中。在经济方面，武则天时期的社会经济在唐初历史中处于较低水平；在军事方面，武则天掌权时期，唐朝一度失去了安西四镇，国防安全受到威胁。武则天深知自己一生过错甚大，所以没敢在石碑上刻歌功颂德的文字。

第三种观点则另辟蹊径，觉得武则天并不打算评价自己一生的功过，而是把这个问题交给后人，这也反映出武则天政治经历的复杂性。唐高宗去世后，武则天尽力稳定朝政，在复杂的局面中将权力紧紧掌握在手中，尽力维护贞观时期以来社会经济的良好发展趋势。但是武则天确确实实也给当时的政治风气造成了恶劣的影响。她还迷信宗教，造成国家资源的浪费。总之，她的一生可谓大功大过，难以骤然评判。

其他几种说法

除了以上三种，还有其他说法，比如有人认为，立无字碑是唐中宗李显的主意。李显是武则天之子，一度被武则天废掉。对李显来说，如果在碑上刻字，那么如何称呼武则天自然是个大问题，究竟是把武则天作为皇帝，还是把武则天作为太后呢？还有人认为，武则天死后的政治局面过于复杂，人们没有心思去管这块碑。

总之，关于无字碑的历史历来众说纷纭，至今仍是一个难解的谜团。

你知道吗？

武则天曾经命人组建一支宫廷乐队，名为"十万宫廷乐"，后世称这支乐队为"武皇十万宫廷乐舞"。这支宫廷乐队的规模之大世所罕见。唐玄宗曾钦点出三百梨园子弟，而武则天的这支乐队在规模上更胜一筹。公元693年，这支宫廷乐队表演武则天自制的《神宫大乐》，所用舞者多达几百人，这种规模可谓帝王建制宫廷乐队之最了。

赵匡胤杯酒释兵权之谜

"杯酒释兵权"指的是宋太祖赵匡胤，经历陈桥兵变，黄袍加身，登基为帝后，对曾经帮助自己打天下的功臣们心生猜忌，害怕兵变夺权这一事件会重演，于是用一场酒宴轻松解除众将兵权。一千多年以来，很多人对它的真实性都深信不疑，毕竟众多史书中都有记载。但是，近年来有学者认为，这个事件有可能是宋代文人的杜撰和演绎，并没有真的发生过。真的是这样吗？

《谈录》中无此故事

20世纪90年代，有关学者对此事件提出了质疑。宋真宗时的宰相丁谓所著《谈录》有记载，认为解除众功臣的兵权是宰相赵普提议的，而且给出了很有说服力的理由，宋太祖认同他的理由，于是听从赵普的建议逐步解除众将士的兵权，但并没有"杯酒释兵权"这一事件发生。

《笔录》中出现故事雏形

宋仁宗时期，宰相王曾写的《笔录》记载了"杯酒释兵权"这一故事。但其情节简单，并没有后来那种充斥着戏剧性的内容。到宋神宗时，司马光所著的《涑水记闻》才呈现出详细生动的带有戏剧性的"杯酒释兵权"的故事情节。由此我们发现，离故事主人公所处时代越远，故事的情节反而越详细具体。

故事成型的过程

总的来说，在北宋中后期，"杯酒释兵权"的故事呈现为从无到有，从简到繁的发展过程，同时各种说法之间相互补充、渲染，最终演变成为一个带有戏剧性的故事。应该说这个故事大约出现于宋真宗、仁宗时期，宋神宗、哲宗年间得到完善。司马光《涑水记闻》中的记载成为标志。后来，王辟之、李焘等人又进行摘抄，期

间又对情节加以增添。

　　时至今日，对于这个故事的说法，众人仍是各执一词，自始至终无法得到统一的定论。这也成为一个历史之谜，想要发现真相，还需要新的历史资料的发现。

你知道吗？

　　赵匡胤在诗词方面也有所造诣，他作的七言绝句《咏初日》为后世所传唱。这首诗意境高远，气势磅礴，比喻精当，读起来朗朗上口。虽然它只有短短四句，却是一首述志佳作。

赵匡胤死因之谜

　　赵匡胤在陈桥兵变后摇身一变成为皇帝，在皇位上坐了 10 余年后撒手人寰。但奇怪的是，正史中对于赵匡胤的死亡记载得比较模糊，《宋史·太祖本纪》中的相关记载也只是简单的几句话。那么，赵匡胤究竟是怎么死的呢？

赵匡胤的弟弟即位

　　根据《湘山野录》的资料，公元 976 年十月的一天，晋王赵匡义被赵匡胤急切地叫到寝宫。在赵匡胤的

命令下，寝宫的其他人都离开了。赵匡胤和赵匡义在屋里自酌自饮。夜渐渐深了，赵匡胤发现赵匡义有躲闪的姿态，似乎是畏惧自己，赵匡胤便有些自得之意。当时殿前落了几寸厚的雪，赵匡胤取玉斧刺雪，并且向赵匡义说："太简单了，真的太简单了。"那天晚上赵匡义便住在禁宫而没有回去。次日天将亮时，赵匡胤去世的消息从禁宫中传出。赵匡义依据遗诏，在灵柩前即皇帝位。

"烛影斧声"的疑点

上面所说的事情便是历史上著名的"烛影斧声"。有人认为，史料中对此事的描写并非事实，而是对赵匡义弑君篡位行为的粉饰，烛光中的斧声并非赵匡胤刺雪所致，而是两兄弟在打斗，而赵匡义的退避之态也是争斗过程中发生的。在争斗之中，赵匡义狠下心杀死了赵匡胤。之所以史料上不如实记载，是为了避免被封禁。

如果赵匡胤真的是被赵匡义杀死的，那么赵匡义的动机是什么呢？有的史料称，赵匡义弑君的起因是一个女人。后蜀政权向北宋投降后，赵匡义对后蜀君主孟昶的妃子花蕊夫人十分喜爱。但是，孟昶死后，花蕊夫人

成了赵匡胤的嫔妃。赵匡胤急切地命赵匡义来寝宫的那天，赵匡胤其实已经卧病在床。那天晚上赵匡义看到赵匡胤似乎睡熟了，便对花蕊夫人加以调戏，却惊动了赵匡胤。赵匡胤取玉斧砍赵匡义。病重的赵匡胤可能已经没有力气砍中赵匡义了，而赵匡义则觉得自己已经难以求得原谅，情急之下不断击打赵匡胤，之后逃回王府。皇后与太子得到消息并赶到赵匡胤的寝宫时，赵匡胤已经奄奄一息，随后便去世了。至于赵匡胤的直接死因是赵匡义的击打还是自身的病怒交加，这就不得而知了，但赵匡胤的去世必然与赵匡义有关。

也有一些人认为赵匡义是无辜的。《涑水纪闻》中便提到，赵匡义是在赵匡胤去世之后才赶到宫中并得到皇位的，也就是说赵匡胤去世时赵匡义并不在赵匡胤身边，更不可能杀害赵匡胤，而"烛影斧声"自然也是无稽之谈了。

尽管有学者为赵匡义辩白，但从赵匡义登上皇位后的一系列举动来看，他弑君夺位的嫌疑还不能抹掉。因为在他登上帝位后，赵匡胤的长子和次子先后离世，其中长子是被迫自尽，次子则死得不明不白，这种情况不得不令人怀疑赵匡义登上皇位的方式。

总之，关于赵匡胤的死因可谓众说纷纭，至今最有代表性的说法便是赵匡义弑君夺位，可惜这一说法也没有足够的证据支撑，因此赵匡胤的死因至今依然是个谜。

你知道吗?

赵匡胤在登上帝位前是武将，不过他可不是那种一字不识的莽汉，他很喜欢读书。有一次他被人诬陷，诬陷他的人向皇帝说他有几辆装满财宝的车。皇帝就让人去查，结果发现那几辆车里装的都是书籍。皇帝好奇地询问赵匡胤要这么多书有何用，赵匡胤说读书增加自己的见识，好为皇帝出谋划策。

元宪宗蒙哥死亡之谜

1258 年，蒙古大汗蒙哥派遣忽必烈等人分别攻打鄂州、荆山等地，蒙哥则带兵攻打西蜀。在攻打四川合州钓鱼城（今重庆合川）时，蒙哥突然去世。关于蒙哥的死因，人们也是众说纷纭。那么，蒙哥究竟是怎么死的呢？

蒙哥之死

元宪宗蒙哥在历史上以勇猛闻名。1251 年，在拔都的支持下，蒙哥接过了大汗之位，从而改变了蒙古当时数年没有君主的情况。蒙哥登上大汗之位后，忽必烈受命带兵向南方出击。第二年汪德臣等蒙古将领带兵进攻蜀地，兵锋直逼嘉定。1258 年，由于成功征服了云南、吐蕃等地，蒙古统治者下定了灭亡宋朝的决心。蒙哥分派忽必烈等人带兵出击，自己也亲自带兵向西蜀进发。

蒙哥带兵先渡过嘉陵江到达白水，之后围困长宁山，打下隆州等地。1259年初春，蒙古大军直逼四川的北部重地合州（今重庆合川）。合州的州治为钓鱼城，位于险崖绝壁之间，难以攻打，是宋军保卫重庆、维持四川战局的战略重地。南宋官员王坚在城内组织防御，发动百姓抵抗蒙古军队。在数月的交锋中，尽管蒙古军队攻势强大，且有大炮、劲弩，但宋军依靠天险有条不紊地组织防守，使得蒙古的大炮和攻城器械无法充分发挥作用，尽管蒙古军队数次打到城头，但最终都无功而返。就这样，蒙古军队与宋军交战5月有余，钓鱼城依然处于宋军手中。

到了六月，天气越来越炎热，蒙古士兵和马匹都逐

渐出现水土不服的情况，且蒙古军中开始出现流行病。蒙古军队派人到宋军城下劝降，却被宋军的飞石袭击，虽然没有打中，但也使劝降之人不久便因惊恐而死于军中，蒙古军队的士气也越来越差。七月，蒙哥突然去世。蒙哥为什么死得这样突然呢？

关于蒙哥死因的说法

目前，人们对蒙哥的死因提出了多种说法，如中箭说、中炮石说、中炮风说、淹死说、羞愧说、染疫说。

中箭说是一种较早出现的说法。叙利亚人阿部耳法刺底在《世界史节本》一书中提出，蒙哥因被流矢射中

而死。如今重庆合川区钓鱼山忠义祠内的《新建二公祠堂记》碑上，也记载着蒙哥因被飞矢射中而死。这种说法得到了一些学者的认可，我国著名历史学家翦伯赞便在《中国史纲要》中表示认可此种说法。

中炮石说可见于明代的《重庆志》。《重庆志》中提出蒙哥的死因是被炮石击中。后来也有一些历史资料采用了此种说法。有人认为今天钓鱼城的脑顶坪便为蒙哥中炮石的地方。

中炮风说可见于无名氏的《钓鱼城记》。《钓鱼城记》中认为，宋军向蒙古军队发炮时，蒙哥"为炮风所震"，由此病重而死。这种说法在后代的一些史料中也有提及。

淹死说可见于小阿美尼亚海屯的口授东方史《海屯纪年》。《海屯纪年》中的说法是，蒙哥曾乘战船攻宋，结果战船被凿穿，蒙哥因此被淹死。但这种说法在我国史料中没有记载，因此并未得到广泛支持。

羞愧说可见于南宋末年史学家黄震的《古今纪要逸编》。该书的观点是蒙哥由于对钓鱼城久攻不下，羞愤难当而死。

染疫说流传得较为广泛，认为蒙古军队缺乏应对流行病的措施，后蒙哥染病而死。

蒙哥死后，蒙古军队全军撤退，蒙、宋之间的局势大为改变。可以说，蒙哥的死影响了宋蒙时期的历史进程，由于他的死造成了不小的影响，所以对于其死因的研究也是非常有价值的。遗憾的是，尽管近现代以来学者一直在寻找蒙哥死亡的真正原因，但至今尚未找到答案。

你知道吗？

由于蒙哥的突然去世，世界局势发生极大变化，当时蒙古正在进行的西征不得不停止，阿里不哥和忽必烈的权力之争也由此爆发，而这场权力之争正是造成蒙古帝国分裂的重要因素。

忽必烈迁都原因之谜

元世祖忽必烈称帝建国后迁都大都，大都由此成为元代的都城。关于忽必烈迁都的原因，人们有多种说法，有人认为忽必烈是因为无法掌控漠北而被迫迁都，有人觉得忽必烈是为了更好地统治南方而迁都。到底哪种才是真相呢？

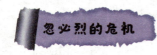
忽必烈的危机

元世祖忽必烈的父亲是成吉思汗幼子拖雷，母亲则是一位深受汉文化影响的女性。由于母亲对汉文化极为喜爱，忽必烈自幼便对儒家文化比较熟悉。后来忽必烈和一位名叫海云的禅师关系密切，这位禅师向忽必烈推荐了自己的一个名叫子聪的弟子。这个弟子就是历史上大名鼎鼎的刘秉忠。经过多方访求，忽必烈认识了越来越多的儒家名师。

1251 年，蒙哥担任大汗。蒙哥是忽必烈的哥哥，在得到大汗之位的过程中得到了忽必烈的帮助，因此当上大汗后对忽必烈十分器重。在这种政治形势下，忽必烈得以总领漠南汉地军国庶事，并统领陕西及河南地区。忽必烈采纳刘秉忠的策略，施行仁政，成效明显。同时，蒙哥和一些大臣开始猜忌忽必烈，觉得他的政治举措是在故意扩大自己的势力。

1257 年，蒙哥以忽必烈身体有病为由收回忽必烈的兵权，还设立"钩考局"，遣人去陕西、河南调查财赋情况，趁势将忽必烈的亲信铲除。有个儒臣对忽必烈提建议，认为无论从君臣关系讲，还是从兄弟关系讲，忽必烈都没办法与蒙哥抗衡，劝忽必烈把妻子和孩子送归汗廷，以表明自己的忠心。忽必烈依计而行，并亲自去向蒙哥解释，陈述自己施政的策略和目标，最终化解了这次危机。

忽必烈争夺汗位

1259 年，蒙哥带兵攻打南宋四川钓鱼城（今重庆合川）时死于军中。忽必烈当时正带兵进攻鄂州。蒙哥死亡的消息传来后，一些人建议忽必烈撤兵北还，争夺汗位，忽必烈则表示不可无功而返，执意渡过长江攻打鄂

州。此时忽必烈收到妻子传来的情报，情报中说忽必烈的弟弟阿里不哥正准备夺取汗位。忽必烈权衡之后撤兵回到燕京。

之后，忽必烈与阿里不哥都宣布自己继承大汗之位，而蒙古贵族自此也分成了不同阵营。

阿里不哥在蒙古贵族中获得的支持较多，而忽必烈则在军事上优势较大。忽必烈发兵掌控了川陕地区，并亲自带兵攻打和林，封锁了阿里不哥一方的运输线，由此出现物资短缺的困境，阿里不哥屡战屡败，很多人也渐渐背叛了他，最后阿里不哥无奈之下到上都向忽必烈投降。

忽必烈迁都的原因

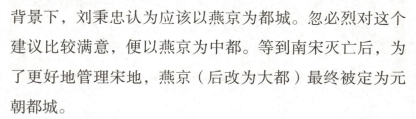

但阿里不哥的投降并没有使忽必烈牢牢掌控漠北地区，漠北地区的叛乱自始至终没有停止。

漠北地区叛乱频发，原来的都城和林又靠近叛乱区域。在这种背景下，刘秉忠认为应该以燕京为都城。忽必烈对这个建议比较满意，便以燕京为中都。等到南宋灭亡后，为了更好地管理宋地，燕京（后改为大都）最终被定为元朝都城。

还有一些人觉得忽必烈迁都是由于北方少数民族封

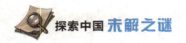

建化程度加深，迁都是出于经济方面的原因。到今天，关于忽必烈迁都原因的争议依然存在，这个谜团恐怕要留给后人解答了。

你知道吗？

　　忽必烈是为数不多的对汉文化加以重视、对儒学加以扶持的蒙古统治者。在忽必烈执政期间，包括行省制在内的多种制度得到确立，他不仅尽力增强对边疆的掌控力度，还十分重视经济发展，对教育也抓得较好，使社会经济得以逐渐恢复和发展。

建文帝下落之谜

　　明太祖朱元璋死后，他的孙子朱允炆登上皇位，即建文帝，而明太祖的儿子们对此很有怨气。建文帝削藩后，他与诸王的矛盾被激化，后燕王朱棣发动靖难之役，战胜了建文帝。那么建文帝在靖难之役后去了哪里呢？有人说他被杀害了，有人说他自杀了，也有人说他削发为僧并四处游荡。到底哪种说法才是真的呢？

朱允炆登基为帝

　　朱元璋创建明朝后，规定皇位要由嫡长子继承，余子受封为藩王。朱元璋的嫡长子是马皇后所生的朱标，但他在1392年便因病死去，于是朱元璋需要再选一个继承人。经过几番周折，朱元璋最后立朱标之子朱允炆为太

明太祖朱元璋

子，让其继承了皇位。朱允炆登基后开始大肆削藩，致使燕王朱棣发动靖难之役。

建文帝的下落

1399年，燕王朱棣以"清君侧，靖国难"为口号起兵于北平。1402年，燕军攻打到南京，众官员或投降或慌乱逃跑。最后，建文帝命人在皇宫放起大火，当燕王赶到时，建文帝已在一片火海中消失了踪影。

那么建文帝是死于宫火吗？史书中记载，燕王带军攻克南京时，建文帝自知败局已定，于是自焚。但此种说法受到了不少人的质疑。因为之后朱棣命人仔细在废墟中搜查，找到了皇后及太子朱文奎的遗骸，却唯独没有找到建文帝。但《明太宗实录》记载朱棣不仅发现了建文帝的尸体，还以皇帝的规格为其举行了葬礼。如果是这样，那建文帝的陵墓又在哪里呢？关于这一点，并未有任何资料加以佐证。

嘉靖年间郑晓所著《建文逊国记》中说建文帝从南京逃走了。有一种说法是，建文帝逃出后当了和尚。《明朝小史》中记载，建文帝曾收到被封起来的小匣子，是病重时的明太祖给他的，明太祖告诉他只有危难时刻才能打开。燕军兵临城下时，建文帝想到了小匣子，打开后发现里面是一份和尚的度牒。建文帝便削发为僧，从地道中逃走了。另外也有说法称，建文帝在朱棣攻克南京之前与叶希贤、杨应能一起出家，法名"应文"。朱棣即位后，为了找到建文帝，曾将所有寺院里的僧人重新造册登记，统一调查了一遍。《明史》中记载，后来朱棣还派官员胡濙到各地去寻找建文帝，找了十几年。

有人称，建文帝在朱棣死后回到了北平，被迎入西内，死后被葬于西山，甚至有人说在西山发现了建文帝的墓地。那么削发为僧后的建文帝在哪里生活呢？不少

人的看法是，建文帝四处流浪，到过江苏、浙江、贵州、四川、云南以及缅甸等地。有人认为，建文帝曾 3 次去到重庆，住在大竹山善庆里。又有人指出，建文帝并没有去太远的地方，四川、贵州、云南等地他都没有踏足，而是去了江苏穹隆山皇驾庵，死后被葬于皇驾庵后的山坡上。又有说法称，徐霞客在贵州广顺东南的白云山间看到的二株巨杉是建文帝手植的，树西半里的古寺是建文帝修建的。还有人认为建文帝生活在云南，在最初 30 多年中，他为了躲避朝廷的追捕，并没有固定的居所。

建文帝到底去了哪里呢？若他是死于宫火，但史书中又存在着各种矛盾；若他是逃出皇宫削发为僧了，但相关说法多来自民间传闻或笔记小说，缺乏确切的证据。目前，这仍是一个未解之谜。

你知道吗?

建文帝在位期间对文士十分优待，还减轻百姓赋税，精简机构，宽缓刑罚，对明太祖所制定的一些严苛政策进行了调整，史称"建文新政"。但建文新政有些理想化，比较脱离实际，对一些官名、殿名等的改变，也毫无意义。

明成祖朱棣生母之谜

朱棣是明朝的第三位皇帝。当上皇帝后，朱棣立下了赫赫功绩，例如中国历史上首部百科全书《永乐大典》便是在他执政时编订的。不过，这样一位功绩显赫的皇帝，其母亲的身份却一直令世人感到困惑，这是怎么回事呢？

马皇后是朱棣的生母吗

按照朱棣自己的说法，他的母亲是朱元璋的原配夫人马皇后，明朝正史中所采用的便是这种说法。如果这么看，那么朱棣母亲的身份似乎已经确定了。但由于朱棣有夺位的经历，因此一些人猜测，朱棣之所以声称自己的母亲是马皇后，是想表明自己本就有权继承皇位，从而避免因夺位遭受批判。据说，朱棣登上皇位后对明朝的史料多有更改，这就无怪乎后人在研究明史时抱有怀疑的态度了。

硕妃是朱棣的生母吗

　　目前比较流行的一种观点是，朱棣的生母是朝鲜人硕妃。有的人更是提出马皇后本来就没有生下皇子，马皇后的那几个皇子均非其亲生，而是抱养的。其实马皇后是朱棣母亲的观点早在明朝中后期就已经遭到怀疑，而硕妃说在那时也已经渐渐传播开来。不过关于硕妃的身份，人们也有不同观点，有人认为她是高丽人，有人则认为她是元顺帝的妃子。或许她本是高丽人，后来成了元顺帝的妃子，总之在这个问题上众说纷纭。

　　夺得皇位后，朱棣以南京天禧寺的旧址为基础盖了一座大报恩寺，看上去是为了祭祀马皇后。但其实这座

寺常年关闭，人们无法知道里面的真实情况，有人猜测里面供的其实不是马皇后，而是另一位女子，即朱棣真正的母亲。

如果朱棣修大报恩寺真的不是为了祭奠马皇后，而是祭奠自己真正的母亲，那么这也体现出朱棣即使在登上皇位之后，也没有忘记自己的亲生母亲。不过这也只是一种未经证实的观点，朱棣生母的身份至今依然是一个谜。

你知道吗？

朱棣执政时使女真诸部落加入纳贡体系，这样做有四个目的：维护辽东的安定，使明朝可以集中力量应对蒙古的威胁；避免朝鲜在东北地区一家独大；促进贸易，提升马匹、裘皮等物资的交易量；传播中国先进的文化思想。

明成祖朱棣杀害宫女之谜

明成祖朱棣很有政治、军事才能，在位期间励精图治，将国家治理得井井有条，但他同时又很固执、猜疑心重、嗜杀成性。永乐末年发生了一场血腥的大惨案，有近3000名宫女被他所杀死。那么，明成祖为什么要大肆屠杀宫女呢？

因诬陷造成的残杀

早在永乐中期，明成祖就曾杀害过宫女，起因是受宠的贤妃权氏去世一事。永乐初年，国家慢慢强盛起来，明成祖便开始追求享乐。1407年，徐皇后因病去世，之后明成祖没有再立新的皇后，他最宠爱的两个妃子是权贤妃和王贵妃。贤妃权氏来自朝鲜，有着倾国倾城的美貌，且机智聪慧，又擅长歌舞，尤以吹箫最为拿手，深受明成祖的宠爱。1410年，明成祖率领军队外出作战，特意命权贤妃以随侍嫔妃的身份随军出征。此次出征，明成祖打了胜仗，这本来是令人开心的事情，然而，谁也没有想到，权贤妃却在大军凯旋之时死去，被葬于峄县。失去爱妃的明成祖悲痛欲绝。

权贤妃死后，后宫的吕氏被人诬陷为害死权贤妃的凶手，这次残杀也正是因为此。被诬陷的吕氏来自朝鲜，而诬陷她的宫人是朝鲜商贾的女儿，也姓吕，史书中称"贾吕"。贾吕晚于吕氏入宫，因觉得与吕氏都是朝鲜人，并且都姓吕，便想与吕氏有所往来。然而吕氏很看不上贾吕的为人，并未接受她的示好。贾吕对此很是生气，心里一直有怨气。一段时间后，发生了权贤妃在回朝途中去世的事情，吕氏恰巧随军侍候过权贤妃，贾吕便趁机诬告是吕氏往茶里下毒将权贤妃毒死的。当时明成祖正处在失去爱妃的悲痛之中，听后雷霆大发，没有细查，就下令将吕氏及有关的宫女、宦官全部处死，涉及人数有数百人。

谋杀皇帝的口供

1420 年，明成祖的另一个爱妃王贵妃也死了，恰巧此时又发生了贾吕和宫人鱼氏私下与宦官结好之事。失去爱妃的明成祖知道后龙颜大怒。其实，宫女与宦官结

为假夫妻在历朝历代都有发生，被称为"对食"。宫中嫔妃宫女众多，不可能每个人都得宠，所以宫女与宦官结为"对食"，更多的也是寻求生活上的互相照顾和情感安慰。明朝后期的皇帝通常不会约束这种情况，但永乐时期，此类事情还比较少，加上明成祖刚失去爱妃，心情不悦，听后必然生气，而贾吕和鱼氏害怕降罪，于是自杀了。明成祖生性多疑，便就此事刑审贾吕的侍婢，却没想到侍婢供出宫女要谋杀皇帝之事。明成祖大怒，亲自施刑，此次共有近2800名宫女被残忍杀害。《李朝实录》中记载，在残害宫女的过程中，有宫殿被闪电击震，宫中的人都很开心，以为朱棣会因为害怕遭到报应而停止施刑，然而他丝毫不受此影响，照样肆意杀戮。

有专家认为，明成祖之所以大肆杀害宫女，可能是因为他晚年患了疾病。有记载称，明成祖晚年患病，经常暴躁发怒且不受控制，再加上他本人本就嗜杀成性，因此，便更加狂暴残忍。但《明史》和《明实录》中只说他晚年非常易怒，至于他到底患的是什么病，以及为何会得此病，并没有相关记载。

两次残杀，受害的宫女及宦

官约有 3000 人。但是由于没有充足的史料，明成祖大肆诛杀宫女的原因仍是一个未解之谜。

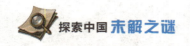

顺治皇帝出家之谜

爱新觉罗·福临是清军入关后的第一位皇帝，他在6岁登上皇位，13岁开始亲自处理政务，在位18年。这样一位年少有为的皇帝却有着不清不楚的结局，有人说他出家了，也有人说他病死了，这是怎么回事呢？

顺治真的出家了吗

顺治皇帝虽然寿命不算长，但也娶了十余位妻妾，不过他对这些妻妾可不是一视同仁，而是格外宠爱董鄂妃。

虽然史书上没有记载顺治皇帝与董鄂妃私下是否有什么誓言，但从顺治皇帝的言行来看，他简直把董鄂妃看得和自己的生命一样重要。董鄂妃去世时，顺治皇帝悲痛不已，其情可谓感天动地。

董鄂妃去世之后，顺治皇帝由于太过悲痛，无心管理朝政。之后，他还给礼部下旨，要求以追封的形式为

董鄂妃加封谥号。这种加封需要举行一定的仪式，所以顺治皇帝要求礼部快马加鞭地商议出大礼的举行方案。

顺治皇帝在董鄂妃死后如同失了魂魄，不但连续多日不上朝，还把董鄂妃追封为皇后。蔡东藩在《清史演义》中描述此事，称顺治皇帝在董鄂妃去世后看破红尘，并做出出家的决定。《清稗类钞》《清代野史大观》等书中也提到顺治皇帝在董鄂妃去世后削发出家的事情。

顺治皇帝出家的举动使宫中上上下下慌成一团。为了维护皇室的声誉，宫中的人对外宣称顺治皇帝驾崩了。但是正如民间的那句俗语所说："好事不出门，坏事传千里。"顺治皇帝因心爱的女人去世而出家的事最终还是传到了民间。

传说，康熙皇帝曾数次以烧香朝拜的名义去五台山看望顺治。尽管康熙皇帝苦苦请求顺治皇帝回宫，但顺治皇帝出家之心毫不动摇。

据说，康熙皇帝在位时，曾和皇太后到达晋北地区，地方官员四处搜寻可供御用的器具，最后竟然在五台山上找到了一些。此事如果属实，则可作为顺治皇帝出家的佐证。

顺治是病死的吗

　　不过也有人认为顺治皇帝是病死的。具体而言，爱妃董鄂氏和她所生的儿子相继去世后，顺治皇帝悲痛不已，心理上的崩溃导致身体每况愈下，后又染上天花，不久便在紫禁城内的养心殿驾崩。

　　顺治皇帝病死的说法并非无凭之论，有些历史文献可以作为此类说法的证据。比如有的文献提到，顺治皇帝确有出家之心，却因阻力太大而没有成功，之后因天花去世。

　　民国时的明清史专家孟森在《世祖出家事考实》中提到《东华录》等史书对此事的记载，认为顺治皇帝并

未落发为僧，而是因痘疹去世；又推测吴梅村诗句"房里竞未动"即指顺治皇帝在去五台山之前就已去世，至于此句之后的几句则被孟森视为自责之言。

由于相关证据不充分，顺治皇帝是否出家到今天依然是个未解之谜。

雍正篡位之谜

康熙帝死后，由皇四子雍亲王胤禛即位，年号雍正，即雍正皇帝。从雍正帝继位开始，史学界乃至民间对其继位的问题就从未停止过议论，那么，都有那些说法呢？

正史是怎样记载的

据正史记载，雍正帝继位是合情合理的。《清圣祖实录》中记载，康熙帝临终那天曾召集允祉、隆科多说："雍亲王皇四子胤禛人品贵重，深肖朕躬，必能克承大统。著继朕登基，即皇帝位。"朝鲜国《李朝实录》载："康熙病剧，解其挂念珠与胤禛曰：'此乃顺治帝临终时赠朕之物，今我赠尔，有意存焉，尔其知之。'"另外还有一些能证明康熙帝病重期间胤禛被委以重任的资料，这说明康熙帝对胤禛较为信任。

野史记载

据野史记载，康熙帝病重，胤禛用一碗有毒的参汤毒死了他。此说似乎也在理：因为本来康熙帝病情已经稳定，但却发生骤变，突然去世，哪能不使人生疑？又据说，当时有个意大利人马国贤就在畅春园中，他认为即使不是毒害，也出现了突发事件。

另外，据推测，畅春园在隆科多的严密控制之下，且由他负责康熙帝的安全，另外，他执掌兵权，也是雍正帝的舅舅，那时只有他能接近康熙帝。因此，不能排除他参与下毒的可能。如果照此推理，那么雍正帝不是继位，而是篡位。

两位继承人

据说，在皇帝的继承人方面，得康熙帝赏识又众望

所归的，是皇十四子胤禵。1718年，胤禵被任命为抚远大将军统率西北各路大军，代父亲征新疆和西藏。康熙帝亲口夸奖胤禵有带兵才能，是良将，要部下绝对服从胤禵。另外，据说康熙帝遗诏上的原文写的是："传位十四阿哥胤禵。"那么，雍正帝谋父后，又是怎样"篡位"的呢？

据说是隆科多擅自篡改了遗诏，将"十四子"改为"于四子"，将"胤禵"改为"胤禛"了，于是雍正帝依诏登基，顺理成章。还有人说，雍正初年，雍正帝找借口杀了隆科多是为了灭口，让篡位之事变成永远的秘密。有些人还推断，雍正帝之所以在皇十四子返京之前"谋父"，也是怕另生枝节，影响自己当皇帝。

当前，史学界还有两种说法：

其一，"二者必有其一"说。据说，康熙帝本来有胤禛和胤禵两个继承人选，但在当日病情突变时，仓促之间，他必选其一，因此选中了四子胤禛。

其二，康熙帝本欲立胤禵，但病发突然，已近死亡，而代父远征的胤禵20多天后才能到京，时间远远来不及，康熙帝深知"国不可一日无君"，否则众皇子为争夺皇位可能互相残杀，后果不堪设想，加上康熙帝平日对胤禛

印象也不坏，只好顺水推舟，将皇位传给了胤禛。

你知道吗？

　　康熙帝在位时，为了加强皇权，成立了南书房（位于乾清宫西南方向），目的是分散议政王大臣的权力。雍正登基后，为了处理紧急军务，成立了军机处，辅佐皇帝处理政务的大臣被称为"军机大臣"。

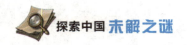

同治帝死亡之谜

清朝皇帝同治帝载淳 6 岁即位，去世时只有 19 岁，是清朝寿命最短的一位皇帝。至于同治帝是怎么死的，至今说法不一，有人说同治帝因得了天花而死，有人说因身染梅毒而死。那么，同治帝究竟是怎么死的呢？

近年来，学者们在清代档案中发现了一份《万岁爷进药用药底簿》，该资料显示，1874 年十月三十日，同治帝生病躺在床上，太医李德立与御医庄守和为其诊断病情，发现同治帝的病来势凶猛，有非常明显的"疹形"。御医开了"益阴清解饮"的方子。同治帝服药后，症状有所缓解。

第二天早上，同治帝有了发疹症状，也不像昨天那样烦闷气堵了。但是，同治帝疹痘刚出，还没有出透，肺胃受到瘟热的熏蒸，出现头晕、身子发热、嗓子干痛、烦闷恶心等症状。御医为同治帝开了"清解利咽汤"的方子。上午服过药后，中午同治帝全身就发出了痘粒。

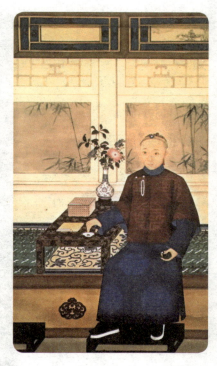

虽然刚开始痘粒从身体透出，有些症状也得到了缓解，但是体内瘟热毒滞过盛，导致头面、脖子发出的痘粒颜色紫滞且非常稠密，同时还有嗓子痛、恶心想吐、口干、身子发颤等症状。很显然，痘粒发出后，同治帝体内过盛的毒滞并没有彻底发出来，最后医治无效死去。因此有人认为同治帝死于天花，但这些只是宫廷里的记载，过于片面，并未有其他资料加以佐证。

死于梅毒

另有一种说法是同治帝死于梅毒，这种说法主要来自民间传闻。有的正规学术著作里也记载着同治帝乔装成百姓出宫游玩、寻欢作乐之事，如萧一山的著作《清代通史》中就记载着同治帝外出游乐却身患梅毒而死。

据记载，同治帝与皇后阿鲁特氏感情很好，但慈禧太后对阿鲁特氏很不喜欢，她让同治帝多去找慧妃。同治帝不乐意，常独自在乾清宫待着。随着一天天长大，加上太后把持着朝政，

同治帝每天在深宫中无事可做，便带着一些小太监，乔装成百姓偷溜出宫去闲逛游玩。由于是私逃出宫，同治帝很担心与王公大臣相遇，所以官员们经常去的地方他都不敢去。他去的是那些王公大臣看不上的小地方，如夜市场、小妓院，以及偏僻之地的茶馆、酒楼。一开始，人们并不知道他的身份，后来知道了也当作不知道。

渐渐地，同治帝微服出宫游乐的事流传开来，一些官员便去劝谏同治帝，但多次规劝都没有用。有一次，

醇亲王奕譞又去劝谏同治帝，同治帝却死不认账，醇亲王无奈，只得把时间、地点详细地说出来，惹得同治帝不断追问醇亲王是从何处得到这些消息的。

虽然这些传闻还缺乏足够的证据，但由于被传得沸沸扬扬，并且同治帝又的确死得蹊跷，也就难怪有不少人认为他是因身染梅毒而死了。

据说，同治帝刚染上梅毒时自己还不知道，后来脸上、背部出现斑点，才传太医诊治。但太后觉得皇帝身染梅毒很不光彩，为了维持皇家脸面，便对外宣称同治帝得的是天花。因此，御医们便开了治疗天花的方子，

结果当然毫无作用。梅毒在当时无药可医，最后同治帝不治身亡。

同治帝到底是得了天花还是身染梅毒，两种说法都有一定的史料依据，到底哪一个才是真相，人们难以分辨，所以同治帝的死因也就一直是个谜团。

你知道吗？

同治帝曾派本国学生出国留学，同治十一年，第一批"幼童"踏上了去美国留学的路程，史称"幼童出洋"。这些青年学成回国后，在我国多个领域有所建树，为我国近代化建设发挥了重要作用。

探索中国

未解之谜

民俗探源

沛林◎主编

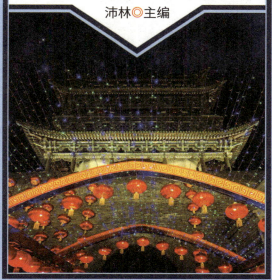

SPM 南方传媒　广东人民出版社
·广州·

图书在版编目（CIP）数据

探索中国未解之谜：全八册 / 沛林主编 . —广州：广东人民出版社，2024.1

ISBN 978-7-218-17092-3

Ⅰ . ①探…　Ⅱ . ①沛…　Ⅲ . ①中国历史—少儿读物
Ⅳ . ① K209

中国国家版本馆 CIP 数据核字（2023）第 211719 号

TANSUO ZHONGGUO WEIJIE ZHI MI

探索中国未解之谜

沛　林　主编

出 版 人：肖风华

责任编辑：李力夫
责任技编：吴彦斌　周星奎
装帧设计：朝旭文化

出版发行：广东人民出版社
地　　址：广东省广州市越秀区大沙头四马路 10 号（邮政编码：510199）
电　　话：（020）85716809（总编室）
传　　真：（020）83289585
网　　址：http://www.gdpph.com
印　　刷：天津泰宇印务有限公司
开　　本：890mm×1240mm　1/32
印　　张：24　　字　　数：230 千
版　　次：2024 年 1 月第 1 版
印　　次：2024 年 1 月第 1 次印刷
定　　价：138.00 元（全八册）

如发现印装质量问题，影响阅读，请与出版社（020-85716849）联系调换。
售书热线：（020）87716172

　　中国有着五千年的历史，在这片充满神奇的土地上，不管是人文历史还是自然景观，都隐藏着令人困惑不已的谜团：秦始皇到底是谁的儿子？徐福东渡到底去了哪里？传国玉玺到底在哪里？千年古莲真的会开花吗？珠穆朗玛峰到底能长多高？十二生肖里为什么没有猫？万里长城是怎么建成的呢？……

　　为了让孩子们在一个个未能完全解开的谜团中获得不一样的阅读体验，以探索的眼光研究各种谜题，在思考与探索中走向未来，我们特意编写了《探索中国未解之谜》这套书。本套丛书共包含八个分册，从帝王之谜到历史悬案，从考古谜踪到文化谜团，从生物之谜到地理谜境，从民俗探源到建筑奇谜，全方位、多角度地介

绍了中国多个领域具有探索意义的未解之谜，最大限度地拓展孩子的认知、视野，激发孩子对大自然和身边事物的好奇心以及探索未知世界的兴趣。

为了帮助孩子探索这些未解之谜，我们还在书中精心设置了有趣的板块，并配有精美的插图，以增加孩子的知识储备量，让孩子们的探索之旅更为有趣。希望孩子们通过阅读本套丛书能对我们神秘的国家多一些了解，并愿意为探索未解的谜团而贡献自己的一份力量！

Contents 目录

春节起源之谜

春节是华夏文明的重要体现，也是我国最盛大的节日。对于它的起源，众说纷纭。那么关于春节的起源藏着怎样的秘密呢？都有哪些说法呢？

与怪兽"年"有关

有人认为，春节的起源与古代怪兽"年"相关。"年"吃百兽，甚至吃人。人们每天都想着怎样对付它。终于，有人发现"年"好像很害怕红色、火和噪声。为了证实这一点，人们就在门上挂上了红色的桃木、在街巷里生火、不停地制造响声。"年"来了之后，看到许多红色的桃木和火堆，听到震耳欲聋的声音，就惊恐地逃回了

大山。第二天，大家都因赶走了"年"而聚在一起庆祝。时间久了，这种习俗慢慢流传开来，也形成了盛大的节日——春节。但这只是传说，专家们也无法确信这就是春节的真实来源。

与"蜡祭"有关

还有人认为，春节是从原始社会年终活动——蜡祭中衍生出来的，"蜡"有"索"的意思，"蜡祭"就是向神灵祈祷，祈求庄稼五谷丰登。因此，农村过年要比城市里更加热闹、隆重。后来蜡祭习俗逐渐发展，最终形成了一年一度的春节。

春节是"立春"

有人认为，在历史上，春节并非每年的第一天。从秦汉开始，人们把"立春"这一节气称为"春节"。因为"立春"和正月初一接近，所以人们在庆祝新年的同时，也迎接了春天。

上述说法中具体哪一种说法是对的，春节起源于何时、是怎么形成的等，这些都无从考证，至今仍是未解之谜。

你知道吗？

我国哈萨克族、柯尔克孜族、维吾尔族和塔吉克族都有自己的春节，叫诺鲁孜节，由于该节日在春分时节举办，所以又叫春节。这个节日在每年公历3月21日开始，持续时间为3～15天。诺鲁孜节期间，家家户户将小米、麦子、奶疙瘩和肉混合在一起，制作"诺鲁孜饭"，有客人来时便用"诺鲁孜饭"来招待。吃完饭后，人们身着盛装互相串门拜节、唱歌。

元宵节放灯起源之谜

　　元宵节也被称为"灯节"。在古代，元宵节这天大家都会放花灯或是猜灯谜，十分热闹，不管是王公贵族还是普通百姓都会根据风俗习惯来庆祝这一天。时至今日，在我国许多地方还把放花灯作为元宵节的一种民间娱乐活动呢！那么，元宵节放灯的起源究竟是怎样的呢？

起源于汉武帝时期

　　有一种说法认为，元宵节放灯起源于汉武帝时期。相传汉武帝时期，每逢节日来临，皇宫里的宫女们都会思念亲人，但宫中戒备森严，有什么办法才能和家人团聚呢？东方朔头脑灵

活，他知道此事后非常同情她们，就想出了一个办法。

他先是放出风声，说火神君要在元宵节那天火烧都城，这使皇宫里人心惶惶。接着，他又和汉武帝说，为了躲避灾难，皇宫里的所有人都要出宫，为了瞒过火神君，整个都城内都要放灯，制造出着火的假象。汉武帝听从了他的建议，宫女们借此机会和亲人团聚了。后来，元宵节放灯的说法就慢慢传开了。

起源于隋炀帝时期

也有一种说法认为，元宵节放灯是为了纪念隋炀帝的妹妹。在隋朝，隋炀帝想和自己的妹妹成婚，妹妹不

甘受辱，便借口只有正月十五满地繁星点点，才与他成婚。于是，隋炀帝立即下令，那天晚上全城百姓必须点灯，否则杀无赦。于是，正月十五晚上满地灯火，妹妹以为真的是星星坠地，便跳楼自尽了。从那以后，为了缅怀她，每到正月十五这一天，民间都会放灯。

起源于农事习俗

　　还有一种说法，元宵节放灯是由"放哨火"的农事习俗演变而来的。每到正月十五前后，百姓就会因准备春耕忙碌起来。为除虫害，有些地区的百姓还会放哨火烧掉田地里的枯枝野草。

　　但是上述说法并非来源于史实，没有什么根据，所以元宵节放灯的习俗起源于何时依旧是一个未解之谜。

你知道吗？

　　据说，有一年元宵节，明成祖微服出游，在路上遇到了一个秀才，与他非常聊得来。明成祖想试一试他是否真的有才华，于是出了一个上联："灯明月明，灯月长明，大明一统。"那秀才立即对出下联："君乐民乐，君民同乐，永乐万年。"明成祖听后非常高兴，于是对他大加封赏。

清明节起源之谜

清明节是一个传统节日，但它同时也是二十四节气之一。清明节对中国百姓影响深远。但关于它的起源众说纷纭，那么关于清明节起源的说法都有哪些呢？

由节气演变为节日

按照《国语》的说法，一年中共有"八风"，其中清明风为"哭"（阳气），万物在这一节气"洁齐而清明矣"，这也使得清明风到来的时间被定为"三月节"，这在"八风"中是独一份的。清明风到来时，太阳到达黄经15°，此时是春分后十五日。很多学者也认同清明节来自节气的说法。清明节时，大自然展现出新的状态，不管是日照、气温，还是降雨、物候，都呈现出"清明"的特点，因此清明节成了备受百姓重视的一个节气。

介子推是一位贤良的臣子，他忠心耿耿地帮助晋文公争夺权力。等到事成之后，介子推飘然归隐，到绵山居住。晋文公不舍介子推，想让他出山继续辅佐自己，为了逼迫他，就在清明前夕焚山烧林。介子推归隐的决心没有更改，选择抱树焚身。介子推死后，晋文公对自己烧山的行为后悔不已，伤心之余把绵山更名为"介山"，作为介子推的封地，并将介子推被烧死的那天定为节日，要求人们在那一天吃寒食，不许生火做饭，后来便形成了寒食节。

清明节的形成可能与寒食节有关，根据《荆楚岁时记》的说法，"去冬节一百五日即有疾风甚雨，谓之寒食，禁火三日"。节气来到清明的时候，寒食节的习俗往往还在延续，随着时间的推移，清明就从节气慢慢演变成节日了，从而既具有节气的意思，也具有节日的意思。清明节这种由节气演变为节日的情况在二十四节气

中是独一无二的。

节日与节气同时起始

　　有些人则认为，清明节虽然既是节日也是节气，但清明节和寒食节并非同一个节日，之所以有的人将这两个节日误认为同一个节日，是因为这两个节日在时间上挨得很近。这些人还认为，清明节并非由节气演变为节日，而是在诞生时便同时有节气和节日两种意

义。比如，周朝存在清明节焚火的习俗，唐朝也有皇帝在清明节取火赏赐臣子的习俗，民国则将清明节定为植树节。

逐步演变而成

　　也有学者认为，如今的清明节确实是逐渐演变而成的，但这种演变过程十分复杂，并非仅仅和寒食节有关，

而是在历朝历代的推动下形成的。人们最初用"清明"这个词语表达天清地明的意思，比如大禹治水成功后，百姓就以"清明"作为庆贺的词语。到了周朝，人们完善了历律，对二十四节气加以确定，把之前的"三月节"确定为"清明"，代表天清地明，由此将物候与政绩一起显示了出来，清明节时人们焚火庆祝，春耕也就要开始了。后来，汉朝承袭秦朝的制度，每到初一、十五以及二十四节气等日子，人们就要上坟祭拜，不但仪式复杂，而且劳民伤财。等到唐明皇时期，朝廷发布了一道命令："寒食上坟，礼经无文，近世相传，已成习俗，应该允许，使之永为常式。"清明本就是上坟的日子，而寒食节与清明节又相邻，因此最终人们把寒食与清明统称为清明节。清明节上坟时，天气一般较为宜人，而扫墓又难免来到郊外，因而人们逐渐发展出在清明节踏春的习俗，一到清明节，人们就在醉人的春风中来到郊外，伴着香花粉蝶感受春日的美好。就这样，通过一代代传承和发展，清明节最终变成了现在的样子。

　　以上各种说法都只是人们的猜测，清明节的起源至今尚无定论，一直是一个未解之谜。

端午节起源之谜

端午节是我国汉族人民的传统节日，是集祈福辟邪、拜神祭祖、欢庆娱乐和饮食为一体的民俗大节，尽管每年都过端午节，但是关于端午节的起源，至今仍众说纷纭，这究竟是怎么回事呢？

纪念屈原

这种说法最早源于吴均的《续齐谐记》和宗懔的《荆楚岁时记》。传说，五月初五那一天，秦军攻破楚国京都。屈原眼看国破家亡，心如刀割，就写下了绝笔《怀沙》，

之后，抱着石头跳入了汨罗江，死后被蛟龙所困。人们非常伤心，急忙去打捞他的尸体，但都无功而返。后来，

为了避免屈原被水中的蛟龙缠住，家家户户就把用五彩线捆成的粽子扔到江里驱赶蛟龙。

还有一种传说，五月初五那天恰逢下雨天，为了营救屈原，人们冒雨划着船到洞庭湖寻找。为了寄托哀思，人们就在每年的五月初五划船悼念屈原，渐渐地，就形成了赛龙舟的活动。

是龙的节日

闻一多先生在《端午考》中考证端午节是古代吴越民间举行图腾祭祀的节日，他认为端午节实际上是一个龙的节日。其实，端午节的很多习俗都与龙相关：赛龙

舟的活动和古代吴越地区的习俗相关，吴越当地还有断发文身"以像龙子"的风俗习惯；另外，在古代五月初五这天，有"五彩线束臂"的传统习惯，这可能就是当时文身"以像龙子"文化的遗存。

与夏至有关

有一位叫刘德谦的学者说，《荆楚岁时记》中并没有提到五月初五这一天要吃粽子，而是在夏至日吃。同样，赛龙舟也被杜台卿在《玉烛宝典》中归类到了夏至日活动里。唐代韩鄂所著的风俗志《岁华纪丽》中说："日叶正阳，时当中夏。"意思是端午节正值夏季之中，所以端午节也可以称为"天中节"。因此，端午节最初应是起源于夏至。

端午节究竟起源于什么时候，又是因什么兴起的，至今仍是未解之谜，但这并不重要，重要的是它体现了中华文化的博大精深，是中华传统文化的重要表现形式之一。

你知道吗？

在我国传统文化中，青、红、白、黑、黄被视为吉祥色。端午节这天，人们会将这五种颜色的丝线系在手臂或手腕上，祈求平安顺遂，后逐渐发展成用五色线制成长命缕、长命锁、香包等漂亮、精美的饰物。

七夕节节日习俗来源之谜

农历七月初七是极富浪漫色彩的七夕节，这个节日在我国历史悠久，并且与牛郎织女的爱情故事紧密联系在一起。七夕节也衍生出了很多习俗，这些习俗大多与女性相关，如穿针乞巧、化生求子等，因此七夕节也被认为是女儿节，同时它还有情人节、乞巧节等美丽的别称。那么，七夕节节日习俗是怎么形成的呢？

与牵牛、织女星有关

曾有人根据时间线索追寻七夕节众多习俗的来源。

在先秦作品《诗经·小雅·大东》中便有关于牵牛星与织女星的记载。文中以拟人的手法描写牵牛星与织女星被银河隔开，只能遥遥相望的故事，表达了人们对美好爱情的向往。这是最早记载牵牛、织女二星名字的作品。

在唐代，韩鄂在创作《岁华纪丽》时引用了汉代著作的内容，引文中提到了织女、鹊桥等意象，还出现了"七夕"这个词语，算是记录牛郎织女的神话故事较早的作品。而在民间，根据晋代葛洪辑抄的《西京杂记》记录，七夕节穿针等习俗在当时也早就存在了。

在南北朝，经过历代文人的创作，关于牛郎织女的神话故事基本定型，内容大致为：织女是天帝的小女儿，住在天河的东面，负责天上的织衣工作，每天都忙忙碌碌。天帝对孤单的织女十分心疼，便将她嫁给了住在天河西面的牛郎。结果织女沉浸在爱情中而忘掉了本来的职责。天帝非常生气，便强迫织女和牛郎分开，只在每年的七夕节那天让他们团聚一次。南北朝时期的一些著作中还记载了当时的一些七夕节风俗，其中很多与妇女生活相关，如穿针乞巧。由此可以看出，七夕节的很多风俗在南北朝时期已基本定型了。

不过也有人提出了不同的观点，认为七夕节的起源与牛郎织女的爱情故事没有关系，牛郎织女的故事是在七夕节产生之后才与七夕节相融合的，只不过后世的人误把牛郎织女的爱情故事当成了七夕节的起源。这种观点也有史料依据，比如《物原》中记载楚怀王时期便已有七夕节，当时牛郎织女的故事并未形成。而且七夕节的习俗在历史上经历过众多变化，从时间顺序来看，正是在南北朝时期，也就是牛郎织女的故事基本定型的时期，那些与青年女性相关的习俗才逐渐凸显出来，而那些与牛郎织女的爱情故事难以联系的习俗则慢慢淡化。其实，就算是流传下来的青年女性的乞巧等习俗，与牛郎织女的爱情故事关系也不大，只是和织女有些挂钩罢了。

来源于星宿崇拜

我国现存较早的记言体史书《尚书·舜典》中说："煙于六宗。""六宗"，晋王肃等谓四时、寒暑、日、月、星、水旱。从中可以发现，星辰崇拜已有悠久的历史。由于星辰数量众多，因此人们有不同的崇拜对象，并有与各对象对应的崇拜习俗。牵牛星与织女星在古人星辰崇拜文化中占有重要地位。织女星看上去如同织机，这也就难免让古人将其想象成女子，由此衍生出穿针乞巧、化生求子等习俗也就不足为奇了。汉晋时期，人们

会在七夕节那天打扫干净院落，拿出果脯等食品举行祈祷仪式，祈求健康长寿和多子多孙，这种现象从很多著作中都可以看到，也证明织女星在很久以前就被作为星辰崇拜的对象。与

织女星不同的是，牵牛星虽然较早出现在《诗经》中，但在很长时间内都只被看成鼓状，并未被拟人化，因此七夕节很多习俗都只来自对织女星的联想，和牵牛星并没有什么关系。

与古人阴阳观念有关

还有一些人把七夕节与古人的阴阳观念相联系，认为七夕节之所以受到重视并成为节日，是因为七夕节是由两个相同的奇数构成的，而我国古人认为奇数属于阳数，偶数属于阴数。这种观点并非无稽之谈，因为重阳节实际上也带有这种阴阳观念的色彩。三国时期曾经有人向董勋请教七夕节的独特之处，董勋先提到七夕节时

农作物的发展情况，说那一天黍会成熟，之后又专门提到了七夕节在数字上的独特之处。而且一些典籍，如《四民月令》《西京杂记》等也记载了七夕节的一些与"阳"相关的习俗，如曝经书、曝衣裳等，从而证明了七夕节与古人的阴阳观念的确有联系。

与女性有关

有些人也从数字上寻找七夕节的来源，他们指出，即使不去看七夕节两奇数相重的特点，单纯去看"七"这个数字，也能看出七夕节的独特之处。因为我国古人认为"七"在阳数中较为独特，是一个包含"阴"的阳数。而且从中医上来讲，"七"也与妇女的一生密切相关。《黄帝内经·素问》便提到，女子换牙的年龄是七岁，月经初潮的年龄是十四岁，牙齿全部换完的年龄是二十一岁，体格健壮的年龄是二十八岁，面容转衰的年龄是三十五岁，头发掉落的时间是四十二岁，绝经的时间是四十九岁。这些数字均为"七"的倍数，由此可见，在我国传统文化中，"七"与女性密不可分，因此七夕节受到女性的重视并衍生出很多女性喜爱的习俗也就在情理之中了。

上述有关七夕节的种种观点，到底谁对谁错，始终没有定论，所以七夕节的起源至今是个谜团，还需要有关学者进一步考究。

你知道吗？

据说，七姐是天上的仙女，她心灵手巧，是所有女孩所向往的。七月初七是七姐的生日，民间的女子希望能成为像她一样心灵手巧、能力高超的女子，于是在七月初七这天向七姐"乞巧"，乞求她传授心灵手巧的手艺，所以七夕节又叫乞巧节。

中元节来源之谜

中元节历史悠久，是深受中国百姓重视的节日，时间是农历七月十五。中元节名称繁多，如七月半、盂兰盆节、鬼节等，西方人则称它为"中国的幽灵节"。在这一天，人们会追思祖先，恭敬地对待宗教界人士，并举行一些祭拜仪式。与中元节相关的习俗较多，并且没有固定的活动模式，关于中元节的来源也是众说纷纭。那么，中元节到底来源于哪里呢？

来源于道教

有一种说法是，中元节来自道教，并与张道陵有关。原来，张道陵曾于东汉末期在蜀地创立五斗米道，在创立

过程中对民间信仰加以融合，设立了天、地、水三官作为掌管人间吉凶的大神。再之后，三官与三元（圆）结合。三元便是正月十五、七月十五和十月十五这三个月圆之夜。正月十五是天官的诞辰，七月十五和十月十五则分别是地官、水官的诞辰。七月十五是中元，故而这一天为中元节。传说在这一天，地官会根据人的表现来"赦罪"。

　　道家一些典籍中描绘了中元节的活动内容，比如拿出食物果品、钱财珠宝等来上供，并会举行斋醮之类的宗教仪式。据说这样可以使祖先得到解脱，还能增加自己的功德，使上天赦免自己过去的罪行。

来源于佛教

　　还有一种说法认为，中元节来自佛教，节日中的一些仪式也是有佛经作为依据的，比如西晋僧人竺昙摩罗刹（汉名竺法护）所译《佛说盂兰盆经》中就记载了与

中元节相关的一些活动。说起佛教和中元节的关系，还有一个著名的"目连救母"的故事。传说摩诃目犍连（也叫目连）是佛祖的弟子，他的母亲去世后落入饿鬼道受倒悬之苦，摩诃目犍连希望母亲得到解脱，便去找佛祖求助。佛祖教导他，让他在七月十五那天拿出很多食物送给十万僧人，以使其母亲得到解脱。盂兰盆节中"盂兰"在梵语中的意思即为"救倒悬"，所以"盂兰盆节"便来源于此。后来这一天便成为使去世之人得到解脱的日子，人们在这一天会恭敬地对待僧人，并拿出种类繁多的食物供养他们，这种供养活动逐渐演化为法会，用来超度先人。

民间流传的"目连救母"的故事，目前尚无法确定其诞生过程，可能单纯来自佛教，也可能是一些人以中国的孝道文化为基础改编而来的。不过不可否认，"目连救母"的故事与中国本土文化较为契合，深受百姓的喜爱，这也是它能够与中元节相融合的民间基础，而中元节也因为吸收了佛教文化而显得更为独特。

来源于上古时期

还有一种说法认为，中元节的起源与宗教无关，它来自上古时期的秋祭习俗。古时的人们利用天时来区分不同的时期，围绕天时形成了一批民间习俗，比如春祈秋报。孟秋七月往往是农作物成熟的季节，人们

在这段时期要举行祭拜仪式，拿出新收获的粮食向祖先上供，以报答祖先对自己的庇佑。这种仪式有很多种称呼，比如"秋尝""尝新""荐新"。最初这种仪式并没有一个明确的举办日子，后来才逐渐固定在七月十五前后，可能因为这一天属于阴盛日，而且是立秋后的第一个月圆之夜，用来祭祀祖先再合适不过。

专家的见解

有些国外学者试图从其他角度解释中元节的来源。比如美国学者太史文就曾经从连续与再生的意义上论述了中元节的来源。他敏锐地观察到，中元节带有更新事物的情感色彩，比如皇帝会用新收获的食物上供，试图通过这个节日和死者所在的世界产生联系，普通老百姓

在这一天会来到水边，男女共处，嬉戏畅饮，迎接新生活，而在中元节的前几日，牛郎和织女刚刚完成了一年一度的相会。

种种习俗表明，中元节及与其较近的节日确实有着某种联系。在皇帝献上供品的过程中，中元节使先人与子孙获得联系；在百姓敬僧礼道以使祖先得到解脱的过程中，中元节使人间与地府得到沟通；在男男女女的嬉闹中，中元节使异性之间的心意得以传达；在中元节前几日的七夕相会中，牛郎和织女拥有了难得的甜蜜与幸福。这些都表明，中元节调和了各种对立，使人们可以怀着喜悦迎接变化。

从上述观点可以看出，中元节的来源与性质至今依然是未解之谜。

你知道吗？

我国有些地方会在中元节这天吃鸭子，一方面鸭子在水中游荡，就像河灯，有祈福之意；另一方面"鸭"的谐音是"压"，吃鸭子是为了压住鬼魂。

中秋节习俗起源之谜

每年的农历八月十五日是我国传统节日——中秋节，节日活动有祭月、拜月、赏月、走月亮、请月姑、吃月饼等。关于中秋节至今仍有一个问题困扰着人们：中秋节起源于什么时候？又是怎样演变的呢？

纪念嫦娥

远古时期，天空中有十个太阳，把农作物都晒死了，人们生活十分艰难。有一位名叫后羿的勇士，身手

不凡，他登上昆仑山山顶，弯弓搭箭，射下了九个太阳，并命令剩下的那个太阳按时升起和落下，造福苍生。

因为这件事，后羿受到了百姓的爱戴和拥护。西王

母见后羿为苍生立下了汗马功劳，就给了他一颗长生不老的丹药，据说吃了此药立刻就能成仙。可是后羿并不忍心抛弃美丽善良的妻子嫦娥，就把这颗丹药交给了嫦娥。不料，后羿外出时，一个名为逄蒙的男子逼迫嫦娥交出丹药。情急之下，嫦娥将丹药吞了下去。之后，她腾空而起，从窗户飞向了天空。出于对后羿的思念，她飞到了距离人间最近的月亮上。

后羿得知这个消息后，非常伤心，于是每天抬头望月，寻找妻子的身影，还让人在花园摆上香案，上面放上嫦娥最喜欢吃的水果和甜食，用于遥祭嫦娥。百姓们听说嫦娥奔月成了仙，也纷纷在院中摆设香案，为她祈福。从此，中秋祭月的习俗就慢慢流传开来。

起源于唐玄宗游月宫

据唐宋时代的野史笔记记载，中秋习俗源于唐玄宗游月宫的传说，内容大概是这样的：一年八月十五日，唐玄宗在宫中赏月，有一道人领着他游览月

宫，在月宫中，数百名仙女身着白色衣裙，伴着美妙的仙乐为唐玄宗献上了一支霓裳舞。回到人间后，唐玄宗召集了宫中的舞女，并根据在月宫中记忆的仙曲，编撰了传世乐舞《霓裳羽衣曲》。从那以后，为了纪念那次游月宫的经历，每年八月十五日唐玄宗都会来到太液池，在那里欣赏莺歌燕舞，对月畅饮。将士和百姓也纷纷效仿，就形成了赏月观舞的中秋习俗。到了明朝，唐玄宗游月宫的故事被人们认为是空穴来风。不过，根据古代诗词中关于中秋佳节的记载，确实是中唐时期开始流行中秋赏月的风俗习惯，因此，目前人们认为这一说法并非无稽之谈，很有可能是中秋习俗的起源和形成的关键因素。

起源于朝鲜

　　中秋节是否为舶来品，又是否受到外来风俗影响呢？众说纷纭。其中有一种说法，就是中秋节起源于朝鲜。这种说法并非空穴来风，最先记录这一说法的是日本僧人圆仁，他在唐朝时曾到中国学习佛法。根据圆仁在《入唐求法巡礼行记》中的一段记载，公元839年，圆仁寄宿在新罗人建造的寺院里。八月十五这天，寺庙里准备了很多饼类的食物。有一个老僧告诉圆仁，这是新罗国特有的节日，曾经在这一天里，新罗国打败了渤海国，于是大家都跳舞庆祝，从此世世代代把这一天作为节日，习俗就是连续三天都要摆上百种饮食，日日夜夜载歌载舞。

　　也有人根据圆仁的记载，判断中秋节是在唐朝从朝鲜传入中国，并和我国习俗相结合而产生的。由于唐代以前记录节日的书中都没有提到过八月十五这个节

日，所以上面的说法有一定可信度。新罗国和唐朝一直有着密切的联系，来唐求学、传教、经商的人很多，他们以过节的方式怀念祖国，缅怀先人，是人之常情。对于受到邀请的中国人来说，也会激起浓浓的思乡之情，因为这本就与我国人们的文化心理相符合。因此，基于我国原有的古老文化，这个外来的节日，就迅速地在我国得到继承和发展。

关于中秋起源的传说，众说纷纭，始终没有一个确切的说法，至今仍是个未解之谜。

你知道吗？

中秋节的名字是后来才定下的，在这之前它有很多称呼，由于这天举行祭月活动，所以又叫"祭月节"；因为中秋节这天是八月十五，所以又叫"八月节""八月半"；由于中秋节大部分活动是围绕着"月"进行的，所以又叫"月节"；由于中秋节象征着家人团圆，所以又叫"团圆节"等。

重阳节习俗来源之谜

　　重阳节是我国传统节日之一，又叫"登高节""茱萸节""菊花节"等，时间是农历九月初九。这一天，人们会登高游玩、把酒赏菊、佩戴茱萸、蒸花糕、放风筝等。那么，重阳节是如何诞生的？这些习俗又是怎样形成的呢？

"桓景避难"说

　　重阳节的有关记载可谓浩如烟海，但重阳节究竟如何诞生，以及重阳节相关的习俗是如何形成的，却没有著作给出明确的解释，因此人们只能提出猜想。

　　比较著名的一个说法是"桓景避难"。这个说法可以从南朝梁吴均的作品《续齐谐记·九日登高》中找到依据。据说，古代有个仙人名叫费长房，他有一次收了一个叫桓景的徒弟。桓景拜师后便跟着费长房学习道术。一次，费长房提醒桓景，说桓景家中会有灾祸，灾祸的降临时间是本年的农历九月初九。桓景惊恐不已，跪在地上请求老师帮助自己。费长房就指点他，让他找些茱萸放于布袋中，把布袋系在手臂上，然后登高饮菊花酒，便可躲过此祸。桓景赶回家中，按照老师的指点，准备布袋，搜集茱萸。等到九月初九那天，他和全家老小每人都取一袋茱萸系在手臂上，然后登上高山，饮菊花酒。天色较晚时，桓景才带着家人回到家中，发现家中的家畜全部死亡。桓景不禁暗自庆幸。此事流传出去后，民间便逐渐形成了农历九月初九这天在手臂上系茱萸、外出登山、饮菊花酒的习俗。

如果"桓景避难"的说法属实，则能以此为线索确定重阳节的诞生时间，还可以确定重阳节中各类习俗的存在意义。但是"桓景避难"的说法存在疑点，比如，为什么是农历九月初九有灾祸，而不是其他时间呢？有人觉得这和农历九月初九时天气逐渐转凉，人们容易生病有关。

"祈求长寿"说

　　还有人认为重阳节的习俗具有祈求长寿的意义。这种说法可以从晋代葛洪辑抄的《西京杂记》中找到依据。书中提到，西汉初年，刘邦有位爱妃名叫戚夫人，戚夫人有个名叫贾佩兰的侍女。贾佩兰后来出宫嫁人，过上平常百姓的生活。后来，贾佩兰回忆起以前在宫里的所见所闻。原来，每年菊花开放时，宫里的人就会收集菊花的茎与叶酿制菊花酒。农历九月初九之时，菊花酒酿熟，刘邦就会和戚夫人享用此酒，还要搭配蓬蒿糕饼，并把茱萸系在身上，通过这些事情来祈求长寿。如果这个说法是真的，那就意味着重阳节的很多习俗至少在西汉初年就形成了，而且这些习俗的意义与避祸并无关系。

不过，祈求长寿和九月初九有什么关系呢？有人认为，九月初九是双"九"相加，而"九"在中国传统文化中本就代表阳气极盛的状态，因此人们自然觉得九月初九有光明的力量，能够使人身强体壮，寿命延长。

祭祀"大火"说

有人提出重阳节的诞生与星辰有关。原来，古代的百姓把心宿二叫作"大火"，并利用心宿二来判断季节。但是心宿二并不会全年出现在空中，每到九月，它就会暂时消失。由于当时百姓缺乏天文知识，所以心宿二的消失也难免给百姓带来恐慌。于是，百姓在每年心宿二出现的时候会举行迎接心宿二的仪式，在每年心宿二消失的时候则会举行送别心宿二的仪式，其中送别心宿二的仪式便在重阳节这天举行。可惜的是，由于研究资料不足，想要复原古时送别心宿二的仪式是很难的，不过我们可以从重阳节的一些习俗中找到蛛丝马迹。比如南方有些地区保留着在重阳节用赤豆饭祀灶的习惯，为的是祭祀灶神，而灶神正是火神，与被称为"大火"的心宿二应当是有联系的。而且，古代百姓往往把重阳节和寒食节对应，这种对应关系也是以心宿二的活动规律为

依据的，围绕这些节日而产生的各类习俗也都与季节的变化有关。

　　人们之所以难以判断重阳节习俗的源头，还有一个重要原因，那就是不仅仅汉族会在农历九月初九过节，很多少数民族同样会在农历九月初九过节，他们对农历九月初九时各类活动的诞生同样有很多说法，因此重阳节习俗来源之谜至今难以解开。

你知道吗？

　　自古以来，我国传统节日与传统文化的关系就极其密切，九九重阳，在数字中，九是最大的一个，表示尊贵；九九又与"久久"的音相同，有长久、长寿的含义，因此重阳佳节，寓意深远。

火把节来源之谜

在我国西南地区彝、白、傈僳等少数民族中，有个叫"火把节"的传统节日，人们也称它为"星回节"。每逢火把节来临，就会有众多游客前来一睹其热闹景象，各族人民会在这一天举行热闹非凡的火把节庆祝活动。那么，欢乐而独特的火把节究竟是怎么来的呢？

欢乐的火把节

由于民族和地域的差别，火把节举行的时间也有差异，但大部分民族都在农历六月二十四日开始，持续3 ~ 7天，甚至15天。在这一天，家家都会杀鸡宰畜，吃"坨坨肉"和新鲜的荞麦，还有歌舞、摔跤、斗牛、赛马等娱乐项目。到了晚上，家家户户都会点燃事先准备好的松明火把，只留下一根插在门楼上，然后大家就会拿着火把，去山上或田间，拿着火把跳舞。从远处看，就像一条条火龙在山岗田间上下飞舞，十分壮观。元代

诗人文璋甫看到这个景象曾作诗："云披红日恰含山，列炬参差竞往还。万朵莲花开海市，一天星斗下人间。"

用火把舞火的时候，有一项非常有趣的活动——"泼火"。人们会在这个活动中用左手拿着火把，右手攥着"香松面"，撒到对方的火把上，"嘭"的一声，就会闪出很多耀眼的金星，美不胜收。最后，大家又会聚到寨子的空地上，围着篝火，载歌载舞。

关于火把节的来源，至今众说纷纭，产生了以下几种说法。

纪念慈善夫人

　　在唐朝的时候，为了吞并五个诏国，南诏王皮逻阁就让人修建了一栋易燃的松明楼，然后宴请五个诏国的国主，想要把他们全部烧死。在赴宴前，慈善夫人不停劝丈夫邓赕不要去，但邓赕坚决前往。出于担心，慈善夫人就给他戴上了一只铁镯子。不出所料，前来赴宴的五名国主都被大火烧死了。等慈善夫人赶到时，松明楼已经变成了一片废墟。百姓们听到这个消息后，都急忙赶来，拿着火把在黑夜里帮慈善夫人寻找丈夫的尸体。

终于，人们通过铁手镯找到了邓赕，他的尸体已经被烧得焦黑。慈善夫人悲痛欲绝，抱着丈夫的尸体，跳进了洱海，那天正好是六月二十四日。从那以后，每年的六月二十四日，人们就会点燃火把，来表达对慈善夫人的尊敬和缅怀之情。

为了消灭害虫

传说，彝族有一个大力士，名为阿提拉八，他力大无穷，能够拔起大山。在一次比武竞赛中，阿提拉八摔死了天上的大力士斯热阿比，天菩萨非常生气，想要惩罚他，于是派来了许多害虫吃地上的庄稼。为了打败害虫，阿提拉八在六月二十四那天夜里砍了许多松树枝制成火把，率领大家一起把害虫烧死。从那以后，人们就把那天定为火把节。

庆祝消灭恶人

很久以前，山上住着一个专吃人的眼睛的恶人。为了让他不再吃人的眼睛，有个善人就天天给他找田螺吃。在六月二十四日那天，善人找了很久也没有找到田螺，于是买了一头羊，用蜂蜡做成两只角，然后点燃蜂蜡，把羊带到山上送给恶人吃。羊到了山上跑来跑去，那对用蜂蜡做的角把山间照得一片通明。恶人还以为到处都是火，赶紧躲到了山洞里，又用一块石头堵住了洞口。过了很长时间，恶人饿昏了头，身上没有一点力气去搬开洞口的石头，最后被山洞中涌出来的水淹死了。从那以后，每年的六月二十四日，人们都会高举火把，在山上或田间跳舞进行庆祝。

现代学者的见解

以上只是民间关于火把节来源的传说，至于火把节真实的源头，至今无人可知，一些学者也纷纷发表自己的见解。

第一种见解是，在众多传说中，彝族对火把节来历的解释是最古老的，表现了火把节与农事的紧密关系，以及祈求庄稼免受灾难、五谷丰登的节日愿望。因此，

在西南一带，火把节应该是较具影响力的农事节日。

第二种见解是，从火把节的一些节庆活动来看，很多都带有很强的原始宗教气息，还与古代汉人的"大傩"仪式相似，明显表现出了巫术的遗存。由此可见，火把节是一种由原始的神祀信仰演变而来的民间节日，起源可以追溯到上古时期。至于杀害虫、祈求五谷丰登等说法，是在农业经济得到了稳定和发展之后才出现的。

第三种见解是，火把节应该是远古时期百姓们对"火"的信仰的残存，楚人对火神的祭拜最能说明这一点。

关于火把节的来源，尽管上述的说法都有其合理性，但暂无得到公认的说法，因此火把节的起源至今仍是一个未解之谜。

你知道吗？

彝族火把节保留得较为完整、活动较为丰富，是国家级非物质文化遗产。彝族火把节一般历时三天三夜，第一天祭火，第二天传火，第三天送火。这三天三夜的活动各具特色，热闹非凡。

泼水节来源之谜

作为我国民族文化的重要组成部分，傣族文化具有独特的魅力。而说到傣族文化，自然就要提到著名的泼水节了。泼水节的时间是傣历的六月到七月，相当于公历的四月中旬。在这个节日里，西双版纳等地的傣族同胞就会热热闹闹地举行集会，手捧洁净的井水互相泼洒。除了泼水活动，人们还会举行赛龙舟、放高升、拜佛等活动，场面盛大而热烈。那么，如此重大的傣族泼水节的来源是怎样的呢？

来源于民间传说

有一种说法是，泼水节的诞生是为了纪念一些勇敢的女子。传说在很久以前，西双版纳曾经出现一个魔王。这个魔王总是掳掠美丽的女子，先后有十一个女子被掳走。后来魔王又掳来了第十二个女子，但这个女子胆识过人，她没有默默忍受自己的悲惨命运，而是决定和其

他十一个女子团结起来，一起除掉魔王。她巧妙地打听到魔王的弱点：用他的头发勒他的脖子，就可以杀死他。于是她等到魔王睡着后拔下魔王的头发，把魔王的头勒了下来。为了永除后患，这些女子决定用火烧掉魔王的头。没想到魔王的头着火后，火势很大。她们把魔王的头扔进河中，结果河水沸腾；把头埋在地下，土地都被烧得裂开。后来，她们发现，只有把头抱在怀里，火才能熄灭。

这些女子为了不让世间遭受火灾，便轮流抱住魔王的头，一年轮换一人。每当换人时，其他女子就会取来洁净的水泼到抱头女子的身上，为她清洗污秽，减轻她的痛苦。百姓们敬佩这些女子，也来帮忙泼水。从此，民间就逐渐形成了相互泼水以表达情感的习俗。后来，泼水活动又不断被赋予了其他意义，比如除旧布新、消灾解厄等。

来源于宗教仪式

　　还有一些人把泼水节的诞生与宗教文化相联系，认为泼水节来自印度婆罗门教或佛教。那些认为泼水节来自婆罗门教的人宣称，婆罗门教自古就有类似于泼水节的习俗，后来这个习俗逐渐传播到缅甸，最后才流传到我国。而认为泼水节来自佛教的人则宣称，佛陀出生时，龙喷出香雨来清洗佛陀的身体，后世的人为了纪念这件事情，就把相互泼水作为表达祝福的方式，后来就逐渐形成了泼水节。

　　泼水节的气氛浪漫而迷人，并因为与宗教相关而带有一丝神秘气息，但由于资料不足，泼水节的起源至今没有定论，依旧是一个未解之谜。

你知道吗？

　　泼水节举行泼水活动时，分为文泼和武泼两种方式。文泼指人们用木盆装满清水，用枝丫沾水轻轻泼在别人身上。武泼指用木盆装满水，将一整盆水泼在别人身上。在泼水节中，谁被泼的水越多，说明在这一年中谁获得的幸福越多。

矻扎扎节来源之谜

矻扎扎节是滇南哀牢山一带哈尼族人民的传统节日，一般在每年的六月二十四日前后举行，也有地区把这一天定在农历的五月初一。矻扎扎节对于哈尼族人民来说是很重要的一个节日，场面十分壮观。那么，这个盛大的节日是怎样形成的呢？

认识矻扎扎节

矻扎扎节历时 3 ~ 6 天，有着丰富多彩的活动内容。第一天，鸡鸣时，各家就要去水井挑水，人们认为最先提到水是吉利的象征。第二天，大家会聚集在磨秋（磨秋是一种 T 形的游乐器材）场上举行一场盛大的祭祀仪式。从这以后，人们会狂欢数天。在矻扎扎节的众多活动中，"撵磨秋"是最刺激的，这个活动需要一人或几人骑在磨秋的横杆上，然后用脚蹬地，让磨秋起起落落，飞速旋转，就好像是你追我赶。在节日的最

後一天，家家戶戶都要點上一把松明火炬，拿著火炬在家裡"掃蕩"一遍。然後，他們會按照先後順序，將火把擺放在路邊或者山上，集中燒毀，據說這個活動可以將邪祟驅逐得遠遠的。關於矻扎扎節的來源有以下幾種說法。

起源于农事节日

有的人把矻扎扎節看作農事節日，關於這種說法，還有一個有趣的傳說：過去，太陽和月亮升起沒有固定的時間，影響了農業生產。哈尼族有一對兄妹，哥哥叫阿郎，妹妹叫阿昂。兄妹兩人經過商

量，決定分別去找太陽和月亮。於是他們騎上磨秋，雙腳一蹬，飛到了天上。

這兩個人說服了太陽和月亮，並達成了一個協議：太陽在白天出來，月亮在晚上出來。但不幸的是，由於在天空中停留了太久，哥哥被太陽烤死了，妹妹被月亮凍死了。

哈尼族同胞们为了纪念兄妹二人的奉献，每逢稻谷要抽穗时，就会聚集在一起，支起磨秋，欢歌笑语。

可能是一个岁时节日

还有人说，矻扎扎节可能是一个岁时节日，因为它有一个"六月年"的别称。在时间上，它和彝族"火把节"是在同一时期发生的。经研究，火把节曾经是彝族的小年。因此，大家都觉得矻扎扎节和火把节是同源的，原意都是"过小年"。矻扎扎节的规模确实和过年很像，而且哈尼族至今还有"十月年"的风俗，恰好和"矻扎扎"的别称"六月年"能够对应上。

因为文字记载很少，所以我们只能依据传说来判断矻扎扎节的起源及它到底是不是节日，想要解开这个谜团，还需要进一步考究。

你知道吗？

"矻扎扎"的意思是"迎接一位仙人到访哈尼"。哈尼族人会举行盛大的欢迎仪式，举行各种节日活动，隆重程度与热闹程度，犹如汉族的春节，希望仙人能保佑山寨平安、五谷丰登、人畜兴旺。

那达慕大会来源之谜

　　"那达慕"是蒙古语，翻译过来是"娱乐"或"游戏"的意思。那达慕大会是每年都会举行一次的盛大集会，参与者主要是居住在内蒙古及黑龙江等地的少数民族同胞。历年来，关于那达慕大会的来源众说纷纭。那么，都有哪些说法呢？

认识那达慕大会

　　那达慕大会的举行时间往往在农历七八月，也就是草原上牛羊肥壮的时节。到那时，牧民就会齐聚会场，

观看或参加一些传统比赛项目，如赛马、摔跤等。此外还有文艺演出，如说书、舞蹈等。牧民来参加集会时一般会携带自家的一些产品用来交易，因此那达慕大会也具有一定的经济价值。到了夜晚，人们点燃篝火，载歌载舞，动听的民歌声伴着悠扬的马头琴声飘扬在广阔的大草原上。牧民们一边品尝美味的奶茶，一边自在地谈笑，展望未来的美好生活。

来源于祭敖包活动

一些人认为，那达慕大会并非从一开始就独立存在，而是从祭敖包活动中脱离出来的。"敖包"的意思是"堆子"。以前蒙古地区的百姓会在每年的春季和秋季各祭拜一次山神，敖包便是人们进行祭祀的地方。祭敖包活动中，人们会献上哈达与祭品，并请喇嘛诵经，最后把

美丽的绸布等挂到敖包上。等到正式的祭祀环节结束，小伙子们便会利用珍贵的闲暇时间举办各类活动，来舒缓身心。这些活动主要是射箭、摔跤和骑马。不过当时这几项活动只有男子能参加。后来这个活动环节从祭敖包活动中独立出来，并逐渐发展为男女均可参加的集会，成为草原上深受人们喜爱的盛会。

来源于"奈勒"

还有一些人认为那达慕大会源自"奈勒"，也就是以前蒙古草原各部落首领相聚协商问题的政治集会。在古代，蒙古草原在很长时间内都分为众多势力，为了解决部落间的各类问题，因而形成这种政治集会。在这种集会上，首领们会先请宗教人士诵经，之后着手商讨问题。等到各类问题商谈完成，人们便会举办各种娱乐活动。

后来这种娱乐活动独立出来，逐渐成为草原上重要的娱乐性集会。

由成吉思汗创立

有些人认为那达慕大会是由成吉思汗创立的。成吉思汗是蒙古草原上的一代霸主，他自幼习武，胆略过人，并成为蒙古的大汗。由于胜利的喜悦，成吉思汗召集各部落举行比赛，比赛内容为三项，分别是摔跤、赛马和射箭，成吉思汗还下令以后将用这三项内容去考核将士。后来这种比赛沿袭下去，成为草原上的一种重要习俗，并逐渐形成了现在的那达慕大会。

民间传说

也有人认为那达慕大会来自"青格勒比武娶亲"之事。据说，西北高原曾经有一位白银胡德尔阿拉坦汗，他和巴拉米纳汗立下约定：双方的儿女长大后结为夫妻。后来白银胡德尔阿拉坦汗有了一个儿子，名叫青格勒，巴拉米纳汗则有了一个女儿，名叫娜仁山达。青格勒长大后，便根据父辈的约定不远千里去迎亲。没想到天山地区一位将军的儿子竟然也来求亲。巴拉米纳汗不愿得罪任何一方，最后只得让这两个来求亲的人比赛，谁赢得比赛谁就当自己的女婿。两人首先举行了一场数月里程的骑马比赛，青格勒获得了胜利。之后两人举行了射箭比赛，所射目标被放在人眼看不到的远处，青格勒又取得了胜利。最后两人到旷野举行摔跤比赛，青格勒依然获胜。就这样，青格勒迎娶了那位尊贵的公主。自那以后，草原上的小伙子们就通过类似的比赛来展现自己的实力，后来这种比赛成为一种习俗，并逐渐发展成如今的那达慕大会。

虽然关于那达慕大会起源的说法很多，但由于缺乏足够的资料，其起源过程依旧是一个未解之谜，因此还需要继续考究。

你知道吗？

在以前，那达慕大会中的活动项目只有摔跤、射箭和赛马，如今人们的活动项目越来越多，增加了武术、马球、马竞走等。其中参加马竞走比赛的马，必须经过特殊的训练才能上场，首先，马的四个脚不能同时离地；其次，马不能跑，只能快走。

压岁钱起源之谜

对小孩来说，新年的乐趣除了穿新衣、放鞭炮，还在于能从长辈那里收到压岁钱。那么压岁钱起源于何时呢？为什么过年要发压岁钱呢？"压岁"又蕴藏着什么含义呢？

镇压妖怪"祟"

相传在古代，有一只小妖怪"祟"，专门在春节晚上出没。它喜欢在小孩睡着的时候，用手抚摸小孩的前额，被它摸过的小孩会发烧，然后变成痴呆儿。有一次，一对夫妻把八枚铜钱用红色的线串起来给

小孩儿玩，小孩儿玩累了，就把铜钱放在枕头边睡着了。晚上，"祟"来了，它刚要伸手去摸小孩的额头，那串铜钱就发出一道亮光，把"祟"吓跑了。

经过这件事，大家纷纷用红绳串起铜钱放到孩子的枕头边，"祟"果然不敢再来了。后来人们才知道，铜钱有一种法力，可以镇压妖怪，化解灾祸。从此，就有了"压祟钱"的说法，又因为"祟"与"岁"发音相同，就逐渐演变成了"压岁钱"。

起源于"压惊"

压岁钱还可能起源于古代的"压惊"。在太古时期，有一种凶兽"年"，万事万物都会受到它的损害。小孩被"年"吓到后，人们就会通过放鞭炮、给小孩

孩食物的方式安抚小孩，以此"压惊"。到了宋代，给食物逐渐演变成了给货币，"压惊钱"的说法就随之而来了。据史书记载，为了安抚差点被坏人抢走的王韶子，

宋神宗赏了他"压惊金犀钱"。后来这种习俗就慢慢发展成了给压岁钱。

起源于"赏赐"之风

压岁钱还可能源于唐代盛行的"赏赐"之风。在民间，压岁钱又称"利市"，就是在节日时给帮工发钱以求吉祥，具有辞旧迎新的意思。一开始，给压岁钱就是一种形式，所以小孩收到的只是象征性的东西。后来，压岁钱的实际意义扩大了，人们不再给一些象征性的东西，而是给钱。到了现代，压岁钱的习俗更为普遍，孩子在收到压岁钱后通常会用来买学习用品和生活用品。

关于压岁钱的起源有很多种说法，但是，由于证据不足，压岁钱的起源仍是未解之谜。

你知道吗？

压岁钱有两种形式，一种是长辈将钱用红包或红纸包住，待晚辈拜年后，长辈可当众给晚辈或者偷偷放在晚辈的枕头下；一种是将彩绳穿线编成龙形，放在孩子的床脚处。

腊八粥来源之谜

农历十二月初八这天，民间流传着吃腊八饭、喝腊八粥的风俗习惯，这一传统节日就是我们常常所说的腊八节。但是，腊八粥到底是什么时候出现的，又是从哪里出现的呢？它最初的文化意蕴又是什么呢？

来源于"赤豆打鬼"

相传，上古时期的颛顼氏有三个儿子，死后都化作了恶鬼，为祸人间。古代的人们都比较迷信，对鬼魂非常

恐惧，很多人都认为孩子生病是恶鬼造成的。民间认为恶鬼很害怕红豆，所以就有"赤豆打鬼"这一说法。于

是，为了驱避邪恶，迎来吉祥，就出现了腊月初八用红豆煮粥的习俗。

悼念修长城的工人

　　在秦朝时期，秦始皇为了修筑长城，召集了全天下的工人。这些工人常年在外，唯一的食物来源就是家里人送来的粮食。但是，有些工人离家太远，还没等到粮食送过来，就

被活活饿死了。一年腊月初八，没有粮食吃的工人们就收集了一些杂粮，煮了一大锅稀粥。虽然每个人都喝了一碗，但还是禁不住饥饿，最终还是饿死在长城下。所以，为了悼念这些修筑长城被饿死的工人，大家就会在腊月初八这一天喝上一碗用杂粮做的腊八粥。

纪念岳飞

　　据说，有一年，岳飞率领军队在朱仙镇抗金，那年

正值冬季，寒风刺骨，岳家军没有足够的衣服和食物，饱受寒冷与饥饿，所以百姓们送来了用五谷做的粥。岳飞和将士们饱餐一顿后与敌人对战，大获全胜，这一天恰巧是腊月初八。岳飞去世后，人们为了缅怀他，就用五谷杂粮熬粥，形成了腊月初八独有的喝腊八粥的风俗习惯。

与朱元璋有关

关于腊八粥的起源，还有一则"朱元璋忆苦思甜"的故事。传说朱元璋小时候很穷，经常饿肚子。有一年腊月初八，他和一群牧童在荒原上放牧时，发现了一个田鼠的洞穴，于是大家挖开洞穴，从里面掏出田鼠储存的玉米、豆子和稻谷等，然后熬成一锅粥分着吃了。这

大概是朱元璋少年的记忆中最难以忘怀的美食了。

后来，朱元璋率领这些曾一起吃粥的兄弟推翻元朝，建立了明朝。朱元璋并没有忘本，在每年的腊月初八，他还会召集这些兄弟喝上一碗粥，并把这粥叫作"腊八粥"，也叫"王侯腊"。后来，这项忆苦思甜的活动逐渐盛行，慢慢地变成了一种习俗。

关于腊八粥的来源，从古至今众说纷纭，始终没有一种确切的说法，至今仍是一个未解之谜。

你知道吗？

腊八节在我国北方比较盛行，每到腊八节，北方地区便会剥蒜制醋、泡腊八蒜、吃腊八粥等。关于腊八节，有"小孩小孩你别馋，过了腊八就是年"的说法，意思是过了腊八，离过年已经不远，人们需要开始准备年货了。

抓周起源之谜

抓周也叫"试儿",在古代是非常受欢迎的风俗习惯,用来卜算孩子未来的志向和前途。那么,这个有趣的风俗起源于什么时候呢?

抓周的意义是什么

在古代,抓周代表了孩子今后的发展方向,所以,抓到的工具就可能与孩子的未来发展相关。抓周的工具一般用学习用品、首饰或办公用具等充当,在不被引导的过程中,如果孩子抓到了学习用品,就代表学习成绩好,可能做老师;抓到了印章,就意味着小孩未来可能当官……抓周是一种祝愿的方式,代表了长辈对孩子的期待。

起源于三国时期

根据民间流传的《三国外传》推断,抓周可能起源

于三国时期。民间有这样一个传说：吴国皇帝孙权即位不久，太子孙登就去世了，孙权只好另立储君。有一个平

民叫景养，他听说了这件事，就前来进谏："立储君这件事，不仅要看贤德，也要看天赋。"并向孙权推荐了抓周这个方法。孙权对他的话很认同，就让人把所有的小皇子抱进宫中，进行抓周。大多数皇子抓的不是象牙就是珠贝，只有孙和的儿子孙皓抓的是简册和绶带。孙权非常高兴，就立孙和为太子。

虽然后来孙和因为一些原因被罢黜，但在经过动乱之后登上皇位的依然是孙和的儿子孙皓。这让几个朝廷的老臣想起了当年的抓周，对景养当时提出的方法赞不绝口。此事流传到民间之后，人们也纷纷采用抓周的方式预测子女的发展方向，渐渐地就成了一种风俗。

起源于先秦时期

据说，在先秦时期，楚共王想在自己的五个儿子中选出一个储君，就想借用巫术文化来决策。巫术文化与

常见的抓周不太一样，但也有异曲同工之
处。楚共王先偷偷地在祖庙埋下一块
玉璧，再让几个儿子分别去庙里祭
拜，谁压在玉璧上，谁就是神明
指定的继承者。小儿子两次祭拜，
都压到了璧纽。大儿子没压到玉璧，
但双脚跨在了玉璧两边。按照常理来
说，应该选择压到璧纽的小儿子，但楚共王认为大儿子
才是天选之子。大臣斗韦龟认为楚共王的做法违背了天
命，就让自己的儿子跟随楚共王的小儿子。最终，楚共
王的小儿子继承王位，成了楚平王。后来就出现了"试
儿"这一说法和习俗。现在，它代表了人们对孩子的期
待和满满的爱意，是一种富有人情味的习俗。

　　我们只知道自古以来抓周就是流行于全国各地的一种
风俗，但具体起源于什么时候，至今仍是一个未解之谜。

你知道吗？

　　《红楼梦》是我国四大名著之一，深受国内外文人
的喜爱，书中也出现了"抓周"这个习俗，主人公贾宝
玉在抓周中抓到了胭脂、钗环，暗示了他今后的命运。

门神起源之谜

在中国的传统文化中，门神占有重要地位，在每年的末尾，人们往往会特地买上两张新门神贴在大门上。门神面目狰狞，令人不敢为恶。百姓通过贴门神来表达驱除邪祟，保护家宅平安的愿望。那么门神是怎样产生的呢？他们的原型又是谁呢？

来源于桃人

有人提出，门神文化是从"桃人"文化发展而来的。桃树在我国古代被认为是带有神奇力量的树，能够驱赶邪祟。比如，在我国传统文化中，桃木剑和桃木符分别具有杀鬼和驱邪的作用，把桃木雕刻成人形挂于门上，也可以震慑鬼怪。有些典籍还记载："桃者，五木之精也，故压伏邪气者也。桃之精生在鬼门，制百鬼，故今作桃人梗着门以压邪，此仙木也。"据说，桃人最初是神荼、郁垒的化身。神荼、郁垒均是管理鬼怪的神仙，

　　据说他们在上古时期便辅佐黄帝镇压鬼怪。他们的住处是东海的桃都山，那里长有一棵神树。神树的枝干伸展开来有数千里之广，树下有白虎，树上立着金鸡。鬼门便在神树的东北方。每日太阳东升时第一个受到阳光照射的就是金鸡，它感受到阳光后便高声啼叫，使天下都能听到，而天下其他地方的鸡便会随之啼叫。这时，夜间来到人间的鬼怪就会惊恐地回到鬼门。神荼与郁垒就站在鬼门的两侧，对这些鬼怪进行管理。

　　除了监视被金鸡吓回的鬼怪，神荼、郁垒还在每年的年底审问这些鬼怪，只要发现谁敢在人间为非作歹，便将其投入白虎口中。由于神荼、郁垒刚正不阿，鬼怪对他们恐惧不已，就算只是在画像上看到他们，或者听到他们的名字，都会逃之夭夭。聪明的百姓就用桃木雕刻出这两位神仙的样貌放在大门两旁，以此赶跑鬼怪。同时，因为金鸡和白虎也威风凛凛，对鬼怪有震慑作用，所以百姓也借助金鸡和白虎的形象来驱赶鬼怪。这些习俗可以从古代的一些典籍中找到依据，较早有相关记载的是明朝时期的《月令广义·正月令》。

在汉代，民间已经形成挂桃木人的习俗。在除夕夜，官老爷们也会把雕成人形的桃木挂在内门旁，来驱赶鬼怪。后来，用桃木雕人的习俗逐渐变为在纸上画像，门神画也就渐渐出现了，宋代时首都汴京已经出现了雕版门神画。

与李世民有关

元明时期著作《三教源流搜神大全》中记载了另外一种关于门神来历的说法，即门神文化的出现与唐太宗李世民有关。据说，李世民有一次搬到新宫殿去住，半夜却总是听到奇怪的响声，有时甚至能听到厉鬼的喊叫

声。唐太宗不胜其扰，接连请了很多和尚、道士来降妖除魔，却一点作用都没有，鬼怪反而越闹越凶。

　　饱受鬼怪捉弄的唐太宗向大臣们抱怨这件事，猛将秦琼宽慰唐太宗说："臣征战一生，无所畏惧，臣愿意与尉迟恭穿上盔甲守护宫门，对付那些鬼怪。"李世民答应了。于是秦琼和尉迟恭便在晚上全副武装地站在宫门外，结果整晚都没有鬼怪来闹事。唐太宗不愿意让两位爱将一直这么辛苦，就请人将两位将军的样貌画了下来，分别贴在宫门两侧，从此再也没有鬼怪来骚扰唐太宗了。

　　百姓听说此事后，纷纷效仿，购买秦琼与尉迟恭的画像张贴在大门两侧，并逐渐形成了习俗。就连我国四大名著之一的《西游记》也提到过秦琼与尉迟恭做门神

的事情。民间关于这两位猛将的画像可谓种类繁多，有些画里他们骑在马上威风凛凛，有些画里他们立于地上横眉怒目。再后来，其他广受喜爱的武将也成了门神画的主人公，比如赵云、岳飞等。就连文官也有一些被画为门神，不过不同于舞刀弄枪的武将，文官一般身着朝服，手拿宝瓶等物，一身正气。

门神在千百年间守护着百姓的居所，增添了生活的趣味，但由于相关资料的短缺，门神的起源和演化过程到今天依然是个谜。

你知道吗？

唐朝时期，出现了一个非常厉害的门神——钟馗，据说他不仅能捉鬼，还能把恶鬼吃掉，人们常将钟馗的图像贴在门上，直到今天许多人家的门上都贴着钟馗的图像来驱邪辟鬼。

对联起源之谜

对联是一种特别的艺术形式，也叫"楹联""楹贴"，俗称"对子"。对人们来说，对联意义重大，无论是春节还是红白喜事，它都是必不可少的东西。那么，对联是什么时候开始出现的呢？

起源于东汉之前

对联最早的载体是桃木。由于桃木具有驱邪的作用，所以在古代，人们经常在桃木板上写字或画画，挂到门上，这种形式也叫"挂桃符"。桃符源于东汉时期应劭在《风俗通义》中提到的上古传说："有两个住在度朔山桃树下的神仙，分别叫神荼和郁垒，他们专门监管各种鬼魅，如果有鬼魅胆大妄为，伤害人类，就用苇索把它们捆住，抓去喂老虎。"那时候，为了驱邪，人们会在过年的时候在桃木板上写这两个神仙的名字或画上其画像，挂在门前。后来，为了来年能够顺利，人们开始用

吉利的话代替他们的名字，最后，为了读起来押韵，人们又开始写对偶的诗句。虽然那个时候还没有发明纸，但这个传说证实了东汉之前就已经有挂桃符（即对联）的习俗。

起源于东晋之前

据说东晋时期，有一年，著名书法家王羲之在春节前写了好几副对联贴在门上，结果都因为字体优美流畅、内容新颖，被人偷走了。直到春节将至，他的门上也空无一字。所以，为了避免对联被偷走，王羲之想到了一个办法，贴对联时，他只将上半部分贴出来，上面写：

"福无双至，祸不单行。"人们见这副对联不够吉利就没有偷走，等到春节当天的黎明，王羲之才接上对联的下半部分，于是对联成了"福无双至今朝至，祸不单行昨夜行"的妙联。由此可见，对联很可能在东晋之前就出现了。

起源于五代时期

还有一种说法认为对联起源于五代时期，这种说法在《宋史·五行志》《宋史·蜀世家》《蜀梼杌》中都有涉及。据说，后蜀皇帝孟昶有挂桃符的习惯，有一天，他想在寝宫门上挂上桃符，于是让一个名叫辛寅逊的学

士写两句吉利话。可惜，辛寅逊写的并不合孟昶的心意，于是孟昶自己写了两句——"新年纳余庆，佳节号长春"。这副对联被人们认为是我国较早的一副对联，但还是有众多学者对此持怀疑态度。

关于对联的起源一直都没有确切的说法，因此对联起源之谜还需要学者们进一步考究。

你知道吗？

历代文人墨客常用对联表达自己的感情，可用来祝福新人，可用来表达哀情，还可用来表达讽刺之意。清朝末期，政治混乱，到处是买卖官爵的现象。有一位生意人曾花巨款买了个四品官，时常穿着四品官服耀武扬威，有人为此做了一副具有讽刺意味的对联："四品青天褂，六味地黄丸。"

贴门笺来源之谜

门笺也叫挂钱、挂千、吊千儿（"千儿"的意思类似于"纸条"）、花纸等，是一种历史悠久的住宅装饰物。贴门笺与贴春联一样，是我国的一项重要习俗，那么这项习俗的含义是什么呢？其来源又是怎样的呢？

认识贴门笺

门笺的原料多是红棉纸或其他彩纸，长一尺左右，宽七寸左右，四周镂有图案，下部呈穗状。门笺上一般都写有吉祥话，来祈盼丰收或生活顺遂等。门笺往往在节庆时贴于门楣，

不过也有贴到门户或堂屋二梁上的。前者也叫"喜笺"，常见于春节期间，后者则用于驱邪，配文也和"喜笺"不一样，内容一般是带有宗教色彩的话语。门笺种类繁

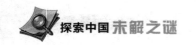

多，大多色彩鲜明，是极具装饰性的饰物，使中国百姓的家门多了一道美丽的风景线。据说，在周朝，人们就开始贴门笺了，因为人们觉得这样可以"拒穷"。为什么贴门笺可以"拒穷"呢？据说这和姜太公的故事有关。

民间传说，姜太公辅佐周武王，推翻了暴虐的商纣王，之后进行封神工作。诸事完毕后，姜太公准备功成身退，没想到他的妻子却拦住他，想给自己也讨个封赏。姜太公就把妻子封为"穷神"。这个神的作用是带来贫穷，无论她到哪家去，哪家就家道衰落，陷入挨饿受苦的窘境。姜太公为了保护贫苦百姓，又专门加了一条规定，让她只能去门庭华丽的富贵人家，如果是门户破败的穷苦人家，就不能进去。简单来说，就是"见破不入"。后来此事不知怎么流传了出来，于是百姓纷纷弄来些破布挂到门上，想让穷神远离自己家，后来门上挂破布就逐渐成了风俗。但是百姓们终究希望自己家美观整洁，总挂破布显得太碍眼。一些人就想到个巧妙的办法，他们把完整的布或纸剪成穗状，来取代以前挂的破布。就这样，贴门笺慢慢流传到各地。再后来，人们贴门笺已经不完全是为了驱赶穷神，而主要是为了美观。不过有些人还记得贴门笺最初的意义，他们贴好门笺后，任大风去吹，故意把门笺弄成破破烂烂的样子。

来源于汉代"断织系户"风俗

有些人觉得，贴门笺并不是为了驱赶穷神，而是以前"断织系户"习俗的延续。东汉应劭曾在《风俗通义》中记载了那时百姓在门上挂绢的风俗。当时，家中媳妇织好绢后，就把绢的最后一小块剪下来挂到门上，用来告知婆婆自己完成了工作。民间还认为"断织系户"有驱赶瘟疫的作用，类似于端午节时在门上挂彩丝和五彩绢。至于百姓为什么会认为门上挂布能够驱除瘟疫，有些人认为这和周朝祭神的活动有关。周朝的祭神活动中，祭品所在的几案配有新布，作用是让祖先享用祭品时擦拭双手。这种布由于在祭神仪式中有作用，因此被认为带有神力，能够护人平安。后来这种崇拜色彩扩展到所有新布上，最终促成了"断织系户"风俗的形成。

来源于隋唐挂门符习俗

还有人认为，贴门笺起源于隋唐时期挂门符或符箓

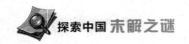

的习俗。研究发现，隋唐时期的确存在挂门符的习俗，而且影响广泛，不但寄寓着除灾驱邪的祈盼，还有代表家人和睦的作用，可以说各类人群都会用到。而且这种符纸与后来的"千儿"也十分相似，在样式和图案上都有共通之处，也难怪有些人认为门笺起源于符箓。不过单凭外在形象的相似是不足以判断其传承关系的，所以很多人对此提出了质疑。比如古代的符箓往往有传承体系，而且很多符箓或由符箓演化而来的门符至今仍在使用，比如北方一些地区的百姓会在节庆期间缝制三角红布挂于门上，或将裁剪成虎形的蒲艾红纸挂于门上，以此驱邪。有些人还会贴挂宗教色彩鲜明的"天师符""八卦牌"等。这些才是以符箓为基础演变而来的门符，而门笺明显处于符箓演变体系之外，而且，符箓往往有专门的用途，有些专门用于驱赶瘟疫，有些甚至连使用日期都有明确规定。与此相比，被广泛使用的门笺自然不属于符箓演变体系。而且，今天的门笺可谓花样繁多，使用时也没有明确的数量限制，而符箓却往往单独使用。

由于门笺源于符箓的说法漏洞太多，因而一些人又提出了新的观点，认为贴门笺的习俗和从前的迎春仪式有密切联系。据《后汉书·祭祀志》记载："立春之日，迎春于东郊，祭青帝、句芒，车旗服饰皆青。"大意是，在立春那天，人们要到东郊举行迎春祭神活动，参与活动的人都要穿青衣，活动中的旗帜等物也应为青色。这是官方的迎春仪式，民间的迎春仪式则要简单一些，主要是剪裁彩燕、戴春幡等。后来戴春幡的习俗逐渐演变为在门上贴春幡，以象征青旗，表达对生活的美好祈盼。宋陈元靓《岁时广记》引《皇朝岁时杂记》："元旦以鸦青纸或青绢剪四十九幡，围一大幡，或以家长年龄戴之，或贴于门楣。"这可能就是门笺的原型，但由于证据不足，因而难以确定。

门笺的来源之所以如此难以确定，一个重要原因是，相关记载大多出自清人手笔，不足以帮助人们辨流溯源。看来，想要彻底解开贴门笺习俗的来源之谜，还有待进一步考证研究。

你知道吗？

人们喜欢贴门笺是因为它的另一个名字"挂钱"中带有"钱"字，预示着财源滚滚。在旧习俗中，人们在元宵节过后必须将"门笺"摘下来，据说谁家不摘，瞌睡虫就会赖在谁家，让这家的人经常打瞌睡，影响劳作，而没有好收成。

摆手之俗来源之谜

　　"摆手"是湘西、鄂西南地区土家族同胞的一种集体民俗活动，又叫"摆手舞""摆手歌"，场面十分壮观，清朝土家族诗人彭施铎曾为摆手作过一首诗："福石城中锦作窝，土王宫畔水生波。红灯万盏人千叠，一片缠绵摆手歌。"足见当时的盛况。那么，如此独具一格的摆手活动起源于什么时候呢？

两种摆手

　　不同的地域环境和生产生活方式，造就了土家族人不同的摆手方式。摆手可以分为两类：小摆手和大摆手。小摆手一般在摆手堂（摆手堂是在土家族建造的土王庙和八部大神庙）里举行，后来由于参加摆手活动的人员增加，就转移到了寨口坪坝较宽阔的场地。举行小摆手活动的时候，坪坝的中心会竖起五颜六色的旗子和灯火，等祭拜神祖过后，人们就会随着欢快的鼓声，在神祖台周围跳起舞来。动作主要以摆手为主，双脚也会踩着节拍。在跳摆手舞时，大家每跳一圈就会摆一个图案，这些图案连在一起就会形成一个完整的反映生产、生活的情节，如打粑粑、挽麻团等，整个活动过程充满了热闹的氛围和浓郁的乡土情趣。

大摆手活动由于规模大、持续时间长等原因，每3～5年举办一次，一举行起来，各个寨子的青壮年都会赶来参加，同时还会有比武、祭神等活动，场面十分热闹。

关于摆手之俗起源的几种说法

一种说法是，土王（土家族人民的王，具有生杀大权）为了扰乱敌军的指挥，会在和敌军交战时，下令让

士兵们跳舞，从而获得胜利。摆手舞也因此成了土家族的一种传统。

另一种说法是，一年年末，土王和军队出征在外。将士们的家人十分思念在前方作战的亲人，于是大臣们就建议大家跳摆手舞来缓解悲伤。在鼓声的伴奏下，人们欢快地跳来跳去，度过了一个愉快的年。从那时起，土家族人便开始流行起了摆手舞。

还有一个说法是，土王来到湘西，看到当地人不会打铁、锄草，就跳起了摆手舞，用舞蹈演示了打铁和锄草的过程。

除此之外，还有人说摆手舞是土家族人在战胜敌人后，向长辈展示战胜敌人方法的舞蹈。

关于摆手舞的起源可谓众说纷纭，这个谜团还有待进一步探究。

你知道吗？

在土家语中，摆手舞叫"舍巴"，是土家族原始的祭祀舞蹈，集歌、舞、乐等于一体，其以舞蹈的形式将土家人劳动生产、抗击敌人、征战四方的场面展现在众人面前，是国家级非物质文化遗产。

土葬习俗起源之谜

古人在对待逝者时，往往将逝者的遗体埋入地下，即"入土为安"。这种土葬习俗不仅在我国流行，而且在世界上很多地方都存在。那么，土葬习俗及其相关的观念是怎样形成的呢？

最早的土葬

土葬习俗并非在人类诞生之初就存在，从考古资料来看，元谋人与蓝田人及北京人等，似乎都没有土葬的习惯。从世界范围内来说，土

葬习俗在我国出现的稍晚一些，大致出现在旧石器时代晚期。目前发现的较早的实行土葬的古人类，是山顶洞人，其生存年代距今大

约 18000 年。而后这种土葬的普及又经历了漫长的岁月。我们可以合理地猜测，土葬习俗的最终确立，与某种观念的成熟有着密不可分的关系。

是亲情加深的结果

有人提出，土葬出现之前，一些地区处理尸体的习俗是分食。比如，《隋书·东夷列传·流求国》便记载过一些地区分食死者尸体的习俗，称亲朋好友会将死者的尸体吃掉。元代周致中所撰写的《异域志·啖人国》中也有类似的记载，说父母去世后，邻居会吃掉父母的尸体，而邻居的父母去世后，也会让自己去吃其父母的尸体。因此，土葬习俗的出现应当是氏族成员感情加深的结果。

与孝道文化的形成有关

也有一些人认为，在土葬之前，人们并不会特意处理死者的尸体，而是将尸体随意放置，任其腐烂。之所以形成土葬的习俗，是因为孝道文化的发展。这种观点在儒家理论中可以得到佐证。比如，《孟子·滕文公上》

中就提到，古时儿女本不会特意处理父母的尸体，但是看到父母的尸体遭到野兽或蚊虫的破坏，心中难过，因而把尸体埋到土中。按照孟子的说法，土葬习俗的出现正是由于孝道文化的形成。《吕氏春秋》中也提到，父母与子女相互关爱，而父母死后，子女自然不忍心看到父母的尸体暴露于荒野，便将其下葬。这也证明土葬习俗的出现与孝道文化的发展息息相关。

与灵魂观念的萌发有关

还有一些人认为，土葬习俗的出现，代表百姓对灵魂的思考达到了一个新的层次。从考古资料来分析，在元谋人及北京人时期，人们处理尸体的方式是随意扔到野外，这和动物对同类尸体的处理方式相似，而随着人的意识的发展，人们逐渐能够把活人与死人相区分，正如把人和动物相区分一样。因此人们意识到死者的灵魂可能去往另一个世界。于是，以这种灵肉分离的观点为依据，人们开始有意识地进行丧葬活动。从相关考古资料来看，在旧石器时代晚期，这种有意识的丧葬活动就已经出现了。一些典籍也可以佐证此类观点，比如《礼记·祭义》中就提到"鬼"的概念，而《韩诗外传》中也提到，人死后精气

和肉体会分离，各自去往归宿。后来民间还发展出"冥府""地府"的概念。比如湖北地区的一些古代墓葬中就出土过"遣策"，上面记载了死者的信息，以便阴间世界查询。由此可见，土葬的出现和人们对灵魂和阴间世界的思考是密切相关的。

与崇土意识密切相关

有人认为，虽然土葬习俗与灵魂信仰有联系，但其之所以能够成为广泛存在于各地的习俗，关键在于人们的崇土意识。在中原地区，人们依靠农耕来养家糊口，土地是家家户户的命脉。在生产实践活动中，人们逐渐

形成这样一种意识，即生命来于土地并归于土地。这种崇土意识正是土葬习俗得以产生和发展的基础。关于土葬习俗与崇土意识的关系，还有一个有趣的小故事。据说，商周时期，武吉拜姜太公为师。一日，武吉的母亲去世，按当时的习俗，人死后，尸体应当扔到野外，武吉也是这么做的。等到武吉回来时，姜太公看到武吉满脸悲痛，便关切地询问。武吉坦诚地说自己不想以这种方式处理母亲的尸体，怕母亲的尸体遭到野兽破坏。姜太公便让武吉将母亲的尸体埋到土里，理由是人本就是依靠土中生长的粮食维持生存，死亡之后自然也应该葬到土里。武吉这才解开心结，急忙回去将母亲的尸体安葬。就这样，土葬逐渐成为一种习俗。民间还有"人吃土欢天喜地，土吃人叫苦连天"的俗话，意思是人吃那些从土中长出的粮食是好事，而人死后被埋到土里就是

令人悲痛的事。

与自然环境有关

不过，有一些人对原始时期人类处理尸体的方式产生怀疑，认为山顶洞人时期并没有采用土葬，而是采用洞穴葬。如果这个观点属实，则说明人类处理尸体时采取的形式受到自然条件的制约。

虽然关于土葬习俗起源的说法众多，但由于相关资料的短缺，人们至今无法确定土葬习俗究竟是如何形成的，这个未解之谜还需要相关学者继续探索。

你知道吗？

我国汉族土葬有几千年的历史，传统的土葬占用的空间非常大。国务院发布的《殡葬管理条例》规定，在耕地面积少、人口稠密的地区，应该摒弃土葬，实行火葬。

避讳习俗起源之谜

　　在中国传统文化中有许多独特的内容，避讳的习俗便是其中之一。避讳的内容大致是，当碰到与长辈或君王名字相同的字或者读音相同的字时，就要在写字时故意缺笔或者干脆空出该字的位置，或采取其他办法改字，总之要以回避的态度来对待，避免直呼其名。这种习俗由来已久，而且产生了很多弊端，也让如今研究历史的很多学者不胜其扰。那么，这种避讳的习俗起源于什么时候呢？又为什么会形成这种习俗呢？

起源于周朝

　　有些人的观点是，避讳习俗起源于周朝。这种观点并非无稽之谈，因为周朝的确存在避讳的习俗，不过当时的避讳习俗与后世有些差别，比如当

时的避讳情况主要发生在称呼死者时。在周朝的避讳习俗中，涉及周王的事情是需要格外避讳的，当时甚至还有官员专门管理相关事宜，比如"小史""太史"。不过总体而言，当时的避讳习俗没有后世那样严格，并且史料上的有关记载也并不多。

起源于秦汉时期

也有人认为，避讳真正的起源时间是秦汉时期。因为秦汉时期的避讳风俗日益流行，并形成了一种制度。关于秦汉时期的避讳情况，较早的例子是关于秦始皇及其父的避讳。秦始皇名字中有"政"，而"政"在当时与"正"相通，因此为了避讳，"正月"便被改为"端月"。

秦始皇的父亲名字中有"楚"，于是楚地的"楚"就被改为"荆"。汉朝建立后，这种避讳的习俗沿袭了下来，比如汉高祖名字中有"邦"，于是很多"邦"字就被用"国"字代替。等到清朝，学者陆费墀在《帝王庙谥年讳谱》中提到了一些帝王避讳的情况，虽然没有直接点明避讳习俗究竟什么时候确立的，但从其书中顺序而言，当是秦汉时期。

为什么会产生避讳习俗呢

为什么偏偏是中国产生了避讳的习俗呢？过去人们对这个问题研究得比较浅。如果按照避讳风俗起源于周朝的说法，那么避讳习俗的诞生便与周朝的鬼神思想有关系。周朝建立后对商朝的一部分鬼神思想加以继承，认为天地之间存在鬼神，并且把这种思想推广到死人的身上，认为人死之后，灵魂具有神力，能够影响在世的人。这种思想的形成主要是由于当时生产力低下，人们没有足够的科学知识去解释各种自然现象，也没有足够的手段应对各种生活上的风险，因此寄希望于虚幻的鬼神。

另外，避讳风俗对强调阶级地位，稳固奴隶主统治也有一定益处。在周朝，宗法制度与孝道文化逐渐发展起来，这也对避讳风俗的形成起到了促进作用。至于避讳习俗的进一步发展，则应当归因于封建主义的发展和君主集权制度的完善。从有关资料来看，避讳习俗的发展高峰出现在唐宋时期及清朝，例如李世民登基当皇帝后，把"观世音"改成了"观音"。

总之，关于避讳习俗的起源，相关资料太少了，始终没有定论，至今仍是一个未解之谜。

你知道吗？

古代避讳的对象一共有四类，分别是避帝王（避讳当代帝王或者本朝历代皇帝的名字）、避长官（下属避讳长官本人或者长官父祖的名字）、避圣贤（避讳圣贤的名字，如孔丘、孟轲等圣贤的名字）、避长辈（避讳父母和祖父母的名字）。

探索中国

未解之谜

生物之谜

沛林◎主编

SPM
南方传媒

广东人民出版社

·广州·

图书在版编目（CIP）数据

探索中国未解之谜：全八册 / 沛林主编 . —广州：
广东人民出版社，2024.1
ISBN 978-7-218-17092-3

Ⅰ . ①探… Ⅱ . ①沛… Ⅲ . ①中国历史—少儿读物
Ⅳ . ① K209

中国国家版本馆 CIP 数据核字（2023）第 211719 号

TANSUO ZHONGGUO WEIJIE ZHI MI
探索中国未解之谜
沛 林 主编

出 版 人：肖风华

责任编辑：李力夫
责任技编：吴彦斌　周星奎
装帧设计：朝旭文化

出版发行：广东人民出版社
地　　址：广东省广州市越秀区大沙头四马路 10 号（邮政编码：510199）
电　　话：（020）85716809（总编室）
传　　真：（020）83289585
网　　址：http：// www.gdpph.com
印　　刷：天津泰宇印务有限公司
开　　本：890mm×1240mm　1/32
印　　张：24　　字　　数：230 千
版　　次：2024 年 1 月第 1 版
印　　次：2024 年 1 月第 1 次印刷
定　　价：138.00 元（全八册）

如发现印装质量问题，影响阅读，请与出版社（020-85716849）联系调换。
售书热线：（020）87716172

前言
PREFACE

中国有着五千年的历史，在这片充满神奇的土地上，不管是人文历史还是自然景观，都隐藏着令人困惑不已的谜团：秦始皇到底是谁的儿子？徐福东渡到底去了哪里？传国玉玺到底在哪里？千年古莲真的会开花吗？珠穆朗玛峰到底能长多高？十二生肖里为什么没有猫？万里长城是怎么建成的呢？……

为了让孩子们在一个个未能完全解开的谜团中获得不一样的阅读体验，以探索的眼光研究各种谜题，在思考与探索中走向未来，我们特意编写了《探索中国未解之谜》这套书。本套丛书共包含八个分册，从帝王之谜到历史悬案，从考古谜踪到文化谜团，从生物之谜到地理谜境，从民俗探源到建筑奇谜，全方位、多角度地介

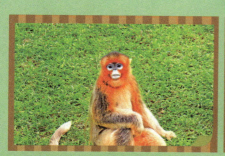

绍了中国多个领域具有探索意义的未解之谜，最大限度地拓展孩子的认知、视野，激发孩子对大自然和身边事物的好奇心以及探索未知世界的兴趣。

　　为了帮助孩子探索这些未解之谜，我们还在书中精心设置了有趣的板块，并配有精美的插图，以增加孩子的知识储备量，让孩子们的探索之旅更为有趣。希望孩子们通过阅读本套丛书能对我们神秘的国家多一些了解，并愿意为探索未解的谜团而贡献自己的一份力量！

Contents
目录

西峡恐龙蛋未解之谜

　　1974年8月19日，考古学家在河南南阳的西峡盆地发现了亿万年前的恐龙蛋，这一发现为考古学家在研究恐龙方面提供了新的素材。所以众多考古学家纷至沓来，希望解开此地恐龙蛋的秘密。到如今，西峡已经有上万枚恐龙蛋被挖出。西峡也因此被国家地质局授予"恐龙之乡"的荣誉称号。但随着如此之多的恐龙蛋的发现，也出现了诸多未解之谜。那么，关于这些恐龙蛋都有哪些未解之谜呢？

震惊世界的发现

　　西峡考古挖掘之前，全世界发掘的恐龙蛋数量并不多，仅有几百枚，但是今天西峡这一地区已经挖掘的恐龙蛋化石就有上万枚，至于埋在地下的没有探明的那些恐龙蛋化石就更多了。而据相关部门统计，已经探明的恐龙蛋化石大小一般3～20厘米，最大的能达到50厘米，

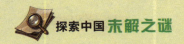

如此巨型的恐龙蛋在世界上都是很罕见的。

经过进一步的研究发现，这些蛋并不是来自单一的恐龙族群。目前，人们将西峡恐龙遗迹中已经发掘的恐龙蛋化石分成很多种。如此之多的恐龙蛋化石仿佛在告诉人们：几亿年前，恐龙可能就是在这里进行集中孵化繁衍后代的。但是，为什么不同种类的恐龙要集中到一个地方下蛋呢？实在令人费解。

西峡恐龙蛋化石的特点

像西峡这样分布广泛、数量丰富、种类繁多的恐龙蛋化石群，是世界所罕见的，因此有专家称之为"世界第九大奇迹"。根据专家探测研究，西峡恐龙蛋分布面

积广泛，很多地方都有埋藏恐龙蛋化石的痕迹；该地恐
龙蛋埋藏比较集中，从已经发掘的土层上可以看到有序
地排着三个化石层，恐龙蛋以窝的形式嵌入其中，每一
窝均有数量不等的恐龙蛋；这一地区恐龙蛋埋藏数量非
常巨大，据估计在整个南阳能达到 10 万～40 万枚；西
峡恐龙蛋埋藏较深，自然性强，依旧保持着原始状态，
除少量蛋壳因为板块长期运动挤压破损，大部分都是完
好的，这在世界上都是一枝独秀。

令人费解的恐龙蛋

亿万年前，恐龙曾经是地球上的霸主。但是，恐龙是怎么诞生的？由什么进化而来？为什么会在地球上突然消失？……这些都是长期以来令人不解的问题。科学家们也常因恐龙考古资料的短缺而烦恼。西峡恐龙蛋化石群的出现，对探索恐龙的繁殖行为、恐龙的起源和演变，复原恐龙当时的生态环境，研究古代气候的演变、地理变化、古代生物的演变过程，划分白垩纪地层等都有重要的意义。

对于该地区为何有如此多的恐龙蛋尚未孵化就变成了化石，人们猜测当时很有可能出现了洪水、沙尘暴等自然灾害，或是板块强烈运动引发了火山爆发、冰川

覆盖等灾害，又或者是其他外在因素如太空陨石撞击地球等导致恐龙一下子全部灭亡，从而导致了这些恐龙蛋化石的形成。但这终究只是人们的猜测，并没有确凿的证据。

那么，这些恐龙蛋都是哪些种类的恐龙下的？能否借助现代科技，提取蛋中的DNA，然后使当时的恐龙再现？这些未解的谜题，都等着科学家发现和揭晓。

你知道吗？

　　在很多人的印象中，恐龙作为地球上曾经的主人，似乎都是庞然大物。但是科学家发现世界上最小的恐龙蛋只有几厘米，这意味着，白垩纪时期，生活着一群很小的恐龙，可能与今天的鸟十分接近，而今天的鸟蛋很有可能与恐龙蛋有着密切的联系。

动物画圈行为之谜

《西游记》中师徒四人路经金兜山时，唐僧感到肚子很饿，孙悟空便去寻找吃的，又怕两位师弟无法保护好师父，就用金箍棒在地上画了个圈，这个圈可以阻止妖怪靠近。在奇妙的大自然中，科学家通过研究发现，小到田边的田螺、河中的鱼，大到黄鼠狼、貂熊等动物竟然都有神奇的画圈行为。这是怎么回事呢？

貂熊的画圈行为

在大兴安岭茫茫的林海深处，无数动物在此栖息，有一种动物长得既像紫貂又像黑熊，昼伏夜出，能上树和游泳，它就是貂熊。貂熊觅食的时候，并不会像老虎、猎豹那样扑倒猎物，而是用自己的尿在平地上画个大圆圈，守株待兔式捕猎。如果有小动物进入这个圈，就会像被施了法术一样，在圈子里一动不动，成为貂熊的食物。即使是豺狼虎豹，也不敢随意进入这个圈。由此可

见，貂熊凭借这个圈子不仅可以捕食，还可以自卫。但是，这些动物为什么害怕貂熊用尿画的圈呢？貂熊的尿液中难道有什么特殊的物质吗？这令动物学家十分不解。

棘鱼的画圈行为

科学家经过研究发现，海底世界里也有类似的场景，比如棘鱼也会画圈。但与貂熊画圈不同，棘鱼画圈是为了求偶而不是为了捕食。雄性棘鱼和雌性棘鱼平时都是分开生活，春天到来时，为了吸引雌性棘鱼，雄性棘鱼会以绕圈的方式圈占周围固定的水域，并且赶走附近的其他雄性棘鱼，当其他雄棘鱼闯入自己圈占的领地时，

　　这条雄棘鱼就会变得凶猛好斗，直到入侵的雄棘鱼全部离开。有趣的是，在这个圈里，这条雄棘鱼只攻击其他雄鱼，对雌鱼却很友好。科学家猜测这是因为它要跟雌性棘鱼繁衍，不想被打扰。

黄鼠狼与田螺的画圈行为

　　在我国湖南，曾有人见过一条1米多长的蛇正在地上爬行，这时候来了一只黄鼠狼，这只黄鼠狼围着蛇绕了一圈之后就走了，而这条蛇一直待在这个圈子里。过了一会儿，来了几只黄鼠狼一同将这条蛇吃了，这条蛇自始至终也没有离开过这个圈。

　　人们在南方水田中劳作时，经常看见田螺会绕着螃

蟹画圈，然后螃蟹就好像被施了魔咒一样，无法动弹。几天过后，螃蟹就会死去，被田螺吃掉。

这么多动物都有画圈行为，这些圈都有各自的神奇之处。其中蕴藏的神奇奥秘还有待我们去发现和探索。

你知道吗？

在辽阔的大自然中有许多不为我们所知的捕食方式，例如丛林中的变色龙根据环境进行伪装后再接近猎物进行捕食，海豚发出独特的声波、利用身体击打浪花把鱼儿拍打到岸边然后轻而易举获取食物，有些蜘蛛可以散发诱惑性的气味诱骗猎物自投罗网，猫捉老鼠时利用发达的嗅觉能发现老鼠的状态，待老鼠放松警惕时一举捕获。

动物预知地震之谜

由于人和动物生理上存在着差异，听觉系统和触觉系统完全不同，一些动物能比人提前感知即将到来的灾害事件，如：海洋中的水母在风暴来临之前会潜入海底深处；矿井塌方的时候，老鼠总是能够提前躲避；地震来临前许多动物都会表现异常；等等。那么，动物是如何预知地震的呢？

科学家对动物感知地震的猜想

有人认为地震来临前自然界会有一些异常的自然现象，如地下水异常，井水、泉水等地下水发生震荡、冒泡和升温等现象；气象的异常，天气突然变冷、变热；

电磁发生变化；等等。

专家认为，动物拥有比人类更加灵敏的器官，能够比人类更早感知到地震前发生的这些异常变化，并产生异常反应。只是在不同种类的动物身上，会有不同的表现形式，如鸡鸭鹅乱飞乱跳、老鼠搬家、池塘中的鱼不停地吐泡泡等。而且，大多数专家认为动物可以感受到电磁场的变化，所以能够提前感知地震的到来。

山东营口地震征兆

1975 年 2 月 4 日，山东营口发生了强震。据相关资料记载，震前一个月时，鞍山附近、辽宁中部已经发生了多次小震，蛇都从洞里爬了出来；雌性马甲鱼在水中

不断翻腾，发出奇特的叫声；很多鹅表现得惊慌失措，有的甚至都飞了起来；地震前两天时，家里养的小猪打起了架；营口一个生产队养着 6 头牛，地震发生的前一天，有 4 头牛在顶角，有 2 头牛在拼命地用蹄子刨地；鹿场养的梅花鹿惊慌乱窜，有的甚至都受了伤。根据种种迹象，我国地震局提前 6 小时发出地震预警，极大地减少了地震造成的损失，这是世界地震预测史上的里程碑。

对鸽子预知地震的实验

为了进一步探究动物是否能够预测到地震，科学家对鸽子的身体构造进行了仔细研究，发现在鸽子的胫骨

和腓骨（位于小腿之上，粗的为胫，细的为腓）之间的骨膜附近，有体积很小的可以感知地震的球状小体，这些小球对声波很敏感，对鸽子的刺激振幅达到十分之

几微米时，就可以引起神经电反应，导致鸽子表现异常。科学家用100只鸽子做实验，把50只正常鸽子和切除骨膜附近小球的50只鸽子混在一起，通过模拟4级地震的振幅，发现小球被切掉的鸽子一点儿反应都没有，而正常的鸽子却惊慌不已。实验证明小球是鸽子能够提前感知地震的重要原因。但这仅仅只是对鸽子的一个实验，还有许多动物在地震前的异常行为之谜至今还没有解开，还需科学家进一步探究。

你知道吗？

地光是由于地震活动产生的一种特殊现象，一般只有在大地震爆发前或爆发时才会见到，是一种强烈的地震前兆。1976年7月28日晚，很多人都曾看到唐山东北方向有很多五颜六色的光束映照天空和大地，这就是地光。

动物冬眠之谜

霜降前后，气温会一天比一天低，凛冬将至，很多动物会进入冬眠，直到来年春天，它们才会慢慢苏醒。那么动物为什么会冬眠呢？

自然界中的冬眠现象

蛇在 7 ~ 8℃时就会进入冬眠，通常选择树洞、洞穴、岩石之间的缝隙等作为越冬的场所，而且经常几十条蛇一起，因为这样可以抱团取暖，提升周围的温度。

当外界温度低于 7℃的时候，刺猬就会进入冬眠，它藏在野外的枯枝落叶堆里，将体温维持到 2℃

左右，身体蜷缩起来不吃不喝，呼吸变得极其缓慢，此时把它放在水下半小时也不会被淹死。

黄鼠蜷起身子准备越冬时，体温会从 36℃降到 1℃左右，这样可以大幅度减少体内热量损耗，从而安全度过漫长的冬季。

土拨鼠的冬眠时间长达六个月，它们会提前挖掘地洞，寻找干草，将干草铺垫在洞穴之内为冬眠做准备，并在洞穴之内储存粮食，以备不时之需。

对冬眠原因的各种猜想

科学家们对动物冬眠时身体的一系列变化做了很多研究，但是到目前为止，仍然没有足够的理论对动物冬

眠的原因进行解释。

　　有人提出动物冬眠的原因主要是外界环境的变化，例如温度下降和食物减少。以蜜蜂为例，在冬季，当气温为 7 ~ 9℃时，蜜蜂便停止活动，但是它的翅膀还能动，当气温降至 4 ~ 6℃的时候，就处于无法动弹的状态，温度再低的话，就会陷入睡眠。据此，科学家得出结论，动物的冬眠和温度有关。

　　在关于囊鼠的冬眠实验中，科学家给小囊鼠提供了充足的食物后，发现囊鼠并没有像往常那样在冬天进入休眠状态，这说明动物冬眠和食物也有关系。

　　有人对实验提出异议，认为实验中的人工降温具有很多的不确定性因素；食物不足并不是导致动物冬眠的原因，因为大自然中许多动物在冬季的进食量都会逐渐

减少，有的甚至停止进食。

　　有科学家提出生物钟这一说法，即动物体内的时间规律提醒着动物，每到冬天需要减少代谢，进行冬眠。大自然中的动物冬眠类似于动物迁徙（如大雁南飞）和冬季储藏食物（仓鼠储存食物），是对环境变化的长期适应，已经形成了生物钟。

特殊物质的存在

　　科学家们通过对黄鼠狼的实验，发现这些冬眠的动物体内有一种特殊物质使得它们进入冬眠状态，并且还有一种抗体能够使动物保持正常状态，当动物体内的特殊物质浓度超过抗体时，动物就会进入冬眠。

科学家认为，这种特殊物质应该任何时候都会产生，以便动物应对气候变化。而抗体则是在动物冬眠之后产生的，它的浓度超过特殊物质时，动物就会苏醒。但是，这种特殊物质和抗体物质究竟是怎么一回事？它们的性质和存在形式是什么样的？这种特殊物质又是怎么给动物传递冬眠信号的？科学家也无从得知。

至今为止，动物冬眠的原因到底是什么，科学家还没有完全解开，还需要进一步的研究。

你知道吗？

睡鼠是世界上冬眠时间最久的动物，从深秋开始到次年的春天，睡鼠都在睡觉。它们的寿命并不长，仅仅5年，而且大多数时间都在熟睡中度过。由于在冬眠前经常没有获取充足的食物，因此很多睡鼠会在漫长的冬眠中死去。

动物复仇之谜

　　人有七情六欲、爱恨情仇，人在受到他人的伤害时，就会产生复仇心理。经过长期观察，其实动物也是有情感的，动物受到伤害时也会做出反击，只是不同的动物复仇的方式也是不同的。那么，动物都是如何复仇的呢？

金丝猴王的报复

　　在重庆动物园里饲养着一只金丝猴王，性格非常暴躁，经常将饲养员抓咬挠伤。饲养员有一天被它挠咬得忍无可忍，拿起竹条在它的屁股上狠狠地抽了几下。不久，饲养员便离开了动物园。过了半年，这位饲养员回到动物园去看自己曾经饲养的金丝猴，没有想到，那只金丝猴王从人群里一下子便认出了他，立刻拿起一个粪团朝饲养员扔去。猴王见弄了他一脸的猴粪，顿时叫起来，样子得意极了。

猫头鹰妈妈为子复仇

天空中的鹰、隼等猛禽都具有较高的智慧，它们的复仇行为也十分明显。1988年春天，一对猫头鹰在一个农民家的附近筑好巢穴，孵化出了4只小猫头鹰。这户农民家的小孩发现后想把小猫头鹰带回家饲养，于是趁两只猫头鹰出外寻找食物的时候，他找了几个邻居小孩，一同将猫头鹰窝掏了，结果四只小鸟里有三只被摔死，一只被带回。猫头鹰妈妈回来后发现自己的孩子都丢了，

到处寻找，后来在这户农民家里发现了那只存活下来的雏鸟。猫头鹰妈妈便每天守候在这里。一天，这家大人刚一出家门，猫头鹰妈妈立刻向掏鹰窝的小孩扑去，啄伤了他的眼睛。

毒蛇追杀捕蛇人

蛇也有复仇的行为，民间就有捕蛇人被蛇报复的事情发生。20 世纪 80 年代，湖北某地有一个捕蛇人，他有一次在捕蛇的过程中杀死了几十条毒蛇，之后 5 年，他不断地被毒蛇袭击，最终死于蛇口。甚至在他死后，他的坟墓周围也常常有毒蛇出现。

大象报复人类

有一天，云南西双版纳刮风寨的猎人发现一头母象和一头小象正在附近的河里洗澡，这几个猎人便拿起猎枪射击，母象和小象惊慌逃跑，可是小象还是被枪射中了，只有母象逃回了森林。两天后，这只母象领着十几

头大象冲进寨子中。当时，寨子里的青壮年都上山干活去了，只有老人和孩子在家。老人和孩子吓得四处奔逃，大象们并没有伤害他们，只是将寨子里的建筑物都冲撞倒塌，随后大象们便离开寨子，回森林去了。

动物为什么会产生这样的复仇心理呢？它们的复仇行为又是如何计划的呢？科学家对此还没有一个明确的答案，这需要进一步的研究。

你知道吗？

据史料记载，大象在很久之前就和人类成了朋友，并为人类提供了很多帮助。但是由于人类的盗猎活动，加上大象的栖息地被破坏等因素，导致大象数量下降，活动范围也逐渐缩小。因此，国际自然保护联盟将亚洲象列为濒危物种，将非洲象列为极危物种，并采取了诸多措施，以更好地保护大象。

神农宫洞穴生物之谜

我国江西以山地、丘陵为主，喀斯特地貌下产生了各种千奇百怪的溶洞，洞中有许多未探明的秘密等待着我们揭晓。其中江西万年县盘岭村的神农宫溶洞里生活着奇特的生物，由于人迹罕至，至今人们对这里都知之甚少。神农宫洞穴里的生物到底有什么神秘之处呢？

未曾见过的洞穴生物

科考人员进入神农宫，跟随地下暗河一步步深入，发现了许多盲鱼、盲虾等。它们几乎通体透明，甚至都能看到盲鱼身体内的鱼刺。更加神奇的是，这些动物一旦离开洞穴就会立刻死去。科考人员在洞穴中还发现

了一种没有见过的昆虫，它和澳大利亚很有名的双翅目发光昆虫外表几乎相同，只是不会发光。这个新物种的发现给科学家们留下了待解之谜。

专家对洞穴中的动物进行分析，发现这些洞中的生物有几个共同的特征：有发达的嗅觉和触觉感官、眼睛很小或者没有眼、通体透明、体温与洞内环境相同、新陈代谢缓慢。专家认为这些特征是生物体为了适应洞穴内昏暗无光、潮湿阴冷、温差较小的环境而形成的。

对黑暗洞穴的猜测与疑惑

也有人认为，这些洞穴生物是一些动物在洞穴内生存，由于很多器官渐渐不再使用慢慢退化而成的。但是有些专家对此表示，这是适者生存的结果，这些生物在不断进化来适应洞穴的生活环境，这也使洞穴中的生物无法离开洞穴，在洞穴内相互依存，形成了一条独有的洞穴生态链。

　　由于受地形影响及探测手段有限，专家无法深入洞中，很多问题还有待解决：洞穴深处是否还有更加奇特的洞穴生物？在黑暗的洞穴中，食物来源很有限，洞中生态链是如何保持完整的呢？这些洞穴生物是洞穴原生生物，还是外界生物迁徙进来的呢？随着科学技术的发展，科学家们能够通过探测器了解到我们曾经无法触及的领域，而这些谜题终究会被一一解开。

你知道吗？

　　洞穴生物有狭义和广义之分。广义上讲，洞穴生物就是所有生活在洞穴里的生物，而狭义上讲，洞穴生物是一旦离开洞穴便无法生存的生物，如很多藻类、微生物、无脊椎动物等。

新疆虎灭绝之谜

100 多年前，塔里木河下游还是浩浩荡荡的大河，周围布满了湖泊和沼泽，罗布泊附近有茂密的芦苇及郁郁葱葱的胡杨林、红柳林。在这片森林中，生活着一种头顶有"王"字花纹的新疆虎。如今，新疆虎已经消声匿迹。有人认为新疆虎灭绝了，也有人认为新疆虎还没有灭绝。2002 年，一支环境保护探险队踏上塔里木河的旅途，试图再次寻找新疆虎的踪迹。那么，新疆虎是否真的已经灭绝了呢？

新疆虎已经灭绝

20 世纪初，瑞典探险家斯文·赫定曾经多次来到新疆进行实地调查，他曾在 1934 年的调查日记中写道："这里所有的人都说二三十年没有见过老虎了，有一人说在十多年前曾经看到过一只很年迈的老虎。"因此他断定新疆虎于 1916 年灭绝。1979 年，在印度召开的国际老虎

保护会议上正式宣布新疆虎灭绝于 1916 年。

　　动物学家对此做出解释，新疆虎的灭绝与环境沙漠化有着巨大联系。20 世纪前，塔里木河下游和罗布泊一带绿洲成片，水草丰茂，但由于人类数量增多，大量开垦荒地，导致水资源短缺、湿地减少、绿洲遭到破坏，使得新疆虎的食物来源大大减少，从而导致新疆虎渐渐灭绝了。除此之外，人们很喜欢捕杀老虎换取金钱，这也是导致新疆虎消失的重要原因。

　　20 世纪 40 年代，苏联的一位探险家曾经在新疆捕捉过一只老虎，专家们认为那应该就是新疆地区的最后

一只老虎。但是民间不断有人说自己看到过新疆虎。

1951 年，有一队军垦（指派军队开垦荒地和生产）战士在天山南麓的阿克苏胡杨林垦区开荒时说在此地见到过老虎。在当时，人们对林区还没有完全开垦，林区生态环境较为不错，芦苇遍布，胡杨和红柳茂密繁盛，野猪、黄羊等随处可见。对于新疆虎来说有足够的食物，因此新疆虎极有可能存在。

1965 年，奇台县一家农场的几名农工说自己在去阿勒泰拉木材的路上见到了老虎，当时车正在戈壁滩上缓缓行驶着，前方突然跳出两只老虎，几个农工被吓一跳，因为从来没在野外见过老虎，两只老虎见到人后，迅速向戈壁滩中奔跑，很快便消失不见了。

2001 年，几个在准噶尔盆地边缘农场工作的人在附近的林子中与两只老虎相遇。据当时的人回忆，老虎离人不足 200 米，人们能够清楚地看到老虎的毛发和体态，当时人们比较害怕，没敢大声说话，而老虎似乎因为人多也比较害怕，就匆匆离去了。

　　虽然国际老虎保护会议已经宣布新疆虎灭绝，但是时不时有人说在新疆看到过老虎，新疆虎是否真的灭绝仍值得考证。随着人们对环境保护的重视和对塔里木河流域的综合治理，这一地区的生态环境不断变好，新疆虎很有可能重新回到人们的视野中，不过这还需要进一步考证。

你知道吗？

　　地球上生活着几百万种动植物，其中有 100 万种如果不加以保护会有灭绝的危险。近年来，科学家们监测到哺乳类、鸟类、两栖类、爬行类和鱼类种群规模下降了很多，平均每过一小时就会有一个物种灭绝，未来数十年内将会有很多物种灭绝。地球上生物多样性消失速度加快，人类面临着前所未有的危机。

国宝大熊猫之谜

大熊猫是我国的"国宝"，外表黑白相间，浑身胖嘟嘟的，加上内八字的走路方式，十分可爱。据动物学家分析，熊猫至少已经在地球上生活了800万年，因而又被称为动物中的"活化石"。其实憨态可掬的大熊猫身上藏着很多秘密，这些秘密都是什么呢？

熊猫为什么有黑眼圈

有人认为，黑眼圈是由大熊猫的遗传基因决定的。在漫长的岁月变迁中，很多与大熊猫处于同一个时代的动物相继灭亡，由于大熊猫长期进化，因此它们能够一直繁衍生息，黑眼圈是它们彼此之

间能够识别的典型特征。

有人认为大熊猫的黑眼圈就像一种保护色，能够提高大熊猫在动物中的威慑力。远远望去，大熊猫的眼睛显得很大，加上较大的体形，使大熊猫穿梭于竹丛、高山、森林、雪地时都会使其他动物望而却步。同时在和敌人对峙时，由于大熊猫没有眼白，只要脸对着敌人，就可使敌人无法判断大熊猫的视线，不会轻举妄动，此时大熊猫的眼睛就可以趁机看向其他方向。

还有人解释说，由于大熊猫眼睛小，如果是眼睛周围毛色为白色的话容易反光刺眼，眼部的黑眼圈能够有效防止雪地反射、阳光直射等对眼部的伤害，这是大熊猫在漫长的进化过程中形成的保护自己的特征。

还有人认为，黑眼圈就是基因遗传，是祖先给予的礼物，并没有什么特别含义。但是这些说法仅仅是人们的猜测，并无真凭实据。

挑食的大熊猫

众所周知，大熊猫喜欢吃竹子，但是大熊猫一开始是吃

肉的，只是由于生长环境中可供其捕获的动物过少，无法满足生存需要，后来经过不断的进化，基本上只吃可以轻松获得的竹子了，但是它的牙齿和消化道依然保持原样，依旧被动物学家划分为食肉目。

虽然大熊猫喜欢吃竹子，但并不是所有的竹子都吃。中国的竹子有几百种，而大熊猫只偏爱其中的二十几种竹子，并且只吃最鲜嫩的、汁水最多的竹子。大熊猫超级爱吃竹笋，也会吃竹子中比较娇嫩的竹茎，这部分竹子口感比较清甜，也比较容易咀嚼和消化，同时它的营养价值更为丰富，能够满足大熊猫对热量和能量的需求。野外大熊猫会根据时令选择食物，春夏时节吃各种各样的竹笋，秋季吃竹叶，冬季则喜欢吃竹杆。野外大熊猫

最喜欢的食物是刺竹，尤其喜欢它的竹叶和可口的竹笋。人们发现大熊猫生活的竹林如果枯死，它们宁可饿死，也不会去别的地方吃竹子，更不会吃人类给的其他食物。至于大熊猫为什么这么挑食，动物学家还在研究中。

熊猫会灭绝吗

　　成年大熊猫体重为 85 ～ 125 千克，但是刚出生的大熊猫宝宝体重却十分轻，仅仅 100 多克，和一个老鼠的个头差不多。一只大熊猫一生仅仅生育几个宝宝，照顾宝宝对雌性大熊猫来说是非常有难度的，需要花费十几个月的时间，有时甚至长达两年。这会使雌性大熊猫精

力不足，熊猫宝宝的存活率比较低。

由于人类的不合理活动，破坏了大熊猫的生存环境，导致大熊猫的栖息地被割裂，种群分割，近亲繁殖，物种退化。而且熊猫的发情期比较短，目前观察到的在动物园中的许多雄性大熊猫很少发情。此外，雄性大熊猫的生殖器官也有缺陷，导致熊猫的繁殖非常困难，这使得野生大熊猫越来越少，动物学家们只好采取人工授精等科技手段让雌性大熊猫怀上宝宝。

大熊猫身上的种种未解之谜，相信在不久的将来，人们会逐一解开。

你知道吗？

竹笋，是竹的幼芽，也称为笋，生长于地下。竹笋刚长出时只有一点小芽，等到破土成为竹子的时候生长速度非常快，一天能长几十厘米，因此竹笋在野外实际可采集的时间很短，属于比较难获取的食材，它的味道很香脆，难怪大熊猫非常爱吃了。

中国家兔发源地之谜

  兔子性格温顺，惹人喜爱，很多人都愿意把它当作宠物来喂养，今天我们看到的兔子都是由明代引进的欧洲穴兔饲养而成。中国在很久以前就驯养六畜，家养的猪、牛、羊等都是由野生物种驯化而来的，说明捕捉饲养兔子的行为在汉代就已出现。达尔文认为中国在春秋时期就已将兔子列为祭品，这时中国人应该就饲养兔子了。那么中国的家兔究竟起源于哪里呢？

起源于欧洲

  很多人认为中国的家兔起源于欧洲。因为目前我国并没有野生穴兔类化石和骨骸被发掘出来，所以大多数人据此判断，中国所有家兔品种都

起源于欧洲穴兔，而我国最早的兔子也是从外引进后被驯服的。但是近年来这一说法被越来越多的人质疑。

起源于本土

有人认为中国的家兔起源于本土。专家对此做出解释，从已经出土的文字来看，甲骨文中就有"兔"这个字；很多出土的青铜器中也有兔的元素；中国从春秋时期就已经开始驯化家兔，而欧洲驯化家兔的时间要比中国晚 1000 多年；欧洲已经养成的几个非常有名的兔种含有中国兔的血统；世界公认的喜马拉雅兔也是源于中国。因此，有人认为中国在很早的时候就有自己本土的兔子。

起源于亚洲

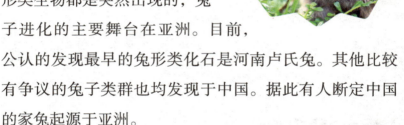

还有人认为中国的家兔起源于亚洲。1987 年，一位研究古脊椎动物与古人类的专家表示，通过化石记录，亚洲以外的兔形类生物都是突然出现的，兔子进化的主要舞台在亚洲。目前，公认的发现最早的兔形类化石是河南卢氏兔。其他比较有争议的兔子类群也均发现于中国。据此有人断定中国的家兔起源于亚洲。

那么中国家兔究竟是源自哪里呢？目前来看，依旧是一个未解之谜。

你知道吗？

人类培养的家兔中，不同品种的家兔在外形上有很大差异。比如，公羊兔体形较大，成年的体重可达 8 千克；而荷兰侏儒兔体形较小，成年的体重还不足 1 千克。

山羊"女儿国"繁殖之谜

在我国神魔小说《西游记》中有一个女儿国,这个国家都是女人,没有男人,20岁以上的女子只要喝了子母河的水就可以怀孕,不久就可以生下一个女孩。当然这只是神话故事,可是在现实当中,江苏省的一个小山村里就有一个"女儿国",只不过里面都是母山羊。那么,这些母山羊是怎么受孕产崽的呢?

怪异的繁殖方式

走进江苏省宜兴市潘家坝,可以看到这里依山傍水,山清水秀。在这里,流传着一种当地山羊的繁殖方式,不需要让母羊和公羊进行交配,只需要将母羊放入当地河塘或

者用水洗灌、注射，便可以让母山羊受孕产崽，这里的人将这种怪异的单亲繁殖方式称为"水压窝"。难道真的有这么怪异的繁殖方式吗？

在"女儿国"的实验

为了解开这一谜团，安徽省成立了繁昌区科委驻宣兴山羊单性繁殖研究室进行专门研究。

人们将羊饲养在院子中，按时喂养饲料，等到山羊适合繁殖的时间，先后对 16 只母山羊进行"水压窝"实验，最后有 4 只母山羊成功受孕，并生下羊崽。在"女儿国"进行的实验取得了成功，证明当地"水压窝"并非传说。科学家将其他动物放入水中，采取"水压窝"

实验，这些动物并未受孕，这说明并不是水的原因。

对结果的猜想

目前，世界上人类已知的哺乳动物中确实有能够进行单性繁殖的，但那都是卵细胞在人工刺激的情况下繁殖成功的，像这种自然单性繁殖的情况是前所未有的。"水压窝"的原理是什么？没有人能够给出一个合理的解释。是不是因为这里的水和人工手段一样能够刺激母山羊卵细胞，使卵细胞进行分裂发育后怀孕呢？

此外，母山羊单性繁殖后为什么会发生变异，这也令人费解。在"水压窝"实验的结果中人们看到：单性

繁殖的后代不仅有雌性还有雄性，毛色等外貌特点不完全和山羊妈妈相同。而按照遗传学理论，单性繁殖的山羊中体内应该只有一条 X 染色体，那就是雌性染色体，所繁殖的后代中应该只有雌羊，外貌也应该和母亲一样，这样才符合规律。看来要想解开"水压窝"单性繁殖的谜题，还需要进一步研究。

你知道吗？

　　山羊是一种很容易养殖的物种，它的繁殖率很高，能够适应各种环境，且很容易管理，我国于上万年前就已经对山羊驯化养殖。在今天，无论是北方广大的牧场、边疆高原、塞外戈壁，还是南方的小城都有山羊的背影。对山羊的无规则引进很容易改变当地的植物结构，因此，专家将山羊列为世界百大外来入侵物种之一。

乌龟长寿之谜

乌龟是地球上一个非常古老的物种，据已经挖掘的化石显示，现存最早的龟类化石约为 3 亿年前。很多人都认为乌龟有很长的寿命，因此乌龟有"老寿星"之称。在龟类"王国"里，乌龟的种类不同，寿命也不相同，有的乌龟能活几百年，而有的乌龟只能活十几年。据悉，美国动物园里的一只乌龟，从 15 世纪活到了今天。那么，乌龟长寿的原因到底是什么呢？

体形越大寿命越长吗

有人提出，乌龟体形和寿命应该成正比。体形越大，寿命越长；反之，体形越小，寿命越短。根据人们对乌龟的研究记录，可以看到龟类中大型

龟如海龟和象龟，这两种龟的寿命都很长，是龟类中有名的长寿龟种。

上海自然博物馆中的动物学家对此提出异议，因为馆内就有一只保存尚好的大头龟标本，论个头远远比不上象龟和海龟，但是相关记录表明这只乌龟至少活了132年。所以，体形越大寿命越长这个观点并不成立。

乌龟长寿原因的其他观点

有人指出，经常吃素的乌龟寿命比较长，比如生活在太平洋和印度洋热带岛屿附近的象龟，其食物就是简单的青草、野果和仙人掌，其中有一些可以活到300岁。而那些经常吃肉或者杂食性的乌龟寿命并没有那么长。

因此乌龟长寿可能与饮食习惯有着密切的联系。

有人认为，乌龟没有肋间肌，呼吸时靠口腔上下张合将空气吸入口腔，然后将空气压送至肺部。它在呼吸的时候，头部和四肢都会同步进行伸缩，这时肺也一呼一吸，乌龟之所以长寿和这种独特的呼吸方法密不可分。

年龄越大，体内的细胞就越老，最终死亡。而据科学家最新研究发现，人类细胞培养到50代之后就不会再延续下去了，而乌龟的细胞能够培养到110代，这使它们的衰老速度比人类慢许多，也许细胞繁殖代数同乌龟的寿命长短有密切的关系。

除此之外，乌龟拥有坚硬的外壳，能够保护自己的头、腹、四肢和尾免遭伤害。同时，乌龟嗜睡成瘾，新陈代谢缓慢，活动量少，体力消耗少，12个月里有10个

月是在睡觉，所消耗的能量是非常少的，因此有人认为这可能是乌龟长寿的原因。

对于乌龟长寿的原因，众说纷纭，究竟哪一个才是乌龟长寿的真正原因，则需要科学家进一步研究和分析。

你知道吗？

鳖是一种类似于乌龟的动物，又叫甲鱼、王八。乌龟和鳖的区别在于乌龟壳上有明显的花纹，鳖没有；乌龟的头和四肢都有花纹但是没有牙齿，鳖则没有花纹但是有牙齿；乌龟可以将头和四肢缩到龟壳内，鳖无法将头和四肢缩回壳内。

大连蛇岛未解之谜

在我国漫长的海岸线上有数不胜数的岛屿，大连市旅顺口西北角的渤海湾有一座蛇岛。这座不足一平方千米的岛屿上生活着上万条毒蛇，听起来不禁令人毛骨悚然。但奇怪的是，这座小岛上的毒蛇只有一个种类，那就是黑眉蝮蛇。这种特殊的情况是怎么形成的呢？

蝮蛇"王国"的形成

在很久以前，这里并不是一座孤岛，而是与大陆相连接的一座小山峰。大陆气候温和，空气常年湿润，植被茂盛，不仅有温顺食草的小动物，还有凶猛食肉的大型动物。可是有一天，这里发生了剧烈的造山运动，周

围的土地都沉入大海，陡峭的悬崖让这里变成了一座海中孤岛。随后，岛上缺少淡水资源，植被越来越少，岛上的食草动物和弱小动物成为肉食动物的捕捉对象，后来强大的肉食动物也没有了食物来源，不久，小岛便成了荒岛，几乎没有生命的迹象，只有黑眉蝮蛇幸存下来。春去秋来，当候鸟飞来在小岛上短暂休憩时，黑眉蝮蛇从岩石、草丛中猛地扑出，将毒液迅速注入小鸟的体内，等小鸟死后再吞入腹内，然后继续等待着下一次猎物的到来，这些黑眉蝮蛇就这样慢慢生存下来，形成了现在的蛇岛。

蛇岛"霸主"

作为一种毒蛇，黑眉蝮蛇很少为人们所见，基本只在沈阳和大连有少量分布，多数分布在大连蛇岛上。黑眉蝮蛇体形粗壮；头部略呈三角形，有颊窝，眼后斜向口角处有一细窄的黑褐色眉纹，其下缘有一极细的灰白

色线纹；躯尾背面灰褐色，有一列暗褐色的"X"形斑。这使得它与当地的枯枝、岩石等类似，活动起来像风吹动的树枝，这种伪装便于捕杀猎物。在蛇岛的各个角落中，如石缝中、草地上、岩石上、树枝枯草间、灌木丛中，都有黑眉蝮蛇的踪迹。在这里，黑眉蝮蛇是唯一的"霸主"。

会夏眠的蛇

由于候鸟的迁徙一年只有两次，一年当中除了4～5月和9～11月，其他时间黑眉蝮蛇都要靠自己生存下去。据科学家们的研究发现，黑眉蝮蛇在供水的条件下能够耐饥 80 ~ 392 天！在没有候鸟的情况下，岛上食物很少，黑眉蝮蛇只好减少运动。一年又一年，黑眉蝮蛇为了挨过这么长的等待期，学会了独特的本领——夏眠，因为睡觉可以节省体力，保持体内的营养，好让它们能成功活到下次候鸟飞来的时候。据专家介绍，世界上所有的蛇都把夏季作为最好的捕食季节，因为夏季雨水充沛，植被茂密，蛇的猎物也纷纷出来活动。黑眉蝮蛇则是目前世界上已知的唯一能够进行夏眠的蛇。

有科学家通过研究提出，蛇岛附近海域有很多地理环境和气候条件与蛇岛差不多的小岛，但是这些岛上却没有黑眉蝮蛇的踪迹，这是什么原因呢？除此之外，人们对黑眉蝮蛇的生活习惯和繁殖特点也不了解。

至今对于蛇岛上的诸多谜团，人们还无法进行解释，还需要继续研究探索才能慢慢揭开其神秘面纱。

你知道吗？

蝮蛇，又叫"草上飞""土公蛇"等，头部呈三角形，吻端圆，吻鳞宽稍大于高，有剧毒。主要生活在平原或较低的山区，以鱼、鸟、蜥蜴等为食。

蚂蚁"王国"未解之谜

    蚂蚁的历史相当悠久，作为恐龙的邻居，蚂蚁大约在 8000 万年前就已经建立了自己的社会，这比人类几千年的文明史要悠久得多。在蚂蚁"王国"里，蚂蚁的分工非常明确，不同巢穴的蚂蚁还时常发生"战争"，令人匪夷所思。那么小小的蚂蚁身上究竟蕴含着什么样的秘密呢？

蚂蚁分工是如何形成的

    随着社会的进步、人口的增多，人类城市化进程中出现了交通堵塞、排水不畅、热岛效应等问题，但蚂蚁却能够建立好一个复杂的"城市"，且秩序井然。很多"蚂

蚁城"成员达 5000 万只，小一点的"蚂蚁城"成员也达 1000 多万只。在神秘的蚂蚁"王国"里，有着明确的分工。例如蚁后负责产卵、繁衍后代，并随时掌握整个"城市"的食物存量，统管整个种群；而工蚁则负责采集食物，饲喂幼虫和蚁后，也负责建造巢穴。如此明确的分工是怎么形成的呢？

有人认为蚂蚁的这种分工行为与进化有着密切联系。以切叶蚁为例，切叶蚁能够与其他伴生物种共同进化，会随着生存环境中其他生物的进化而进化，也许在不断的进化中，这种分工行为就慢慢演变出来了。

还有人认为蚂蚁的分工主要来自基因差异表达，人们通过实验看到从第 6 只蚂蚁开始，随着蚂蚁群体规模

的不断扩大，蚂蚁之间便开始相互配合，彼此分工合作。在形成群体后，会出现更加细致的分工，根据生理差异，具有生殖能力的蚂蚁成为蚁后和雄蚁，不具有生殖能力的成为工蚁。但是这种更加细致的分工是如何形成的，人们并没有一个合理的解释。

匪夷所思的"战争"

在四川省潼南龙形桑树湾内，从 1978 年到 1988 年，每年春天都会有成千上万的蚂蚁冲出巢穴相互搏斗，造成大批蚂蚁死亡。蚂蚁之间打架是存在的。但规模如此之大的"战争"却非常少见。那么，蚂蚁为什么要这样做呢？

　　昆虫学家认为，应该是这些蚂蚁之间存在着不同的气味，而这些气味来源于它们的巢穴，不同巢穴的蚂蚁有着不同的气味，它们发现对方不是自己巢穴中的成员就会将其咬杀，因此慢慢就形成了"战争"。

　　关于蚂蚁身上的未解之谜，还需科学家做进一步的研究。

你知道吗？

　　蚂蚁身上有一种"舍己为人"的精神，当有同类饥饿的时候，蚂蚁就会把食物送给伙伴吃；当集体有需要时，它们甚至会为了集体献出自己的生命。

神奇的"蚁塔"之谜

在我国广西、云南的南部边陲和海南岛等地区，耸立着很多像宝塔一样的建筑物，这是白蚁为自己修筑的巢穴，人们将其称为"蚁塔"。那么，这些蚁塔有哪些神秘之处呢？

结构复杂的蚁塔

蚁塔一般高为 2 ~ 3米，最高的可以达到 6 米，主要由泥土、白蚁的分泌物和排泄物三者混合而成。

白蚁家族中的工蚁将地层深处的土挖掘出来，然后用分泌物和排泄物一点点地搅拌，之后用来修建自己的家园。建造一个

蚁塔需要 4～5 年，而这些地区常年多雨，一场大暴雨就能毁掉蚁塔的三分之一，所以白蚁随时都在忙着重建它们的家园。对白蚁来说，修筑蚁塔这项工程如同人类修筑万里长城和金字塔一样，所花费的时间和精力十分巨大。

这些蚁塔因为含有特殊的成分，所以干了以后十分结实，在修建完成后，遭受强风、洪水等也不会轻易倒塌。蚁塔内部结构相当复杂，由 1 个主巢和多个副巢组成。巢内又分成许多隔间，像人类修建的房间一样。主巢的中部是蚁王和蚁后的"王室"。此外，还有孵化室、羽化室、仓库等。最为奇特的是"蘑菇房"，是白蚁栽培食用蘑菇的地方，这些蘑菇只供幼蚁和蚁后食用。蚁塔

内还有一些垂直的空气调节通道、沟壑和堤坝，方便通风和排水，相当于人类房屋的"中央空调"和"排水系统"。白蚁的建筑手段可谓巧夺天工。

蚁塔的奇妙之处

蚁塔的一个奇妙之处是可以用作白蚁的食物。当碰上恶劣的天气，如阴雨连绵，白蚁无法外出采集食物而贮藏的食物又吃光了，白蚁就会吃掉一部分"房子"，当天气好转之后再把吃掉的部分修补好，保持"房子"的完整性。

但是受分工的影响，雄蚁和蚁后不会参与劳动，只负责生育，而雄蚁生长速度非常快，所以蚁塔很容易被

蛀空，在这种情况下，蚁塔遭受暴风骤雨后就有可能倒塌，那些残存的白蚁只能继续建造新的家园。

　　为什么白蚁能够建造如此精妙的巢穴？这一谜题还需科学家进一步探索。

你知道吗？

　　白蚁和蚂蚁的名字都带一个"蚁"字，但白蚁并不属于蚂蚁，而是一种多形态、群居而又有严格分工的昆虫，当群体组织遭到破坏时，就很难继续生存下去。它们喜欢在泥土中、木头里或在高大的土堆内筑巢。它们修筑隧道，活动隐蔽，危害不易被人察觉，一经发现往往后果已经很严重，因此如果在家中发现白蚁，一定要请专业人士来清除。

"太岁"是何物之谜

太岁，通常被称作肉灵芝，据《神农本草经》记载："肉灵芝，无毒、补中、益精气、增智慧，治胸中结，久服轻身不老。"李时珍在《本草纲目》的"菜"部"芝"类中称太岁是一种可以食用、药用的东西，并将其奉为"本经上品"，功效为"久食，轻身不老，延年神仙"。古籍《山海经》称太岁为"视肉""聚肉""肉芝"。那么，太岁到底是什么东西呢？

不老仙药的传说

坊间传说，这种既没有鼻子，也没有眼睛，摸上去肉肉的，受伤还能自动愈合，不受气温影响的东西是太岁神的化身。

古代兰陵有个姓萧的老人，

在盖房子的时候，曾挖到太岁。这个太岁的样子非常像人手，肥厚且润滑，颜色微红。当地有人说，冲撞了太岁就会有灾祸降临，也有人说吃了太岁就能趋吉避凶。于是他就壮着胆子把太岁煮熟后吃了，随后的几年，他不但没有遇到什么灾难，反而长出了新的头发，年轻了许多。

还有一种传说，秦始皇当初派徐福出海苦苦寻找的长生不老药其实就是肉灵芝。但是徐福和他的寻药船队并未完成任务，而是消失在了历史的长河中。

不明生物体接二连三出现

在 1992 年，陕西周至县农民杜战盟和吴凤莲两人在

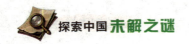

河边发现类似太岁的生物，村里人最初称之为"不明生物体""怪肉"。发现不明生物体的消息，在很短的时间内迅速传开，许多新闻媒体对此纷纷进行报道，而这些报道也引起了西安一些科研机构和院校的重视。

2014 年，山东省蒙阴县汶河畔工地，36 岁的宋汉营正在卖力干活，突然踩在一团软软的东西上，当时他以为踩到了什么动物的尸体，仔细一看以为是块猪肉，后来他又在旁边发现了 4 个相同的东西。由于不知道这到底是什么东西，他找到了专家。后来专家经过鉴定，认为这 5 块"怪肉"很有可能就是民间传说中的太岁。

太岁究竟是什么

专家对现有太岁进行研究发现，太岁生活在土壤中，生命力非常强，能够进行自我修复。那么，太岁到底是什么呢？科学家经过研究发现，太岁既有原生动物的特点，也有真菌的特点，所以科学家认为太岁既不是动物，也不是植物，而是一种少见的活的复杂生物体。

有人说太岁可能是一种黏菌复合体，但是黏菌复合体这一概念比较模糊，并不能解释太岁到底是什么东西。也有人认为它是一种介于原生动物与真菌之间的黏细菌。

还有少数人认为，太岁到目前为止人们发现的最古老的古生物活体标本，它与动物的起源和进化有着密不可分的关系。

看来要弄清楚太岁到底是何物，还需要专家们继续努力。

你知道吗？

灵芝又称林中灵，是一种真菌，野林中生长的灵芝品质最好。它具有止咳平喘、补气安神的功效。灵芝寓意吉祥，是美好富贵、吉祥幸运的象征，被视为吉祥之物。古代传说吃了灵芝可使人长生不老，甚至成仙，因而灵芝也有"瑞草""仙草"之称。

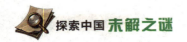
老椿树倒而复立之谜

云南普洱四季如春，常年青山苍翠，云雾缭绕，那里生长着一棵神奇的百年老椿树。据说这棵老椿树是一棵神树，它曾经倒下却又"站"了起来。这究竟是怎么一回事呢？

倒下又"站"起来的老椿树

1993年1月27日，普洱地区发生了里氏6.3级地震，很多房屋都倒塌了，人们的生活受到了严重影响。但神

奇的是，距离地震中心不到 1000 米的一棵老椿树傲然挺立。

地震过去没有多久，一场 10 级大风又突然袭来。这一次，老椿树没能逃过这场浩劫，在狂风的怒吼中轰然倒下。很多村民闻讯而来，因为平时大家都会在这棵老椿树下乘凉、休憩。人们一边不停地摇头惋惜，一边围着老椿树转来转去，他们发现这棵老椿树竟然没有发达的直穿地层深处的主根，只有无数已经折断的支根和气根。人们觉得这棵老椿树就靠着支根和气根支撑，简直就是一棵神树。

老椿树倒地后阻断了通往村头的小路，村民们进出十分不便，因此村民决定将老椿树分段砍断。树冠和树根被砍断后，村民又开始从上到下砍主干。当主干只剩 3 米左右时，老椿树突然一下"站"了起来，将砍树的村民吓得不知所措。老椿树倒后重新"站"起来，使村民更加认为它是一棵神树，于是消息迅速传开，附近的村民都来朝拜这棵"神树"。

老椿树为什么能够倒而复立

有当地老人说，这棵椿树百年来为当地百姓挡风遮雨，避暑纳凉，因而上天认为它命不该绝。这种说法带有明显的迷信色彩，不足为信。

普洱市的科技工作人员对这棵老椿树进行了考察、研究，推测出老椿树倒而复立的原因是椿树倒地之后，并不是所有的根都断了，还有一部分气根没有断，老椿树距离地震中心很近，地震之后老椿树没断的气根被这里形成的一股拉力紧紧拉着。由于老椿树倒地后树冠和树枝太多，而这股拉力太小，没有办法把老椿树拉起，当老椿树被砍到只剩下3米左右的主干之后，气根才拉起了老椿树，使其重新立了起来。

另一些人认为，气根的力量有限，当时老椿树的气根基本都断了，仅凭剩下的几个气根不可能把老椿树拉

起来。普洱地区的地质条件复杂，老椿树之所以能够重新立起来可能与该地的地质有关。然而到底是什么样的地质情况造成这种现象，没人能说清楚。

老椿树为什么能够再次立起，一直没有一个合理的解释，还需专家进一步分析研究才能得出结论。

你知道吗？

椿树有香椿和臭椿之分。古代称香椿为椿，臭椿为樗。香椿树的品种有很多，可分为紫香椿和绿香椿两大类。香椿寓意长寿，中国人自古就已经食用香椿，椿芽营养十分丰富，并且椿芽可以作为药物治疗风寒、风湿胃痛、痢疾等病。

奇异植物不怕火之谜

森林中的枯枝败叶，即使只遇到星星之火，也很容易燃烧起来，并迅速蔓延，可能导致整片森林都在大火中慢慢化为灰烬，因此，在森林中经常能看到"禁止烟火"的标识。但是，这个世界上还有不怕烈火的植物，这究竟是怎么回事呢？

大火下的幸存者

在一个天气干燥的秋季，有林区工作人员看到森林中有滚滚浓烟，判断一定是发生火灾了！他们赶紧拨打了消防电话，很快森林防火救灾车队赶赴现场。受到季节影响，火势蔓延

速度很快，火越来越大，消防部队经过 20 多个小时的奋战，最后才把火扑灭。但是这时林区已经被大火吞噬了一大半。看守林区的工作人员对火灾之后的林区进行清扫，发现林区里的许多珍稀树种都被这场大火烧成了灰烬，到处都是光秃秃的树干，随后，他们又发现这里的落叶松外表虽然被烧黑，但是内部组织并没有受到大火的影响。也就是说，这些落叶松没有被烧死，仍然能够继续生长。

在我国粤西山区的一个林区也曾遭受火灾，就在大火烧到林区的木荷树林时，火势突然减小。消防人员看见这种情况，立刻组织人员从此处突破，将这场大火成功扑灭。事后，工作人员对这些木荷树进行检查，发现这些木荷树并没有受到什么损伤。

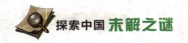

为什么它们不怕火

　　为什么这些植物不怕火呢？很多植物学家对此做了实验和猜测。有人认为植物不怕火烧的原因在于它们有独特的树皮。以落叶松为例，它那高大挺拔的树干外有着厚厚的含树脂量极低的树皮。这层树皮相当厚，非常不易烧透，森林中的大火熏黑烧焦它的表皮，躯干里的组织却不会受到伤害。美国一个发生火灾的林区发现一些常春藤不怕火烧，同样是因为有着厚厚的树皮。

　　有人认为有些植物不怕火是因为其树叶能够防火。比如木荷树的树叶中含水比例能够达到45%，并且木荷树的叶子长得非常茂盛，能够覆盖整个枝干，下边也没

有细小杂草生长，这就是它不怕火烧的原因。

　　除了以上介绍的几种植物，在广袤的大自然中还有很多其他不怕火的植物，例如芦荟、红杉、梓柯等。对于它们为什么不怕火，植物学家们并不能对每一种都给出合理的解释。所以，这些植物不怕火的原因，还需要科学家的长时间研究才能给出结论。

你知道吗？

　　生长在我国海南的海松是不怕火烧的树木之一，它的散热能力非常强大，能够保护自己在长时间的大火中不被烧着。如果将一根纤细的头发缠绕在海松木上，使用打火机直接点海松，不仅无法烧着海松，头发丝也会完好无损。

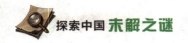

水杉之谜

20世纪40年代，消失了100多万年的水杉出现在中国内地的一个偏僻村落里。这则消息一出，立刻惊动了全世界。水杉消失100多万年又突然出现，这到底是怎么回事呢？

植物界的活化石

据古植物学家的研究，水杉是一种非常古老的植物。早在1亿多年前，地球正处于中生代白垩纪，那个时候的地球气候比较温暖，北极也没有被冰川覆盖，水杉不断繁衍，几乎遍布整个北半球。到了新生代第四纪，气候不断变化，冰河期与间冰期交替，

地球环境发生了剧烈变化，全球气温下降，出现大规模冰川运动。水杉抵挡不住严寒的侵袭，逐渐消失殆尽，留给我们的只有化石。如同动物界的大熊猫，水杉凭借其悠久的历史成为植物界的活化石。人们在中国境内发现水杉后，消息很快传遍了世界，而这一发现也被认为是 20 世纪 40 年代重大科学发现之一。

中国水杉是如何幸存下来的

冰川时期气候寒冷，不适宜生物生存，地球上的水杉几乎完全灭绝，那么，在中国境内发现的水杉又是如何幸存下来的呢？专家们对此提出了猜想，认为中国的冰川期和欧美地区冰川期的情况不同，中国的冰川属于

间歇性的高山冰川，并没有覆盖所有地区，只有高山地区被冰川覆盖。因此，在中国有一些零星分散的无冰之处，一部分植物就可以在这样的"避难所"中继续生存。或许我国境内生存的水杉就是在这样的"避难所"中幸运地存活下来，成为旷世的奇珍。

水杉到底是如何度过漫长的冰川期的？在冰川期过后，水杉又为什么没有大量繁衍呢？这些谜团还需要人们继续探索和研究。

你知道吗？

中国水杉不仅是科学研究中的"活化石"，更是世界和平和中外友谊的象征。1972年，周恩来曾将两千克水杉种子赠予朝鲜领袖金日成；1978年，邓小平将两株水杉幼苗赠送给尼泊尔；美国前总统尼克松曾将自己心爱的游艇命名为"水杉号"。

野生油菜千年不绝之谜

种瓜得瓜，种豆得豆，这是亘古不变的规律。但是说起来你可能不信，在长江西陵峡的王昭君故里，也就是今天湖北省兴山县香溪口附近，有一块神奇的油菜地，不用播种就可以获得丰收。这究竟是怎么回事呢？

神奇的油菜地

每年冬天，湖北省兴山县香溪口附近的人们只需要砍倒山坡上的杂草、灌木，然后用火烧掉，等到来年春天，下过几场春雨后，这块神奇的土地就会长出绿油油

的油菜，过几个月就会开满金灿灿的油菜花，等到油菜花凋谢之后，就会结出人们所需要的油菜籽。每年秋天，附近的人们纷纷来这里采摘油菜籽，收获颇丰，油菜地的产量基本上能够满足附近村庄人们日常用油的需要。

野生油菜的奇闻异事

这块油菜地的野生油菜有着非常强大的生命力。据当地的一位老农介绍说，他和他的祖辈一直都是吃这油菜籽榨的油，至于这片野生油菜地究竟是什么时候出现的，他也不清楚。而且据说，1935 年这里发生特大洪水，山坡上的树都被冲走了，可第二年春天，这里又长出了绿油油的野生油菜，并且长得非常旺盛。

那么，这里的油菜种子既不怕火烧又不怕水淹，如此旺盛的生命力和什么有关系呢？当地人认为这也许和当地的一个传说有关。传说王昭君出塞前曾在这里采药，种下油菜籽，并说"连发连发连年发"，因此，这里的野生油菜才会长年生长，生生不息。但这也仅仅是传说罢了。至于这里的野生油菜千年不绝的真正原因，至今还是一个未解之谜。相信有朝一日，科学家一定能够解开这个谜题。

你知道吗？

油菜花既具有重要的经济价值，又有很高的观赏价值。油菜花的花期长达 30 天，进入开花季节后，漫山遍野一片金黄，竞相怒放的油菜花和浓郁的花香，引来彩蝶与蜜蜂在花丛间翩翩起舞，令人沉醉。

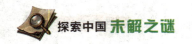

千年种子"复活"之谜

植物种子到底能活多久？沙漠中有一种叫作梭工的植物，它的种子只能活几个小时，但是遇到水就能生根发芽。常见的种子寿命只有 2 ~ 5 年，能活 15 年的已经算是种子界中比较长寿的了，不过有些寿命长的种子可以活几百年。我国曾经出土千年前的种子并栽培成功。那么，这些种子为什么能够存活千年呢？

千年种子"复活"

说起植物种子界中的"寿星"，最有名的就是"古莲子"了。1952 年，考古学家在辽宁省新金县（今普兰店区）泡子屯村发掘到一些古代莲子，他们将古莲子坚硬的外壳锉破后，泡在水

里，结果莲子竟然发芽了。1975 年，考古学家采用科技
手段检测这些古莲子，发现它们的寿命已有 1000 年左右。

1973 年，我国考古学家又在河南大河坝的仰韶文化
遗址里发现了两颗古莲子，它们的寿命更长，已有 5000
年的历史，可以说是世界上寿命最长的种子。在考古学
家的精心培育下，这两颗古莲子也发芽开花了。

1983 年，考古学家在成都的凤凰山附近发现一座西
汉古墓，在里面发现了一些距今有 2000 年的西红柿种子。
经过考古学家的细心栽培，这些种子不仅发芽、开花，
还结出了红色的果实，味道与现在的西红柿没有什么区
别。植物学家将其放在寒冷的气候条件下，其依旧能够
较好地生存。

为什么这些种子千年之后还能发芽、开花呢？在千年的岁月中，种子内部的细胞又有什么变化呢？

为什么有些种子"长生不死"

植物学家认为，种子中的水分是种子"长生不死"的关键原因，有些种子随着时间的流逝，水分慢慢流失，内部胚胎结构也就被破坏。而莲子是一种坚果，它的果皮外面被一层坚韧的硬壳所包裹，从而使种子水分减少流失，并且莲子的果皮组织中含有一种特殊的细胞，使果皮防水。所以，莲子里的水分能够存在千年，这就是它长寿的秘密。但是，这并不能解释西红柿种子千年之

后为什么还能发芽。

有人认为种子在新陈代谢的过程中会产生一种有毒物质，而这种物质会把种子里的胚胎杀死。但是在西汉古墓中，桃子、板栗、稻子的种子都发生了炭化，只有西红柿的种子没有，这令科学家百思不得其解。

还有人认为随着时间的流逝，种子内部细胞核的生理机能逐渐老化，而莲子等种子很少出现这种老化。

以上这些说法都没有十足的证据，看来要想解开这些千年种子能够活到今天的谜团，还需要科学家的进一步探究。

你知道吗？

植物繁殖主要通过三种方式，即孢子繁殖、种子繁殖、无性繁殖。孢子繁殖是孢子植物利用孢子进行的生殖方式，这些植物在特殊部位产生孢子，并直接发育成新个体，这种植物有藻类、菌类、苔藓、蕨类等。种子繁殖，即植物通过授粉产生种子进行繁殖，这种植物有桃树、君子兰等。无性繁殖是由母体的一部分直接形成新个体的繁殖方式，这种植物有土豆、红薯等。

水稻发源地之谜

　　人类在很早的时候就已经驯化野生水稻，并进行了栽培。我们天天吃的米饭由最初的野生大米变成今天的精米，黑米、糯米、糙米、薏米、籼米等也走上我们的饭桌。水稻是人类重要的粮食作物之一，几乎供养了全球一半的人口。但是水稻究竟起源于哪里呢？

河姆渡遗址的发现

　　世界上有很多学者都认为水稻起源于印度，这种说法也盛行一时。直到 20 世纪 50—70 年代，在我国长江流域附近的新石器遗址，考古学家不断发现水稻的遗存，其中以 1973 年浙江余姚河姆渡

遗址的发现尤为著名。在这里考古学家发现了距今 7000 年的水稻炭化种子，说明我国早在 7000 年前，远古时期的先民就已经掌握了水稻栽培技术，这对水稻起源于印度的说法形成了巨大的冲击。目前，在中国单是距今 1 万年以上的栽培水稻的遗存最少有 6 处，这些遗址的发现，将中国的水稻栽培史上溯到 1 万年前。印度和泰国自称发现了 8000 年前甚至 9000 年前的水稻，但后来被证实大多不超过 4000 年。因此，水稻起源于中国长江中下游的说法越来越被国际广泛接受。

备受争议的水稻起源

　　一万年前的水稻是一年一熟、一年多熟还是多年一熟？远古先民又是如何栽培这些水稻的呢？当时的人们最初驯化的是同一种野生稻，经过漫长的岁月又培养出粳稻和籼稻两个亚种，还是一开始就驯化了不同的野生稻种，又慢慢演化出粳稻和籼稻呢？种种复杂的问题，单纯靠植物学家或者考古学家并不能解决。

2004年11月，为了进一步弄清水稻的起源，哈佛大学、北京大学和湖南省考古研究所共同组成了一支以"中国水稻起源考古研究"为题的中美联合考古队，前往湖南道县玉蟾岩进行了考古发掘，在距离地面一米多的地下，发现了约12000年前的稻谷遗存：6粒炭化水稻和一个小陶片。这无疑说明中国的确是世界上最早种植水稻的国家。这些1万多年前的古老栽培稻对解开人类种

植水稻的起源之谜具有重要的作用。

目前学术界关于水稻起源地的说法有：起源于印度、起源于中国华南、起源于中国淮河及长江中下游、起源于中国喜马拉雅山麓东南以及起源于中国云南等。当然，水稻起源地也有可能有多个。哪种说法正确呢，至今仍是未解之谜。

你知道吗？

"禾下乘凉追梦去，稻香四海惠苍生"，怀揣这样的梦想，袁隆平及其科研小组在科研战线上探索杂交水稻技术，大大提高了水稻单产量，解决了中国人的吃饭问题，不得不说这是一个伟大的奇迹！中国杂交水稻技术被世界科学界认为是解决21世纪粮食问题所带来的世界性饥饿问题的法宝。

人参、何首乌酷似人形之谜

　　在中国传统神话里，任何东西都会吸收日月精华而成精。人参外表酷似人形，人们认为它通人性，长期食用可以延年益寿，甚至成仙，因此民间有"人参精"的说法。不过，在中草药家族中，要说长得最像人的，首推何首乌，民间也有"何首乌精"的说法。据说，中国神话人物八仙中的张果老就是服食何首乌而成仙的。那么，人参和何首乌为什么会酷似人形呢？

酷似人形的人参

　　人参又叫神草、地精、天狗、孩儿参、人衔、黄参等，由于它的根部类似人形，人们便把它称为"人参"。人参大多生长在土层深厚、土质疏松的丘陵、灌丛和草坡中。从外表看，它的颜色和亚洲人的皮肤颜色相似。它的主根肥大，像一个纺锤，两侧对称地长有侧根，形似一双胳膊，距离主根不远的地方还会侧生出一对分叉，

就像两条腿，有"胳膊"和"腿"，就更像人形了。人参的寿命很长，能活好几百年。这样看来，"人参精"这个称呼也是有一定根据的。

外形多为"一男一女"的何首乌

1985 年 5 月，湖南省新化县有人采掘了两株何首乌，这两株何首乌高度和重量基本一样，很像一对童年童女，人们看了纷纷称奇，说这是"何首乌精"。1993 年 8 月，福建省寿宁县有人挖到一对"夫妻"何首乌，四肢和五官以及性别区分非常明显，长着很多毛茸茸的须根，人们见了都觉得很奇怪。后来，在距离这里不远的武平县，

也有人发现了一对形似"夫妻"的何首乌。

有人说，何首乌酷似人形是因为在块根幼嫩时有人用人形的模子罩住，再种入地下，经若干年的生长，块根就长成了人形。但也有人对此提出异议，人形何首乌大多体态自然，块根表面长着不少细根，不像是人为所致。

何首乌长得酷似人形本来就已经很奇怪了，而且还多为"一男一女"，这种现象就成了一个值得探讨的问题摆在了科学家面前。

人参和何首乌长得酷似人形的原因，至今也没有一个科学的解释，还需要科学家进行深层次的探索。

你知道吗？

人参之所以成为名贵药材，是因为大清入关后，江南一带富人模仿满俗，穿貂服，食人参，出现人参救命的说法。清朝实行闭关政策，人参短缺，导致人参在民间的价格极高，人们把人参传得神乎其神。后来有不法商贩为了谋取利益，不断进山挖掘，导致野生人参数量急剧减少。目前，人参已经成为国家重点保护野生植物。

冬虫夏草之谜

大自然中有许多千奇百怪的东西，冬虫夏草就是一种既是动物又是植物的奇特生物，它冬天长得像虫，夏天长得像草，因此叫作"冬虫夏草"。那么，冬虫夏草身上到底藏着什么秘密呢？

冬虫夏草是怎么形成的

冬虫夏草，也叫"虫草"，主要分布在我国四川、云南、青海、西藏、甘肃等地的海拔达 4000 米的雪域环境之中。从外表上看，它两头细，中间粗，头部有一根弯曲的草头，虫体像一个蚕，表面呈黄色、黄棕色或棕褐色（品质越好，颜色越偏黄偏亮），身上有明显的细纹，还有棕色的眼睛和 8 对足，拿起来很轻，容易

掰断。这种神奇的虫草是如何形成的呢？英国一位真菌学家在经过多年研究之后发现，冬虫夏草和其产地的一种蝙蝠蛾幼虫有着密不可分的关系。

蝙蝠蛾外表酷似蝴蝶，每到天气变暖，成年蝙蝠蛾便开始进行交配繁殖，在冬天之前，雌蛾会把虫卵产在土壤里，一个月后孵化出一条条白色的幼虫。蝙蝠蛾的幼虫期很长，可以达到3年以上，它们蛰伏在温暖潮湿的土壤中越冬，并以植物的嫩根作为越冬食物。这些食物中有一种虫草菌，它们一遇到蝙蝠蛾幼虫就会侵入幼虫体内寄生，吃掉幼虫的内脏，并繁衍菌丝，而幼虫就会成为一条条的僵虫。藏在蝙蝠蛾幼虫尸体内的虫草菌，安然地度过寒冷的冬天后，等到土壤温度适合虫草菌生长时，就以每天3～4毫米的速度长出地面，就像小草

一样，刚出土时为淡绿色，然后逐渐变为紫红色，同时顶端长出一个菠萝状的"果实"，冬虫夏草就这样形成了。在顶端的"果实"里有许许多多的虫草菌孢子，使得虫草菌能够继续对蝙蝠蛾幼虫进行寄生，从而不断产生冬虫夏草。

昂贵的价格和不解的秘密

冬虫夏草是我国传统的名贵中药材，因其神奇的功效，被人们争相食用。现代医学证实，冬虫夏草对人体有很多好处。冬虫夏草虽好，但价格让老百姓望而却步，有着"黄金草"之名。这是由于野生冬虫夏草分布地区狭窄、自然寄生率低、对生活条件要求苛刻，导致虫草资源比较有限。目前，市场上出现一些人工假制的虫草，更有一些地区恶性炒作，这导致虫草价格一路涨到一千克几万元甚至几十万元。冬虫夏草只是草并不是仙药，花钱吃虫草不如控制食欲、合理运动。

据相关记载，从唐朝到清末，我国

的医学家就一直在研究冬虫夏草的生长过程，但由于技术和交通不发达，加上虫草生长过程比较短，使得人们一直未能揭开其神秘的面纱，虫草显得越来越神秘。现在，我国微生物界、中医药界等各方面专家通力合作进行多年研究，对虫草的研究取得重大突破。

但是，专家对冬虫夏草依然还有很多疑惑，例如虫草菌是怎样侵入蝙蝠蛾幼虫体内的？虫草菌是如何挑选蝙蝠蛾幼虫进行寄生的？虫草菌为什么只寄生蝙蝠蛾幼虫，而不寄生其他种类昆虫的幼虫？冬虫夏草又是如何在人体内发挥功效的？……在冬虫夏草身上还有许多没有解开的谜团，需要我们一一探索。

你知道吗？

冬虫夏草可以增强人体免疫力，它的药性比较平和，服用后不易产生副作用，可以在潜移默化中改变人的体质。冬虫夏草在现代医学上主要运用于治疗肾功能不全、肾功能衰竭、肾小球肾炎、肾病综合征、糖尿病肾病等疾病。

探索中国

未解之谜

文化谜团

沛林◎主编

SPM
南方传媒

广东人民出版社
·广州·

图书在版编目（CIP）数据

　　探索中国未解之谜：全八册 / 沛林主编 . —广州：广东人民出版社，2024.1

　　ISBN 978-7-218-17092-3

　　Ⅰ . ①探…　Ⅱ . ①沛…　Ⅲ . ①中国历史—少儿读物　Ⅳ . ① K209

　　中国国家版本馆 CIP 数据核字（2023）第 211719 号

TANSUO ZHONGGUO WEIJIE ZHI MI

探索中国未解之谜

沛　林　主编

出 版 人：肖风华

责任编辑：李力夫
责任技编：吴彦斌　周星奎
装帧设计：朝旭文化

出版发行：广东人民出版社
地　　址：广东省广州市越秀区大沙头四马路 10 号（邮政编码：510199）
电　　话：（020）85716809（总编室）
传　　真：（020）83289585
网　　址：http://www.gdpph.com
印　　刷：天津泰宇印务有限公司
开　　本：890mm×1240mm　1/32
印　　张：24　　字　　数：230 千
版　　次：2024 年 1 月第 1 版
印　　次：2024 年 1 月第 1 次印刷
定　　价：138.00 元（全八册）

如发现印装质量问题，影响阅读，请与出版社（020-85716849）联系调换。
售书热线：（020）87716172

前言
PREFACE

　　中国有着五千年的历史，在这片充满神奇的土地上，不管是人文历史还是自然景观，都隐藏着令人困惑不已的谜团：秦始皇到底是谁的儿子？徐福东渡到底去了哪里？传国玉玺到底在哪里？千年古莲真的会开花吗？珠穆朗玛峰到底能长多高？十二生肖里为什么没有猫？万里长城是怎么建成的呢？……

　　为了让孩子们在一个个未能完全解开的谜团中获得不一样的阅读体验，以探索的眼光研究各种谜题，在思考与探索中走向未来，我们特意编写了《探索中国未解之谜》这套书。本套丛书共包含八个分册，从帝王之谜到历史悬案，从考古谜踪到文化谜团，从生物之谜到地理谜境，从民俗探源到建筑奇谜，全方位、多角度地介

绍了中国多个领域具有探索意义的未解之谜，最大限度地拓展孩子的认知、视野，激发孩子对大自然和身边事物的好奇心以及探索未知世界的兴趣。

为了帮助孩子探索这些未解之谜，我们还在书中精心设置了有趣的板块，并配有精美的插图，以增加孩子的知识储备量，让孩子们的探索之旅更为有趣。希望孩子们通过阅读本套丛书能对我们神秘的国家多一些了解，并愿意为探索未解的谜团而贡献自己的一份力量！

Contents 目录

汉字起源之谜

人类文明发展的重要标志之一，便是文字的使用。国内外很多专家学者认为文字的使用标志着人类正式进入文明社会。汉字作为世界上古老的文字之一，传承数千年，形成了优美的外在表现艺术，如书法、篆刻等。构造精美的汉字在人类字林中独树一帜，正因为它在字形、语音上的优美，所以千百年来不断为人们所认识和接纳。那么，汉字起源于什么时候呢？又是谁创造的呢？

汉字是仓颉造的吗

《世本》《荀子》《韩非子》《吕氏春秋》等古书上都记载着汉字是在黄帝时代由仓颉或者仓颉和沮诵二人创造的。不过，关于仓颉，史书上也只记载了他造字，他的其他事迹史书中并未提到。东汉著名文字学家许慎在《说文解字》一书中对仓颉造字做出解释：上古时期，伏

羲用简单的横杠做出八卦，使得人们学会根据不同事物去做不同的符号；到了神农时代，人们开始使用结绳记事，但随着生产力的发展，事情越来越多，打的结多了容易忘记，不方便使用，因此结绳记事无法满足需要。在黄帝时代出现了一位名叫仓颉的人，据说他从鸟兽的踪迹中受到启发，创造出了最初的文字，他采用的造字方法被称为象形造字法。后来经过漫长的演变，不断有人总结完善汉字，逐渐形成了汉字的六种构字方法，称为"六书"，分别为指事、象形、形声、会意、转注和假借。《春秋元命苞》中记载，仓颉常常观察天上行星运行的规律，研究世界万物的奥妙，大到山川、河流，小到龟纹、鸟羽甚至手掌纹路都有所了解，这些都是他用来

创作文字的基础。在近代文字学建立之前，《说文解字》中有关汉字起源的说法，无疑是最权威的。

孔子造字说被"甲骨文"粉碎

有的学者怀着对古史的质疑态度，对汉字起源提出另一种看法，认为汉字是由孔子创造的，但是随着甲骨文的考古发现，这种说法不攻自破。甲骨文的发现，降低了《说文解字》中有关汉字起源的说法的权威性，对《说文解字》中提出的"六书"造字理论自然也提出了诸多质疑。

汉字起源于陶符

随着仰韶文化陶器记事符号的考古发现，不少专家认为在新石器时代可能已经出现具有汉字雏形的符号。根据考古发现，从龙山文化、大汶口文化、良渚文化和二里头文化遗址中出土的很多陶器上都带有记事符号，有些已经很接近于文字，特别是大汶口文化遗址中发现的一些陶符、日出等图形被专家释读为古代用的斧子或者类似斧子的圆刃武器、农具，于是人们认为汉字可能起源于陶器上面的刻画符号。但是，下这种结论还为时过早，因为现在所发现的陶符中和汉字接近的很少，而且这些陶符所表达的意思也只是专家的猜测，汉字起源于陶刻符号这一结论还需要进行多方面考证。不过陶刻符号又使人们在研究汉字起源方面看到了新的曙光。相信随着考古工作的深入展开，汉字起源的谜题终究会被揭晓。

你知道吗？

汉字是世界上迄今为止持续使用时间较长、使用人数较多的文字，它是较复杂的文字，也是较简单的文字，笔画可以简单到一笔，也可以多达六十多笔。它是中国历朝历代的官方文字，也是上古时期各大文字体系中唯一传承至今没有断绝的。在古代，汉字还是东亚文化圈的国际交流文字，也是东亚地区各国的官方书面规范文字。

女书出现时间之谜

湖南省永州市江永县气候宜人、植被四季常青，哺育了世代生活在这里的人们。1982 年，人们在这里发现了一种神秘的文字。这种文字被当地人称为"女书"，它是目前世界上唯一现存的特为女人存在的性别文字，这也是人类史上的重要发现，已被列入我国非物质文化遗产名录。那么，女书是什么时候开始出现的呢？

什么是女书文化

江永女书是一种比较独特的用汉语方言来表示的音节文字形式。女书文字长期发展，加上当地妇女对女书的传承，在当地形成了以这种符号为载体的风俗。女书所记载的是与众不同的方言，女书的字形右高左低，符号化明显，字形长瘦，类似长菱形状，笔画纤细、匀称而显得娟秀，因外形像蚊蚁，当地称这些文字为长脚蚊字或蚂蚁字。在早些时期，女子们书写女书时，因为没

5

有现代书写工具，就把棍子削尖然后蘸墨，将字写在纸、折扇或手帕上。后来，形成一种习惯，一群女人常常聚在一起，一边做女红，一边唱读、传授女书的内容。她们通常用男人不识的文字吐露心声。书写女书的时候需要自上而下书写，与方块汉字不同，字形需要倾斜，且为长菱形，有些字周边还要描上装饰图案。据专家考证，女书当中的常用字约有七百个，没有标点符号。随着女书的发现，与之相关的民俗、民族、语言、历史等多方面的学术研究都纷至沓来。

女书是什么时候出现的呢

关于女书文字起源的时间，众说纷纭。有人认为江永县妇女赛祠的花山庙在清代中期才开始兴起，就目前而言，没有早于明清时期的，目前发现的咸丰年间的女书实物是现存最早的女书文本，所以得出结论：明末清初时期女书才出现。但是也有人认为女书中一些字符和壮、瑶等少数民族手工织锦上的编织符号有相似之处，认为女书文字可能源于百越记事符号。

有人根据女书文字与古代原始文字的基本笔画、造字法类同这一特点，认为它非常有可能是舜帝时期的文字。还有人认为女书和甲骨文有着千丝万缕的关系，是由商代古文字演变而来的。

但由于对女书研究的历史较为短暂，上述所有的猜测都需要进一步的考证，但正是这些五花八门的猜想为江永女书添上了神秘的色彩。

你知道吗？

使用女书的人大多是汉族妇女，书写的内容主要是汉族妇女的婚姻家庭、社会交际、幽怨私情、乡里逸闻等。女书主要靠母亲传给女儿的方式，一代代流传下来。

河图洛书未解之谜

河图洛书，是中国古代流传下来的两幅神秘图案。《易经·系辞上》记载："河出图，洛出书，圣人则之。"因此古人认为，河图洛书的出现是一种祥瑞。只要是治理天下功德圆满的帝王，天地就会降祥瑞给他。那么，河图洛书到底是什么呢？

传说中的河图洛书

传说上古时期，伏羲治理天下时，黄河中的龙马背着上天赐给的河图从水里出来，进献给伏羲，伏羲接受了它，并依据此图创立了八卦，这也是《周易》的来源。又有传说，黄帝东巡到洛水时，

洛水中的灵龟背负红色纹理图从水中爬出来献给黄帝，这就是洛书。还有一种说法是大禹治水成功时，洛水中的神龟驮洛书而来献给大禹，后来禹根据此书划定九州。

是一种预言书

有种观点认为河图洛书上记载着历代王朝兴衰的时间，还记载着古代江河山川地域的分界线，能够预测帝王权力和气数，是一本预言书。统治者通过天降祥瑞的说法来确立自己的天子权威。但是关于河图洛书的说法，大多源自汉代《纬书》，而《纬书》是一本释经书，内容上大都以描述神怪来迷惑人，并不能作为考证的依据。

成为一种理学思想

另一种观点认为，北宋学者陈抟无意中得到了一本道家修炼的图，结合自身所学又创造出了新的河图洛书，不再是预测帝王权力与气数的预言书。在当时，这种新的河图洛书被称为"黑白点子"，白点代表阳，黑点代表阴，陈抟提出洛书生地支，其数四十五。这种黑白点子思想在宋代受到理学家的极大推崇，在《周易本义》中

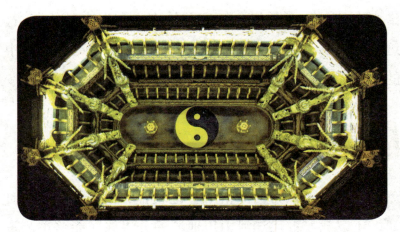

被列入篇首。

那么，在汉代以前河图洛书是否出现过？以什么样的方式出现的？如何解读陈抟的新河图洛书？河图洛书对中国文化的发展，尤其是对科学文化的发展有什么作用？……围绕河图洛书还有很多谜题没有解开，需要专家们进一步考证。

你知道吗？

　　河图洛书是远古时代便流传下来的秘图，据说其内容源自天上星宿，按照星象运行规律所绘制，内含非常深奥的宇宙星象密码，人们对它的解读从未停止，它被认为是中华文明的源头，是中国传统阴阳五行原理的源头。

八阵图之谜

　　唐代诗人杜甫的《八阵图》一诗中有"功盖三分国，名成八阵图"两句，赞颂了一代名相诸葛亮的丰功伟绩。诗中的八阵图据说是三国时期诸葛亮发明的一种行军作战的阵法，玄妙无比。那么，八阵图真的是诸葛亮发明的吗？八阵图如今又在哪里呢？

是谁发明的八阵图

　　有人认为，八阵图是诸葛亮发明的。关于八阵图，最早见于《三国志·蜀书卷五·诸葛亮传》："推演兵法，作八阵图，咸得其要云。"其他史籍中也有相关记载。我国长篇章回体历史演义小说《三国演义》中关于八阵

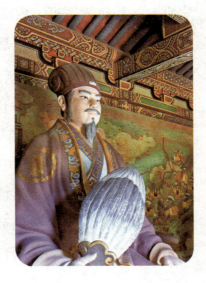

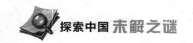

图的描述为：在夷陵之战中，东吴大败蜀军，陆逊率军追赶刘备到了鱼腹浦，没想到却被诸葛亮布置的八阵图困住，怎么也找不到出口。后来，诸葛亮的岳父黄承彦不忍心造成过多杀戮，就给陆逊指明方向，陆逊才从八阵图中逃了出去。八阵图之玄妙由此可见一斑。

也有人提出，八阵图是黄帝和风后一起发明的。在我国河南省郑州新密市发现了一套《风后八阵兵法图》。相传，远古时期，蚩尤兴兵作乱，与黄帝发生大战。黄帝被蚩尤打得连连败退，最后率军退守云宕宫（今河南密县云岩宫）。为打败蚩尤，黄帝请风后助战，拜风后为大将，并和他在云宕宫发明了八阵兵法图。后来，在风后的帮助下，黄帝打败蚩尤，统一了中原。在密县云岩宫有一块唐朝军事家独孤及的《风后八阵兵法图》碑，上面详细记载了黄帝和风后发明了八阵图，统一中原的事迹。

还有人认为八阵图是在黄帝发明的"丘井之法"的基础上演化而来。"丘井之法"是黄帝按照"井"字所布局的"五阵法"，有前、后、左、右、中五个小方阵，大将居中，其余将士居于其他四个小方阵。战国时期，军事家孙膑根据这一兵法创造出了八阵图。据说，东汉名将窦宪征讨匈奴时曾用八阵图来抵御匈奴骑兵。

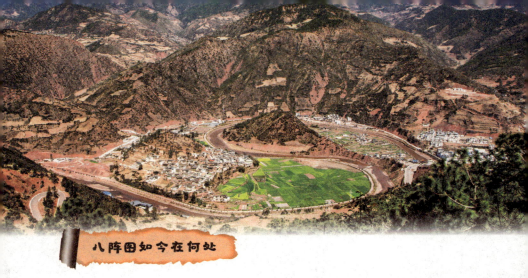

八阵图如今在何处

蜀汉后期，诸葛亮在第五次北伐中病死在五丈原。随着诸葛亮的去世，八阵图也失传了。相传，唐玄宗时期，安禄山发动"安史之乱"前夕，有一名隐士曾经向唐玄宗进献八阵图，却被唐玄宗拒绝了。从那之后，八阵图便再也没有出现过。

综合以上观点，关于八阵图的发明者和它的下落，至今还都是未解之谜。

你知道吗？

成都市青白江区弥牟镇西南有一处八阵图遗址，是成都市市级文物保护单位，相传是诸葛亮推演兵法、操练士兵用的，其中有很多土垒，这些土垒形式、大小、高低各不相同，变幻莫测。如今在这处遗址中，只剩下6个土垒，这些土垒排列整齐地矗立在这片空地之上，供人们参观。

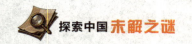

"万岁"之称起源之谜

　　"万岁"意为永远存在，是大臣对君主的祝贺之辞，希望皇帝能够健康长寿，同时也希望皇帝所统治的江山能经历千秋万代。在古代封建社会中，"万岁"一词代表了最高统治者——皇帝，因此"万岁"是帝王的专有称谓，除了皇帝，任何人不能称自己为"万岁"，否则就会有性命之忧。由此可见"万岁"这一称谓不是谁都能够随便使用的。那么"万岁"是什么时候成为帝王的专有称谓的呢？

始于刘邦统治时期

　　战国时期，"万岁"这一词语就已经出现，只不过当时的人们是用来表示欢呼及内心的高兴。据《汉书》记载：汉高祖刘邦上朝时，殿上群臣皆呼"万岁"。他们口中的"万岁"，与战国时"万岁"不同。刘邦刚登基时，还经常表现出草莽气息，与大臣们不分彼此，毫无规矩。叔孙通认为这样做不利于维持天子的尊严，于是制定了一套宫廷所用的规范礼仪。诸侯王和大臣们都按照这套礼仪行礼，有条不紊，这让刘邦不禁感慨："我今天才知道当皇帝是多么尊贵啊！"虽然这套礼仪又不断被后人补充和修订，变得越来越完善，"万岁"这个词成为皇帝的专属称谓，应该就是从刘邦开始的。

始于汉武帝时期

有人认为，"万岁"这一说法，应该始于汉武帝时期。汉武帝采纳董仲舒的建议独尊儒术，因此，儒家将"万岁"定于皇帝一人。据《汉书·武帝纪》记载，公元前110年，汉武帝到缑氏县，下诏书说："朕祭祀嵩山时，

看见夏后启的母亲涂山氏所化的石头，第二天早上亲自登顶嵩山，跟随的官员和吏卒都听到三呼'万岁'之声，山神对朕有礼，朕怎么能不应答呢。"这三声"万岁"是谁呼的呢？荀悦在《汉纪》一旁标注："万岁，是山神呼的。"

十五年后，汉武帝又称自己"到琅琊，众山对其有礼。登上芝罘仙岛，浮于大海之上，岸边山谷间有呼'万岁'之声"。连山神、山石都称呼汉武帝为"万岁"，他的臣民又怎么能不这么称呼呢？从那以后，汉武帝的大臣们都称呼他为"万岁"。

到了宋朝才是皇帝的专称

除此之外，还有人认为，汉朝除皇帝以外有其他人使用"万岁"的情况。比如汉朝当时的礼仪规定，对皇太子也可以称呼为"万岁"。当时皇室的人还有用"万岁"直接作为自己名字的，比如汉和帝的弟弟就叫"刘

万岁"。从汉朝到唐朝，称呼大臣为"万岁"的例子同样也是有很多的。

直到宋朝，皇帝专称"万岁"这一制度才完全确定下来，大臣是绝对不可以这么称呼自己的。据说，名相寇准有一次去外地办事，不巧一个疯子没见过这么大的场面，吓得高呼"万岁"，有人将这件事添油加醋告诉了皇上，结果寇准直接被贬到边远地区做官了。据《宋史·曹利用传》记载，北宋大将曹利用的侄子曹讷，在一次喝醉酒后，拉着身边的人让他们喊自己"万岁"，被人告发，结果被杖责而死。

从上述几种观点可以推测，"万岁"成为古代封建帝王的专用称呼应当有一个逐渐演化的过程。至于"万岁"成为皇帝专属称谓的时间，还需要继续研究。

你知道吗？

皇帝是中国封建社会时期最高统治者的称号，自公元前221年秦王嬴政自称"始皇帝"开始，到1912年最后一个皇帝溥仪宣布退位，一共经历了两千多年，几百位帝王见证了封建王朝的兴衰。

十二生肖来历之谜

　　"十二生肖"，又称"十二属相"，是代表人出生年份的十二种动物。每个中国人都有自己的属相，所以对于每一个中国人来说生肖都不陌生。那么，十二生肖的纪年法是怎样产生的呢？它又是从什么时候开始出现的呢？

民间神话传说

　　民间流传着一个关于十二生肖的神话故事。传说玉皇大帝想选出 12 种动物作为属相，于是定好竞选时间，

然后派神仙到凡间把这件事告诉了动物们，不管什么动物，都有机会参加，来得越早越容易被选中。

那个时候，猫和老鼠是一对好朋友。猫虽然爱睡觉但是也想当属相，所以就让老鼠到那天早点儿叫它。老鼠没有放在心上，很快就把这件事忘了。机灵的老鼠去找老牛，说它勤快，起得早跑得快，叫牛到时候带带它，憨厚的老牛答应了。

那个时候，龙的头上还不像现在一样有角，当时的鸡是有犄角的。于是龙就夸赞鸡很美，让鸡把犄角借给它。鸡听到龙的夸赞后感到非常高兴，就把犄角借给了龙，要龙在竞选完之后还给它。

到了竞选那天，动物们你追我赶，纷纷赶向天宫，只有猫还在家里睡大觉。鼠一大早爬到牛的背上，等到

天庭以后，老鼠从牛背上一下子跳到了前面。

玉皇大帝看到后，就说老鼠是最早到达的，让老鼠排在了第一，老牛在它后面，排第二。老虎跑得很快，也随后到达，排在第三。兔子紧跟在老虎后面，排在第四。龙虽然来得比较晚，但它体形大，玉皇大帝一眼就看到了它，而且看它长得很漂亮，便让它排第五，而且说让它的儿子排第六，但龙却感到很沮丧，它儿子因为有事今天没来。这个时候后面的蛇跑过来对玉帝说："它是我干爸，我排第六！"就这样，蛇被排到了第六。当马和羊到达的时候，它俩互相谦让，谁都不肯排在对方前面，玉皇大帝看到后，就让它们排了第七和第八。猴子跑得很慢，可是它跳得很高，于是就像在树林中拉着树枝跳来跳去一样，它拉着天上的云朵跳到了前面，排到了第九。最后，鸡、狗、猪也陆续赶到，排在了最后

三个位置上。就这样，十二属相被选了出来。

竞选结束后，猫才从梦中醒来。当它知道这件事后，非常生气，就追着老鼠满世界跑。龙来到大海边看着水中的自己，觉得现在的它比以前漂亮多了，就不打算把犄角还给鸡了，为了躲鸡，它从此就隐藏起来，不在人间出现了。鸡知道后，就每天很早起来对着大海喊："快还我！快还我！"

众说纷纭的生肖由来

一种观点认为古代人们将天上的星星分为二十八星宿，每一个星宿代表一个动物，再把一年十二等分，配属不同的动物，因此推测十二生肖与天上的二十八星宿有着密切的联系。

另一种观点认为十二生肖源于原始社会时期的图腾崇拜。原始社会中的先民经常使用一些动物如蛇、虎、龙等，作为部落的守护图腾。

在中国，人与动物关系密切，早期人对动物非常依赖，后期人们驯养动物，后来人们便在某种机缘下创造出了十二生肖。

也有人认为，古人根据植物盛衰的周期和动物生活

环境的变化创造出了十二生肖。古人认为每隔六年或为丰收，或为灾荒，为了适应环境的变化，不同年份出生的人需要各自像一种动物，例如灾荒之年出生的人，需要像老鼠一样藏纳粮食来度过灾荒之年。

还有人指出，现在的生肖不是中国本土产生的，而是来自巴比伦黄道十二宫。古希腊、埃及等都有类似的说法，只不过动物不同。1975年，考古人员在湖北省云梦县境内发掘出的秦代竹简中有十二生肖的相关记载。1986年，甘肃天水放马滩出土的秦代竹简中也有相关的记载。这说明，我们在先秦时期就有比较完整的生肖系统了，从而推翻了生肖来自巴比伦黄道十二宫的这种说法。

关于十二生肖的起源，始终没有一个定论，还需要进一步考证。

你知道吗？

十二生肖作为一种历史悠久的民间风俗文化，在漫长历史长河中留下了许多描绘生肖形象和象征意义的诗歌、春联、书画和各式各样的民间工艺作品等。从婚丧嫁娶到风水卦象无一不渗透着生肖的文化。除中国以外，世界上有许多国家在庆祝中国的春节时也会发行生肖邮票，借此来表达对中国新年的祝福。

"龙"的原型之谜

华夏儿女一向以"龙的传人"自称，在中国古老的文化血脉中，"龙"具有非常重要的地位和影响。龙是中华民族的图腾，是中华民族的象征，也是中国文化的象征。但是，大自然中并没有"龙"这种神秘的动物，那么它是怎么被虚构出来的呢？

由蛇图腾融合而来

我国现代学者闻一多先生认为："龙图腾，不管它的局部像马也好，像狗也好，或者像鱼、像鸟、像鹿，但是它的主体躯干部分和基本形态就是蛇。"在原始社会时期，一个图腾林立的时代，使用蛇图腾的部落最为强大，但是随着对其他小部

落的兼并，为了统治的需要，蛇图腾不断融合其他部落的图腾，也就逐渐形成了"龙"这种虚拟生物。龙会保佑部落横扫六合，统一寰宇。

由扬子鳄演化而来

　　学者周本雄在研究扬子鳄时指出，扬子鳄除了没有角，不管是面容还是身体外形，都和龙非常相似，由此推测龙的原型可能就是扬子鳄。旅居加拿大的古史学者许进雄也持这种观点，他说扬子鳄的生活习性是经常在雷雨之前出现，而且有冬眠的习惯。在古时候，人们只有在雷雨天气能见到扬子鳄，便认为扬子鳄是降雨的祥瑞，因此想象它能飞翔于天空，从而逐渐演化出了龙的形象。

由天气现象想象而来

学者何新曾提出另外一种观点，他认为龙不是自然中存在的生物，而是人们经常看到天空中有类似龙图案的云纹，然后通过具体化、生物化想象出来的。而另一位学者朱大顺则认为，龙可能是古人通过天空中的闪电现象想象出来的。因为从闪电的形状来看，如果它被幻想成动物的话，很容易被幻想成一条细长的、有四个爪子的动物，而在古代，人们对上天充满了敬畏，因此觉得闪电就是神龙也不足为奇。

上述几种观点都是猜测，至于"龙"的原型到底是什么，人们始终没有一个确定的答案。

你知道吗？

龙是中国古代神话中的动物，为鳞虫之长，会飞行，善于变化，能够呼风唤雨。在我国传统文化中，龙和凤凰、麒麟并列为祥瑞之兽，一直是祥瑞的象征。在民间，有"舞龙"的习俗，是人们表达美好祝愿、祈求平安和丰收的一种民俗文化活动。此外，中国传统节日有春龙节（即龙抬头），十二生肖中有辰龙，等等。

孙悟空原型之谜

从出世、学艺、寻宝、闹天宫，再到西天取经，一路上降妖除魔，孙悟空的名字可谓是家喻户晓。《西游记》中的孙悟空不仅是一只生性聪明、活泼、疾恶如仇的猴子，更是人们心中惩奸除恶的英雄。那么，孙悟空仅仅是吴承恩虚构出来的呢，还是另有原型呢？

原型是无支祁

我国著名文学家鲁迅经过考证，认为孙悟空的原型是无支祁。那么，无支祁是谁呢？据《山海经》等书籍记载，无支祁是尧舜禹时期的一个神通广大的妖怪，出生于豫南桐柏山的花果山，自封为淮涡水神，经常在水中作恶，引起水患。传说中他是天生神猴，头部是白色的毛发，有着长长的尾巴，双目有神，身材魁梧。

民间有很多关于无支祁的传说，其中，无支祁率领十几万山精水怪在淮源大战大禹，结果战败，被大禹压在淮河下游的龟山下的传说最为著名，被人们广为流传。

有人据此指出，孙悟空的身上透露着无支祁的影子，他们都是猴子，而且都出身于花果山，同样本领高强。无支祁曾因在水中为害而被大禹压在龟山下的故事，也和孙悟空大闹天宫被如来佛祖压在五行山下的故事相似。因此，说孙悟空的原型是无支祁的这一说法还是有一定道理的。

玄奘的徒弟石磐陀

在《西游记》原著中，唐僧在五行山下救出孙悟空，并为孙悟空取名孙行者。《西游记》中的唐僧，据相关史料记载原型就是唐朝高僧玄奘，他曾在唐太宗统治时期前往古印度求取真经，而石磐陀是玄奘收的第一位徒弟。

玄奘前往天竺求取佛法，在路过瓜州（今甘肃瓜州）的时候，碰见一名胡人，叫作石磐陀，他对玄奘不辞辛苦前往万里之遥的天竺求取真经的行为十分敬佩，决定为玄奘一路保驾护航，并且希望玄奘能收

他为弟子。过了几天，当二人快走到边境时，由于玄奘是私自出境，石磐陀因为害怕玄奘在过边境时被擒而把他供出来（在当时未经允许私自出境和协助他人私自出境均为死罪），就想把玄奘杀掉然后逃走。

一天晚上，玄奘刚躺下准备睡觉，就感觉有人向他走来，睁开眼睛一看，原来是自己的弟子石磐陀。石磐陀抽出随身的刀，走走停停，犹豫不决。玄奘猜到他想杀了自己，就坐起身来，闭上双眼，默念经文。看到这样的情景，石磐陀更是不知所措，犹豫了很久也没有动手。第二天清晨，石磐陀向玄奘坦白了自己的想法，并为自己的行为感到愧疚。玄奘知道师徒二人的情分已经

结束，就送给他一匹骏马，让他走了。

石磐陀是玄奘的正式弟子，又是胡人出身，且"胡"和"猢狲"的"猢"音调相近，因此有人据此认为孙悟空的原型就是石磐陀。

在民间，关于孙悟空原型的猜测还有很多，但他的原型到底是谁始终没有定论，也许只有《西游记》作者自己知道了。

你知道吗？

　　《西游记》是中国古代浪漫主义章回体长篇神魔小说，与《三国演义》《水浒传》《红楼梦》并称为中国古典文学四大名著。自《西游记》问世以来，民间各种版本层出不穷，衍生出的作品更是数不胜数，更是被翻译为几十种语言在世界上广为流传。

《山海经》的作者之谜

　　《山海经》是我国先秦时期的一部百科全书，内容涉及广泛，全书共十八篇，它以描述各地山川为纲，通过记述许多当地的神话传说来反映当时人们的社会生活和精神活动，是中华民族历史文化的宝贵财富。但此书距今年代久远，关于它的作者众说纷纭。那么，它的作者究竟是谁呢？

作者不明说

　　最早介绍《山海经》一书的，是西汉司马迁所著的《史记》。司马迁在《史记·大宛列传》中说《禹本纪》《山海经》中的"怪物"，他也不敢轻易对其进行评述，说明司马迁也不了解《山海经》的作者。

作者确指出说

　　西汉经学家刘歆在其《上山海经表》中认为大禹、伯益是《山海经》的作者。除此之外,《列子》《论衡·别通篇》《隋书·经籍志》中均有相关记载,虽然说法不尽相同,但都认为是大禹或和他同一时期的伯益所作。

　　此外,近代经学家刘师培等认为《山海经》是由战国时期的邹衍所著。进入 21 世纪,现代学者对于《山海经》作者的研究越来越广泛,一些人根据书中地名、物名、神怪图像,以及称书为"经""藏"等的说法,推断作者是墨子的学生随巢子。

众人编写而成说

南宋理学家朱熹在《楚辞辩证》中认为，中国古代的神话集中于《楚辞》的《天问》篇，《山海经》是根据《天问》而作。后来南宋学者王应麟在其作品中进一步引述朱熹的观点，认为《山海经》记录的飞禽走兽，与《九歌》《天问》篇类似。

明代学者胡应麟对比《穆天子传》《汲冢纪年》这两本书籍，认为《山海经》与这两本类似，同样是一部范围广大、多人汇编的著述。

清代纪昀等人编纂的《四库全书总目提要》则指出《山海经》书中记载的夏商周之后的地名，如长沙、象郡等，不可能是先秦的人记述的，应该是后来的人附加的。

现代神话学家袁珂则确切地指出"《山海经》不是一人所能完成的"，

并且提出"除《海内经》四卷是作于汉代初年之外，其余均作于战国时代"。

因此，《山海经》应该是形成于先秦，后经历代不断完善的集体著作，这也是当下大多数人的共同观点。但《山海经》的作者究竟是谁，相信随着考古资料的不断发现，还会出现新的论证。

你知道吗？

关于《山海经》记载的内容，汉代至唐代的人们认为这本书所记载的山川河流是可信的，到了明清时期，人们多持怀疑态度，认为多是虚构的。但是书中描述的内容对我们今天了解远古时期先民的民风习俗、山川地域、巫医祭祀等具有重大意义。

《吕氏春秋》成书时间之谜

　　《吕氏春秋》全书大致分为三部分，即《八览》《六论》《十二纪》，共160篇。其中《察今》《尽数》《劝学》《审己》《去私》等篇至今都是精彩名作。关于此书的成书时间，目前说法不一。那么，《吕氏春秋》到底成书于什么时候呢？

编撰《吕氏春秋》的目的

　　《吕氏春秋》是战国时期的巨著，又称《吕览》，为吕不韦及其门客所编而成。相传，吕不韦等编修此书是

为了秦帝国思想上的统一，该书以道家思想为核心，博采众家之长，熔炼诸子百家思想汇集于一身。

成书于秦八年

有人认为《吕氏春秋》成书于秦八年。这种说法的依据是吕不韦在《吕氏春秋》的《序意篇》中说："维秦八年，岁在涒滩，秋甲子朔。朔之日，良人请问十二纪。"东汉高诱在《吕氏春秋注》中也在此处进行注解：秦八年，秦始皇即位第八年。古人一般都是在书写完之后才作序的。那么，吕不韦说《吕氏春秋》成于秦始皇即位第八年的话就比较可信了。但是这个"成"究竟是已经完成，还是只是初稿，就不得而知了。

成书于秦十年

有人认为《吕氏春秋》成书于秦十年。这种说法的依据是司马迁在《史记·太史公自序》中说："不韦迁蜀，世传《吕览》。"唐代学者张守节在《史记正义》中说《吕览》就是《吕氏春秋》，说明《吕氏春秋》确实成书于"不韦迁蜀"之后。司马迁写史书毫不隐晦，所写《史记》的内容与目前历史研究和考古发现都是吻合的，他在《史记·吕不韦列传》中明确记载了吕不韦迁蜀一事："秦王（嬴政）十年十月免相国吕不韦……秦王恐其为变，乃赐文信侯书……其与家属徙处蜀。"大体意思是：秦王十年十月，罢免吕不韦的职位……秦王嬴

政怕他造反，就写了一封信，让他和家属迁至巴蜀（今四川巴中附近，当时为不毛之地）地区。那么，吕不韦迁蜀是在秦十年之后是可以肯定的。看来，《吕氏春秋》成书于秦十年的说法也有一定的道理。

根据上述说法，《吕氏春秋》的成书时间依然存在争议，还需要专家们进一步研究论证。

你知道吗？

吕不韦，是历史上著名的政治家，同时也是一个非常有能力的成功商人。他曾散尽家财帮助异人（后改名为子楚）逃回秦国，并帮助子楚成为秦国的君王。后来，子楚继位，即秦庄襄王，任命吕不韦为秦相，封文信侯。子楚的儿子嬴政继位后，尊吕不韦为"仲父"。后来，吕不韦被罢免，在迁蜀途中，因害怕以后被嬴政杀害，就喝毒酒自杀了。

《昭明文选》成书地之谜

南朝梁开国皇帝梁武帝萧衍的长子名叫萧统，又称昭明太子，他礼贤下士，历史记载他招纳当时著名的学者，历时数年编撰了中国文学史上第一部文学总集《昭明文选》（又称《文选》），被后世王朝当作考取功名的教科书。但是关于《昭明文选》的成书地却众说纷纭。那么，《昭明文选》究竟成书于哪里呢？

《文选》的价值

《文选》汇集上自周秦、下至齐梁期间一千多年的典籍文章，包含一百三十位著名学者和少数无名文人的优秀作品共七百多篇。这些文章见解独到，文采飞扬，受到后人的高度评价。唐朝大诗人杜甫就曾教导儿子要熟读《文选》，把《文选》作为文学课本。赵宋时有人把《文选》当作学习用的教科书。在今天，《文选》中的这些文章都是每一种文体的杰出作品，如《过秦论》《上

林赋》《出师表》等，传承至今依旧是中华民族的文学
精华。

成书于襄阳的文选楼

　　南宋王象之的地理学名著《舆地纪胜》卷八十二中
记载：南朝昭明太子萧统修建文选楼，邀请刘孝威等十
几个人，在这里编撰《文选》。但是，有人研究发现，
襄阳文选楼是南朝文学家徐陵邀请当时的学士一同编写
《玉台新咏》的地方。《玉台新咏》也是一部诗歌总集，
但并不是《文选》。有可能襄阳当地人将二者混淆，以
讹传讹，将《玉台新咏》当作《文选》也不是什么离奇
的事情。这样一来，《文选》成书于襄阳文选楼的说法，
便受到质疑了。

成书于镇江南郊增华阁

　　一种较具传奇色彩的说法认为《文选》成书于镇江南郊增华阁。据史料记载，萧统喜好游历四方，在二十岁时就已经游学南朝很多地方，镇江文献中记载他最后选择招隐山（今江苏镇江南郊）为定居的地方。因为他很喜欢《招隐诗》中的"非必丝与竹，山水有清音"这一句，向往诗中与山水为伴的生活，就在招隐山搭建读书台，将随行的宫女、御乐等迁回都城，又命人将东宫的三万卷藏书搬到读书台，此后长年在此隐居。不久，萧统又在读书台右侧建造"增华阁"，招纳当时的文人学士，一同交流心得，商量《文选》编撰事宜，并耗费数年时间编成《文选》。

但也有人对《文选》成书于增华阁这一说法提出异议，认为将东宫藏书三万卷搬到镇江，这在当时应该是一件非常重要的事，但是《文选》的序言中并没有提到这件事情，史料上也并没有相关记载，对《文选》的各种注本和研究著作也都没有相关论述。看来，这种怀疑还是有一定道理的。

成书于建康东宫

从事文史工作的人员大多认可《文选》成书于建康东宫这一说法，认为《文选》是萧统在建康时召集文人编成的。因为东宫有足够的藏书，对萧统收集资料来说要更容易一些，所以没有离开建康的必要，而且萧统爱民如子，也不会做出"移书三万卷"这种劳民伤财的事情。萧统所处的时代，百家争鸣，文学研究氛围比较活跃，兼收并蓄。萧统在《文选》中认为文章的内容与辞藻都很重要，提出文章应该华美但不轻浮于事，典雅而不失个性。这与当时浮沉于世的病态文风是势同水火的。这种文学上的争论，也只有在以都城为核心的文化中心才会对文人和学术环境产生较大的影响。据《梁书》记载，萧统一生并没有离开过都城太久，六岁时曾经离开

大内，但那也只不过是离开东宫罢了，并没有明确说法证明他离开京都，到招隐山编书长达二十余年。

因此《昭明文选》到底成书于哪里，始终是一个未解之谜。虽不影响我们对此书的品读，但终究是一种遗憾。

你知道吗？

在《昭明文选》一书中，萧统把我国先秦两汉以来的文体都做了分类。他首次提出凡是为了记事而平叙的诗词文章，都不算优秀的诗词文章，因此这类文章没有入选《文选》。

《永乐大典》原本踪迹之谜

　　《永乐大典》是一本汇集众多中国古代典籍于一体的书，也是世界历史上最早、最大的一部百科全书。但是，这样一部重要的丛书，现存抄本也所剩无几。它的原本在嘉靖年间重录后也踪迹全无，关于它的去向众说纷纭。那么，《永乐大典》原本到底在哪里呢？

在明世宗的永陵中

　　据《明世宗实录》记载，明世宗生前非常喜欢阅读《永乐大典》，经常把它放在书桌上。1557 年，当时皇宫发生火灾，明世宗担心《永乐大典》被烧毁，彻夜未眠，连下多道圣旨命人一定要保护好《永乐大典》，其后又不断令人修补，将其完善。之后又命人重新抄录一份，藏在别的地方，以备不时之需。而明世宗的永陵尚未被考古学家所发掘，且墓穴保存完整，因此，有人认为《永乐大典》原本也许就在永陵中。

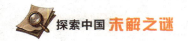

遗忘在夹墙中

神御阁始建于明世宗嘉靖十三年，修成于嘉靖十五年，后改名为皇史宬，很多重要皇家秘史如《实录》《圣训》《玉牒》和《印信》都存放在这里。皇史宬的整体结构，包括门、窗、殿内大梁等，全部用砖石修葺而成，殿基远高出地面，可以有效防止水火入侵，山墙上设有对开窗，利于通风防潮。大殿墙壁尤为奇特，东西墙较厚，也许墙内别有洞天。紫禁城虽先后历经大火、李自成率军入城、八国联军入城等劫难，但是皇史宬中的皇家档案依旧保存了下来。因此，有人认为《永乐大典》原本也可能被遗忘在皇史宬的夹墙内，只是还没有被发现。

在大火中销声匿迹

　　1597 年，一场大火席卷了大半个紫禁城，这场大火焚毁了很多宫殿，而存放于文楼的《永乐大典》应该也未能幸免于难。

　　现代历史学家、考古学家郭沫若猜测由于李自成于 1644 年入京，后被吴三桂与多尔衮联军打败，在撤离北京时，一把火烧了紫禁城，《永乐大典》有可能被火焚毁了。

　　清末有学者曾于翰林院看到《永乐大典》副本，但仍有缺失，于是猜测原本可能藏于乾清宫。据《清史稿》记载，乾隆生前爱好收集天下书籍，还令人编撰《四库全书》，乾清宫作为皇帝日常处理政事的地方，存

放《永乐大典》供乾隆阅读也有可能。清末学者缪荃孙说："1797年，乾清宫一场大火，原本被烧毁了。"从那之后，《永乐大典》原本被乾清宫大火所毁的说法广为流传。

但是以上种种猜测都没有充足的论据，要想知道《永乐大典》原本踪迹的下落，还需要进行深入研究。

你知道吗？

在中国国家图书馆的《永乐大典》的仿真影印资料上，我们能看到书中精美的插图，当时人们通过白描的手法，把山川、人物、城郭等绘制得惟妙惟肖，是古代书籍插图中不可多得的艺术精品。

高鹗续写《红楼梦》之谜

　　《西游记》《水浒传》《三国演义》以及《红楼梦》并称为我国古典文学的四大名著，其中又以《红楼梦》成就最高，达到了我国古典文学的顶峰。《红楼梦》成书至今已有200多年，作为我国重要的小说之一，它不仅感动了中国人，也受到了世界人民的重视与喜爱。然而，关于《红楼梦》后40回，人们普遍认为是高鹗续写的，但也有很多人提出了不同看法。那么，《红楼梦》后40回到底是不是高鹗续写的呢？

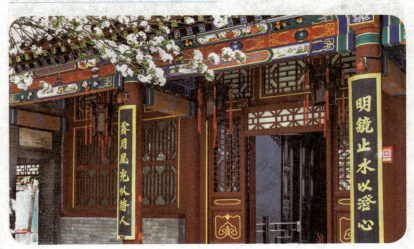

　　长期以来，人们普遍认为曹雪芹只写了《红楼梦》的前80回，《红楼梦》后40回是清代文人高鹗续写的。然而，由于《红楼梦》的成就如此之高，人们对它的热爱如此之深，曹雪芹心中的《红楼梦》的后40回未能流传于世，一直成为文学界乃至全世界热爱《红楼梦》的人的一大遗憾。

　　"高鹗续书说"最早是由我国近代大学者胡适提出来的。他最早看到《红楼梦》的时候，认为小说的诗词是在暗示人物的命运和结局，但是看到后来，有些人物

的结局并不像诗词所预言的那样。所以，他提出小说的前 80 回和后 40 回存在矛盾，进而猜测《红楼梦》可能是由两个人所写的。同时，经他考证，高鹗的同年进士张船山在《赠高兰墅鹗同年诗》题解中写道："传奇《红楼梦》八十回以后俱兰墅所补。"于是胡适便将补书的作者认定是高鹗。这种观点提出后长期被人们所接受，使很多人认为《红楼梦》后 40 回是由高鹗续写的。

高鹗续写一说不合理

对于高鹗如何补写后 40 回，也有不同的说法。一种说法是高鹗根据自己的喜好编出自己喜欢的后 40 回，自娱自乐；还有一种说法认为，高鹗奉清廷的要求，修改和续写了《红楼梦》，所以在思想上必然受到约束。

然而，随着对《红楼梦》内容的进一步研究，很多学者、专家认为高鹗不可能续写后 40 回《红楼梦》。首先，从高鹗的生平来看他不可能续写《红楼梦》。高鹗，字兰墅，一字云士，清代文学家。因为他酷爱小说《红楼梦》，所以自取别号"红楼外史"。他是汉军镶黄旗内务府人，祖籍铁岭（今属辽宁），于乾隆五十三年中举人，于乾隆六十年中进士。据胡适考证，高鹗续写《红楼梦》的时间是在 1791—1792 年，只有 2 年的时间。然而，这么短的时间，高鹗可能写出占原书 1/3 篇幅的后 40 回吗？高鹗怎么可能在求取功名的时间里花如此多的精力续写《红楼梦》呢？这显然是件不合情理的事情。其次，高鹗续写《红楼梦》的时候，真本的《红楼梦》并没有完成太久，可能根本就没有消失，只是零散不全，需要补充，那么高鹗何必舍弃原来的《红楼梦》书稿而自己另写后 40 回呢？难道他想替曹雪芹干活，自己做无名英雄？

《红楼梦》真正的结局

据我国红学专家周汝昌先生考证，《红楼梦》的结局不是高鹗续写的那样，真正的结局是：在大抄家后，贾府败落，在贾环及赵姨娘等的密告下，宝玉和凤姐入狱，后来被红玉和贾芸搭救，凤姐因此心力交瘁而亡，宝玉沦为更夫时宝钗也已郁郁而亡；在抄家前，黛玉与湘云投湖，后来史湘云被搭救，沦落风尘；最后史湘云与宝玉邂逅，二人结为夫妻。如果是这样的话，高鹗续书又何必两头不讨好呢？我们再来看看曹雪芹，传说他曾"披阅十载，增删五次"，这说明《红楼梦》很可能本来就已经写完了，只是因为一些原因，我们没有看到后40回。

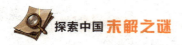

全书均为曹雪芹所作

目前，一些专家、学者认为高鹗没有续写后40回，现存的红楼梦都是曹雪芹本人所写。一些学者将1959年在北京发现的《乾隆抄本百廿回红楼梦稿》（简称《红楼梦稿》）与其他所有版本进行了比照，发现《红楼梦稿》才是曹雪芹的手稿本，而其他所有版本都是曹雪芹在这部稿本上一边修改一边由不同的人抄录出去的。只是由于全书修改的时间很长，所以抄出去的版本很多。另一方面，从语言上来考证，全书120回通用的语言风格都是南京话，而东北人高鹗是写不出来的。一位计算机专家从数学统计方面入手，在语言风格上，通过计算机的统计、处理、分析，也对《红楼梦》后40回由高鹗所作这一流行的看法提出了异议，认为120回都是曹雪芹所作的。

不完美的《红楼梦》

《红楼梦》后40回到底是由谁续写的？也许这并不重要，正如断臂维纳斯因为不完美而完美，后40回可以给读者留个想象空间。到底是谁续写了《红楼梦》？高

鹗是否真的见到了后 40 回的残稿？他的 40 回续书和曹雪芹真书有没有关系？这些依然是未解之谜，不过也正是因为后人的续写，才使得《红楼梦》这一经典成为一部有始有终的完整作品。

你知道吗？

　　《红楼梦》通过文学的艺术手段展现了女性美、人性美、悲剧美，在世界上是一部非常有影响力的人情小说。近代以来，对《红楼梦》的版本、作者、历史背景、书中情节、书中人物等的研究掀起一股以《红楼梦》为研究对象的显学——红学。

《清明上河图》中的"清明"之谜

　　《清明上河图》是北宋画家张择端绘制的长卷风俗画。国内著名书画专家经过鉴定，认为这幅画画的是北宋清明时节的社会场景。因此，人们普遍认为"清明"二字指的就是清明节。但是随着越来越多的人对此画进行解读，有人却对上述观点提出了质疑。那么，如果画中画的不是清明节场景，为什么画的名字包含"清明"两个字呢？难道"清明"有其他含义？

真的是秋天吗

　　自从《清明上河图》问世以来，许多人认为，画中所绘的是清明时节的场景。近代孔宪易先生有着不同的看法，他认为《清明上河图》中所画的不是清明时节。对此，他提供了几个证据来证明自己的观点。

　　第一，画卷的右首，可以看到有驴子驮着十竹篓木炭。而据北宋文学家孟元老的《东京梦华录》记载：每

年农历十月，汴京才开始使用取暖用的炭。《东京梦华录》是一本研究开封地区风土人情的重要文献，孟元老作为和张择端生活在同一时期的人，他的作品可信度较高。如果画中为清明节场景，那么这个时节进取暖用的炭，就和当时宋朝人的生活习俗相违背。所以，画中所绘的场景不可能是清明时节。

第二，画面中有一处农家院里低矮的篱笆上面长了类似茄子之类的作物，还有几名孩童光着身子在玩游戏。按照常理来说，这些都不是清明时节应该有的场景。

第三，在"虹桥"附近，人群熙攘，十几个人手持扇子，有的人好像是在扇风，也有的人好像是用扇子遮挡阳光。画面上多处都有草帽和竹笠等用来避雨、遮阳的工具，图中没有雨，说明是用来遮阳的。而就整幅画

而言，穿短裤、短袖的人多达四五十人。种种迹象表明，当时天气应该比较炎热，不可能是清明。对此有人说这可能是因为我国大陆性气候显著，早晚温差大，也许当天早上确实冷，下午穿一样的衣服就热了。对此我国气象学家提出，当时处于低温寒潮期，理论上当时的清明比较冷。由此看来，这些场景也不符合清明时节的特征。

第四，将画面转到另一个地方，可以看到一个挂着"口暑饮子"招牌的茶水摊，而河岸和桥上面的几个小商贩的摊子上摆着切开的西瓜。西瓜二月下种，七八月方能成熟。当时的汴京在清明时节还有一些微冷，且那个时代的农业技术欠发达，不应该有西瓜。所以，这也可以证明画的不是清明时节的景象。

第五，还有学者注意到，位于虹桥之南的那座彩楼欢门上悬挂着一面写有"新酒"的酒旗。与《东京梦华录》相比对，可以知道"诸店皆卖新酒"的时间是在"中秋节前"。《都城纪胜》一书中也说"中秋前后开沽新酒"。据此我们可以知道，卖"新酒"的时间应当是中秋前后，这也能证明这幅巨作画的不是清明时节的场景。

如果画中场景不是清明时节，那么画名中的"清明"又有什么深意呢？

"清明"是地名

不少专家和学者针对"清明"二字提出了自己的看法，有人认为它指的不是时间，而是当时城中的一个地名——清明坊，清明坊是当时汴京城第一坊，所以作者

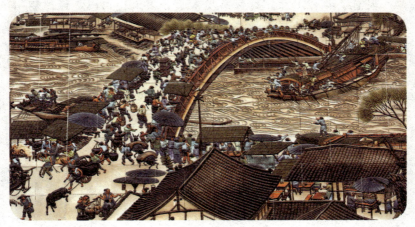

将此画命名为《清明上河图》。

还有人认为"清明"既不是节令，也不是地名，而是张择端借此画献给宋徽宗来歌颂他的统治政治清明，治国有方。但是有的学者提出：既然张择端想要颂扬皇帝，又何必在街上画乞丐呢？况且据史料记载，张择端并不是阿谀奉承之人。

那么，《清明上河图》中的"清明"到底指代的是什么，还需要专家做进一步的研究。

你知道吗？

通过对《清明上河图》的欣赏，可以想象到当年北宋都城汴河两岸繁荣的景象，此画勾勒出了当时北宋的社会面貌和各阶层人民的生活状况。通过散点透视的方法勾勒出的城郭、街市、大小船只、车马、商贩等各具特色，栩栩如生。这幅画场景十分宏大，构图严谨，翻开画卷，古典气息迎面而来，是中国也是世界绘画史上少有的传世瑰宝，是古代画作中一颗耀眼的明珠。

花山崖壁画创作之谜

在广西壮族自治区崇左市宁明县城北面的明江北岸有一座花山，在这座山的崖壁上画满了各式各样的土红色的人物、动物和器物图像，其中人、马、兽、铜鼓、刀、剑等绘制得非常精美，是世界古代岩画中少有的精品，也是我国现存较大的崖壁画群。但是，如此巨大而又精美的壁画，在当时生产力低下、经济欠发达的偏远地区，人们是怎么画上去的呢？他们用的又是什么颜料呢？

关于壁画的传说

从前，花山一带有一个叫勐卡的人，他力大无比，由于当地官员鱼肉百姓，因此他想带头造反，但手里没有兵马。有一天，他上山砍柴，中午坐在石头上休息，长吁短叹。这个时候有一位白发老人来到他面前，二人交谈后，老人将一叠纸和一支笔送给他，说："你每天在这纸上画兵马，一百天后，纸上的兵马就会变成真的，但是这件事情不能让任何人知道。"说完，老人就化作一缕青烟消失了。从此，勐卡每天都躲在屋里画兵马，画完以后就把纸放在箱子里，以免走漏风声。他母亲

觉得很奇怪，以前儿子都是早早出门砍柴，可是最近每天都很晚了才出门，就问他躲在屋里干什么，勐卡只说让母亲等一百天。当第九十九天的时候，他母亲实在好奇，就趁勐卡不在家，进到屋中打开了箱子。谁知箱子一打开，顿时狂风大作，天昏地暗，纸上的兵马就都飞走了，由于不满一百天，无法成为真正的兵马，就落在花山的崖壁上变成了壁画。

关于壁画的考究

据专家考证指出，花山崖壁画是壮族先民骆越人绘制而成的，有人认为这是壮族先民用来祭祀神明的；也有人认为是当地统领用来展示自身权力的，画面上描述

的是当时部落会盟的场景。

　　专家对崖壁绘画手段进行种种猜测，认为在如此陡峭的崖壁之上作画，即便是现在，也得需要大型机器等工具，几千年前壮族先民在崖山作画的困难程度便可想而知，几乎是不可能完成的一项大工程。

　　花山壁画风格粗犷，即使经过 2000 多年的风雨侵蚀依旧鲜明亮丽。科学家运用技术手段，对花山崖壁画中的颜料进行检测分析，判断为赤铁矿。但是仅仅由赤铁矿是无法在这样陡峭的崖壁上完成作画的。

　　因此，花山壁画是怎么画上去的，又是用什么颜料画的，始终没有一个定论，还需要专家学者们进一步研究和考证。

你知道吗？

　　花山岩壁画如同一部立体的史书，向人们展示出壮族先民于青铜时代的稻作文化，同时崖壁上的内容与今天当地的民俗息息相关。花山岩壁画作为从战国到汉代壮族先民的史诗，现已经入选《世界遗产名录》。

《广陵散》之谜

　　《广陵散》，又叫《广陵止息》，是我国古代一首著名的大型琴曲，也是十大古琴曲之一，具有极高的艺术价值。魏晋文学家嵇康通晓音律，以善弹此曲著称，后来他被司马昭陷害，从此《广陵散》失传。《广陵散》具有戈矛杀伐的战斗气氛，表达了被压迫人民敢于反抗暴君统治不屈不挠的斗争精神，当代武侠小说作家金庸就在自己的武侠小说《笑傲江湖》中引用了"广陵散"的故事。那么，"广陵散"的故事究竟是怎样的呢？

"广陵散绝"一词的出处

　　《晋书·嵇康传》中记载：嵇康喜欢四处游山玩水，游玩洛西时，晚上住在华阳亭，拿出琴弹奏；到了半夜，忽然有客人拜访，索要古琴弹奏《广陵散》，嵇康听了觉得美妙动人，无与伦比，那人将这首曲教给嵇康，并要他发誓不得传给其他人。后来嵇康因先拒绝到朝中做官，后又为好友求情，遭到钟会等人谗言陷害，惨遭司马昭杀害。他临刑之前，将此曲演奏一遍，声称自此之后《广陵散》便成了绝响。

宋代沈括在《梦溪笔谈》中说：广陵散，是说王陵、毌丘俭等人在广陵反对司马家族篡魏而起义失败，称魏的灭亡是从广陵这一地方开始的。

以上两种说法只是成语"广陵散绝"表示绝学失传的出处，如果仅这样对《广陵散》进行解释的话是不全面的。

"广陵"是扬州的古称，"散"在当时的意思是操、引乐曲，因此从标题上来看，《广陵散》是指流传于广陵一带的琴曲。它的名称最早见于曹魏文学家应璩的《与刘孔才书》："听广陵之清散。"因此专家研究推测，《广陵散》应该诞生于秦、汉之际，到了魏晋时期，这首曲子才逐渐成形。

阐述聂政为父报仇

很多人认为这首琴曲是根据战国时期聂政为报杀父之仇，舍身刺杀韩王的故事进行创作的。

东汉著名文学家、琴曲爱好者蔡邕所写的《琴操》专门谈论琴曲故事，其中关于聂政有这样的说法：战国时期，聂政的父亲曾经为韩王铸剑，但是没有在规定的时间铸出剑，被韩王杀害。聂政为了能接近韩王为父报仇，远走他乡，用了十年时间练就高超的琴艺，当他重回韩国后，在街上弹琴，美妙的琴声使得人们纷纷驻足，甚至连街上的马和牛都不动了。

韩王听说国中来了这样一位弹琴的高人，便召其入宫弹琴，却没有想到聂政是专门来报当年的杀父之仇的。

正当韩王听得如痴如醉的时候，聂政抽出藏在琴腹中的刀，左手拉住韩王衣服，右手持刀一下刺死了韩王。聂政杀死韩王后，因怕连累母亲，就用刀毁了自己的容颜，之后自杀而死，当时没人知道他到底是谁。韩王的大臣悬赏寻找认识刺客的人，聂政的母亲为了使儿子扬名，就前往认领，死在了聂政的身旁。

但是，经过考察《琴操》中描述的这个故事叫作《聂政刺韩王曲》，并不是《广陵散》。不过《广陵散》每段都有标题，单从体例上来说与这个故事的内容是比较吻合的。也有人持相反观点，认为《广陵散》这首古曲的内容描述的根本不是聂政刺韩王，而是关于聂政的其他故事。

从《广陵散》的标题和故事情节来看，《琴操》描述的故事似乎更合乎《广陵散》悲壮的内容要旨和它激昂的乐曲风格，但至于哪一个才是真相还有待商榷。

你知道吗？

《广陵散》曾一度绝响，后来，我国著名古琴演奏家管平湖先生在明太祖朱元璋的儿子朱权编纂的《神奇秘谱》中发现了这首曲子，经过重新整理和打谱，才形成了我们现在所听到的《广陵散》。

《霓裳羽衣曲》创作之谜

　　唐朝盛世之际，唐玄宗创作了著名的宫廷乐曲《霓裳羽衣曲》。这首乐曲描写的是唐玄宗向往仙境，幻想在月宫见到仙女的神话故事。《霓裳羽衣曲》曲体庞大而多变，其艺术表现力显示了唐代宫廷音乐所取得的巨大成就。在今天，它依然是中国音乐舞蹈中的一颗明珠。唐代著名诗人白居易称赞它："一落人间八九年，耳冷不曾闻此曲。"那么，《霓裳羽衣曲》如此动人的音乐是如何创作出来的呢？

游月宫"仙女"所奏

　　《全唐书》记载，唐玄宗信奉道教，道士罗公远为迎合唐玄宗，曾于中秋夜引唐玄宗"游月宫"。据说，罗公远抛出手中法杖，化作银桥，唐玄宗蹑步进入月宫，看见无数仙女在宫中翩翩起舞，所伴奏的音乐更是闻所未闻。唐玄宗就问仙女伴奏的曲子叫作什么，仙女说是

"霓裳羽衣"。在历代皇帝中，可以说唐玄宗对音乐的研究是最精深的。所以，唐玄宗暗自将曲调记于心中。可是，等他从月宫回来，发现已经忘了一半音调。不

久，西凉府节度使杨敬述因战败害怕受惩罚，他知道唐玄宗好音律，就进献了《婆罗门曲》。这首曲子的曲调和唐玄宗游月宫听到的曲调非常像，于是唐玄宗把记下来的那一半曲调作为"散序"，而把《婆罗门曲》作为乐章，二者结合，《霓裳羽衣曲》就这样创作成了。

望女几山产生灵感

唐代著名诗人刘禹锡曾作诗："开元天子万事足，唯惜当时光景促。三乡陌上望仙山，归作霓裳羽衣曲。"宋朝乐史在杨贵妃的相关传记中也有提到，《霓裳羽衣曲》是唐玄宗登上三乡驿城楼，远眺女几山有感，于是作下的乐曲。史料记载唐玄宗曾登三乡驿城楼高处远望

女几山，回来之后作出《霓裳羽衣曲》。因而有人认为，唐玄宗是在观赏女几山美景后，有所感悟，才创出此曲，但只写了前半部分。后来，听到杨敬述进献的《婆罗门曲》，唐玄宗顿时有感而发，才写完整首曲子，并命杨贵妃配上歌舞，从而塑造出了缥缈的仙境和月宫仙女的形象。

原为《婆罗门曲》

但也有人认为《霓裳羽衣曲》原本就是《婆罗门曲》。杨敬述命人进献演奏完毕后，唐玄宗只不过对曲调进行了润色，并配以歌词，又命人配上舞蹈，舞者扮成仙女的样子，身上装饰着多彩的羽毛，拖着闪光的白裙，伴着音乐的节奏，舞姿轻盈，飘逸如仙。唐玄宗看了以后非常高兴，就改名为《霓裳羽衣曲》。

一部分自创一部分改编

有人认为《霓裳羽衣曲》的"散序"部分，是唐玄宗登上三乡驿城楼远望女几山后创作的，其他部分则由当时印度传进的佛曲加以改编而成。"游月宫"这种说法过于神话，应该是后人杜撰的，不可信。唐玄宗登三乡驿高处望女几山后，产生了一种神奇的想象，有感而发，创作出了此曲。至于"散序"以外的乐章，也并不是根据杨敬述进献的《婆罗门曲》改编的，而是由印度佛曲改编形成的。当时唐朝是儒、佛、道三教盛行，共同形成了中国传统文化的主流，唐玄宗借佛曲表现中国正统道教的神仙故事，给人一种新奇的感觉，表现了唐玄宗所追求的那种虚无缥缈的境界。

关于《霓裳羽衣曲》的来源说法不一，唐玄宗究竟是如何将它创作出来的，随着乐曲本身的失传，对我们来说也就成了彻底的谜题。

你知道吗？

白居易在《霓裳羽衣舞歌》一诗中，对这首曲子的结构和优美的舞姿做了细致的描写。《霓裳羽衣曲》共三十六段，分散序、中序、曲破三部分：散序为单纯的器乐演奏，没有舞蹈和歌唱；到中序才有拍，也叫作拍序，一边唱歌一边跳舞；曲破部分是整首曲子的高潮，音调和节奏加速，声调铿锵有力，结束时婉转悠扬，只有舞蹈。

《陋室铭》中的"陋室"之谜

唐代著名文人刘禹锡所作的《陋室铭》，多少年来一直作为文人安贫乐道的正面典型来传诵。那么，"陋室"是刘禹锡称颂自己所居的陋室，还是作者出于政治的需要而虚构的一个陋室呢？

是作者居住的陋室

有不少学者认为，《陋室铭》称颂的是作者所居的陋室，表达了作者保持高尚节操，甘于贫贱，不肯同流合污的思想感情。学者们在这一点上的看法似乎是比较一致的。李如鸾在《文史知识》上说："刘禹锡的陋室在今

定县，不是没有可能。"郭锡良的《古代汉语》上说刘禹锡是江苏徐州人。就这一点，即"陋室"指"作者自己居住的屋子"，学者们的看法是一致的。

"陋室"竟是别墅

但有人否定了上述观点。天津《采风报》于1985年1月30日刊登的《"陋室"为刘禹锡别墅说》一文指出："《陋室铭》违背了艺术与生活的真善美原则。"意思是"陋室"不是"作者自己居住的屋子"，所以欠缺"生活的真实"。《采风报》这篇文章又进一步指出："第一是不真实。不真实是文人之大忌。"为什么刘禹锡要犯这个"文人之大忌"呢？《采风报》那篇文章引用根

据是:"据刘氏传记资料,刘禹锡出身贵胄,广有房产。在二王八司马事件(指打击宦官势力,改革政治的事件。二王指王叔文、王伓,八司马指柳宗元、刘禹锡、韩晔、程异、凌准、陈谏、韩泰、韦执谊。)之前,他是朝廷显贵,遭贬后,仍为州司马(相当于地区一级行政首脑),有很像样的官邸。所谓陋室,不过是他办公、家居之余的一所考究的别墅而已。"既然是"别墅",当然也可以住,但既然"考究",又为什么说是"陋室"呢?又有不同的说法:"陋室,指狭隘简陋的屋子""作者自己居住的屋子"。

根据什么证明"陋室"果真不陋而"考究"呢?《采风报》那篇文章的根据是《陋室铭》本身的词句,

稍加分析就可以得出结论："瞧，可以'调素琴，阅金经'——有琴台，有珍贵藏书，像不像别墅？'无丝竹之乱耳，无案牍之劳形'——有隔音设备，不用办公、批改作业，像不像别墅？'谈笑有鸿儒，往来无白丁'——来说笑的尽是一些大学者，没有地位、没有文化的老百姓一个也不来往，有这样社会地位的人住的房子，像不像别墅？"所以，刘禹锡傲然自得地说："何陋之有？"

以前的学者说刘禹锡许多诗文都体现了革新的精神，就像前文所说，《陋室铭》只是作者想要表达自己"保持高尚节操，甘于贫贱，不肯同流合污的思想感情"。那么，真相到底是怎样的，至今仍是个谜。

你知道吗？

刘禹锡早年便与柳宗元有着深厚的友谊，人称"刘柳"。刘禹锡晚年曾在洛阳一带居住，常与好友白居易唱和对吟，生活闲适，人称"刘白"。

"杏花村"位置之谜

"清明时节雨纷纷，路上行人欲断魂。借问酒家何处有？牧童遥指杏花村。"每年的清明佳节，人们总会想起唐代诗人杜牧写的这首《清明》。由于诗中体现着极高的酒文化价值，因此很多地方都出现了"杏花村"，这也使得诗中的"杏花村"的位置变得难以考证。那么，诗中的"杏花村"到底在哪里呢？

最有可能是"杏花村"的地方

千百年来，许多爱酒人士、文人墨客都在不断寻找"杏花村"的具体地点。据统计，现如今，全国名叫"杏花村"的地方多达20多处，每个地方都写着杜牧的《清明》。难道当年杏花村就已经有"连锁店"了吗？据专家考证，山西汾阳、安徽贵池和江苏丰县这三个地方最有可能是诗中"杏花村"的所在地。虽然这三个地方的可能性最大，但是仍然存在不少疑点。杜牧诗中的"杏

花村"到底在今天的哪里呢?

"杏花村"在杜牧心里

关于"杏花村"一词还有另一种说法。据《四库全书·杏花村志》记载,杜牧诗中虽然描写了杏花村繁花似锦的景色,但其实是为了衬托他内心孤凉的情绪,借酒消愁。杜牧的诗,题材多种多样,语言清丽,清韵而又绵长,从写景抒怀到宫苑边塞,再到咏史状物,无所不有。杜牧性情刚强正直,为人不拘小节,不屑于阿谀奉承,虽有远大志向,自称有"济世之才",但一生却不受重用,让他感到报国无门,郁郁寡欢。

《清明》一诗中"雨纷纷""断魂"和"酒家"正好折射出杜牧对自己一生没有得到重用的悲叹;

他用"杏花"收尾，反映了他对今后仕途的憧憬和对统治者的期待；"遥指"二字画龙点睛，点明所谓作者想去的地方。也许杏花村原本只在诗人的心中，根本不存在。

那么，诗中"杏花村"到底存不存在呢？如果存在的话，又在哪里呢？这些问题还都有待考证。

你知道吗？

杜牧是唐代文学家、诗人，杜牧的文学成就很高，诗、文久负盛名，被世人称为"小杜"，与李商隐齐名，二人合称"小李杜"。杜牧的诗明丽隽永，代表作除《清明》之外，还有《泊秦淮》《题乌江亭》《赤壁》等，文以《阿房宫赋》最为著名。

铜镜出现时间之谜

镜子是人们生活中非常普通的用品。在玻璃发明之前，人们都是使用铜镜。那么，最早的铜镜产生于什么时候呢？

最早的镜子

几千年前，人们还没有镜子，只能对着河水、井水梳洗。然而水中的倒影并不清晰，还时不时地会有清风激起一阵阵的涟漪。聪明的人就将水放在铜盆里，再用来照影，这种铜盆就叫"鉴"。铜鉴盛水照影还是不太方便，于是就有人把青铜铸成平面，代替了原来的水面，并

将青铜表面磨得非常光滑，而且青铜背面通常会被刻上花纹。这便是最早的镜子了。

铜镜的"成长"

早期的铜镜一般是素面无纹的。从战国时期开始，多数镜子的背面都有了精美的图案，每个时代的图案风格各不相同。战国时期的镜子有两种：一种镜身厚实，边沿平齐，镜背刻有蟠螭纹；另一种镜身极薄，边沿上卷，图案花纹一般是在精细的地纹（青铜器纹饰之一）上再加上各种浮雕。战国时期的铜镜用"玄锡"（即现在的水银）作为反光涂料，再用细毛呢摩擦，并用"玄

锡"做成磨镜药。

到了汉代，铜镜的应用
范围更加广泛，图案也更为
丰富。铜镜上开始铸有铭文。
铭文就是镌刻在铜器背面的
文字。铭文大多是一些表达吉
祥如意的话。常见的花纹有

蟠螭纹、星云纹、四神规矩纹等。四神就是青龙、白虎、
朱雀、玄武四位方位神。西汉还有一种透光镜，光线照
在镜面上，就能把镜背的花纹清晰地反映在墙上。这种
透光镜现象，在沈括的《梦溪笔谈》里有详细的记载。

唐代经济文化繁荣昌盛，在唐代全盛时期，铜镜是
贡品。唐镜中有加工精美的金银平脱花鸟镜、嵌螺钿铜
镜等，还加有镀金、贴银、嵌玉等工艺。唐镜除圆形之
外，还出现了大量如葵花等植物的花形。唐镜镜身厚实，
镜面净白如银，大的直径超过 40 厘米，小的仅如一枚银
元大小，有的还带有镜柄。唐镜图案华丽，反映了唐代
文化的昌盛和开放，在中国铜镜工艺发展史上达到了一
个新的高峰。

安史之乱以后，唐朝趋于衰落，铜镜铸造也受到了
影响。南宋时，一般家庭里使用的铜镜通常不再镌刻花

纹。从清代乾隆帝开始，铜镜逐渐被玻璃镜所取代，铜镜从此退出了历史舞台。

铜镜出现的时间

至于铜镜开始被使用的时间，中华人民共和国成立前，考古学家认为是在两千多年前的战国时期。随着考古事业的不断发展，这个年代又上推到了三千多年前的商代。但最近出土的一面铜镜又表明，铜镜可能出现在4000多年前的新石器时代。

以上三种说法似乎都有确凿的证据，但证据又都不够充分。中国最早的镜子——铜镜，究竟出现在什么时候，还有待研究人员进一步研究。

你知道吗？

在古代，铜镜不但和人们的日常生活有着密切关系，是人们日常生活不可缺少的生活用品，而且经常作为国与国之间的赠礼、贡品等。它作为一种珍贵的艺术品，制作工艺悠久，文化内涵丰富，各种铜镜形态美观，纹饰华美，构思巧妙，是我国古代文化遗产中的瑰宝。

毛笔发明者之谜

在文具店中，可以看到粉笔、铅笔、圆珠笔、钢笔、毛笔等各式各样的笔。其中，毛笔是我国具有鲜明民族特色的书写工具。在古代，毛笔是用来书写的主要工具，也是文房四宝之首。千百年来，毛笔在表达中国书法、绘画的韵味上发挥了非常重要的作用。相传，毛笔是秦朝时期蒙恬发明的，那么这种说法是否正确呢？

是蒙恬发明的毛笔

毛笔发明之前，中国的文字大多是用刀契刻在竹简上或用签蘸墨写于丝帛之上。在秦国统一天下的战争中，前线的战况十分紧急，为了能够使秦王了解战场上的变化，需要及时将战况奏报给秦王。但当时用刀契刻的速度太慢，用签蘸墨每写几下就要蘸一回，所以很不方便。有一次，为了赶制战报，蒙恬随手从一旁的士兵武器上扯下一绺红缨，然后绑在竹竿上，蘸着墨在帛上书写起

来，他觉得这样书写比之前快很多，于是命令手下按照这种方法，仿制了很多这样的书写工具。

秦统一天下之后，秦始皇派蒙恬驻守北疆。边疆天气寒冷，北方野狼比较多，所以士兵们经常打狼，将狼皮做成衣服取暖。一天，蒙恬突发奇想，把狼毛做成笔头，试验之后感觉很好用。在塞外的大草原上，人们大多以放牧羊群作为维持生计的手段，蒙恬又用羊毛做成笔头。就这样，狼毫笔和羊毫笔就出现了。

蒙恬之前就有毛笔

1954年6月，考古学家在湖南长沙左家公山发掘了一座完整的战国时期的古墓，在古墓的随葬品中有一支竹管毛笔。经专家鉴定，笔头是用上好的兔箭毛制成的。这支毛笔的制法与现在的毛笔不同，制作笔头的兔箭毛用细线缠在笔杆的一端，外面涂漆，而现在的毛笔都是将笔头插在笔杆内的。这一发现，说明早在蒙恬造笔之前就已经有毛笔了。

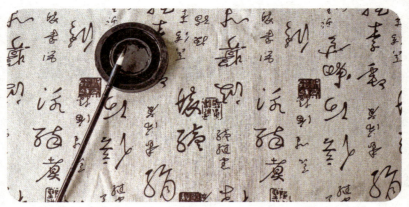

在很多史籍中，都有蒙恬发明毛笔的相关记载，且这一说法流传了千百年。但是，根据考古资料来看，在蒙恬以前就有类似毛笔的存在了，只是没有一个统一明确的名称。因此，有人推测蒙恬只是将以前的毛笔进行了改良，后来秦始皇才统一了叫法。

至于毛笔到底是什么人发明的，直到今天依旧是一个谜。

你知道吗？

毛笔是由禽、兽的毛扎成笔头，将其粘接在竹管上制成的，历经千年，产生了各种各样的名笔。在春秋战国时期，各国对毛笔的称呼都不一样。吴国（今江苏）把毛笔叫作"不律"，楚国（今湖北）把毛笔叫作"插（竹）"等。秦始皇统一中国后，才统一称为"毛笔"。

雕版印刷术发明时间之谜

印刷术是我国古代四大发明之一，它的发明和传播对世界人类文化的发展有着极大的意义。雕版印刷术是中国目前已知最早的一种印刷术，一般用作大批量印书。但是，关于雕版印刷术的发明时间，很多人对此说法不一。那么，雕版印刷术究竟是什么时候发明的呢？

汉代说

东汉时期，山阳（今山东巨野）有一个叫作张俭的士大夫得罪了当时的宦官侯览，不得已逃跑，朝廷当时"刊章讨捕"。元代学者王幼学将"刊章"一词解释为"印刷发行的文字，如同今天的木板匾额"。清朝人郑机在他的《师竹斋读书随笔汇编》中首次提出了印版起源于汉代的说法。可是有的学者对此有不同观点，他们认为"刊章"应该是用印章印在帛或纸上的文书，并不是指印刷技术。

隋朝学者费长房在《历代三宝纪》中说，公元 593 年，隋文帝下旨拜佛，诏书写道：残存的佛像上的经典，都将其雕刻撰录下来。明代文学家陆深对此首先提出这应该就是雕版印刷的开始。考古学家发现隋朝时期的墓阙中已有反文，说明隋朝已经掌握反文印刷原理，而当时有纸、笔、墨这些物质条件，又有刻印的工艺技术，完全满足了雕版印刷术产生的各种条件。考古学家还发现，在唐朝初期的遗物中有很多隋朝时期印制的佛像和佛经。除此之外，在《隋书》《北史》等文献中也有隋朝雕版印制的相关记载。

　　唐代著名诗人元稹为《白居易诗集》写的序文和《旧唐书》中都曾记载，当时白居易的诗集印本被老百姓拿来换取酒茶。唐代东川节度使冯宿在一次给唐文宗的奏章中说剑南、两川以及淮南一带，市场上经常出现老百姓私自印刷日历并出售的现象。由此可以说明唐朝中后期雕版印刷术在全国得到了广泛使用。

　　20 世纪初，人们在甘肃敦煌的千佛洞中发现一本《金刚经》，经书末尾有"咸通九年四月十五日"等字，而唐咸通九年是公元 868 年，因此成为迄今为止世界上最早的有明确日期记载的雕版印刷物。这本《金刚经》印刷十分精美，并不是印刷术发明初期的印刷品，由此也可以证明唐朝中后期已经具有高度成熟的印刷技术。

　　综合上述两种观点，雕版印刷术的发明时间可以从唐朝中后期往前追溯。而唐朝初期已经具备了印刷术的各种产生条件，因此可以将雕版印刷术的产生时间追溯到唐朝初期。

五代说

据《旧五代史》记载：后唐宰相冯道认为当时的文学经要繁杂错乱，便与同朝官员李愚、田敏等人，将刊刻在石碑上的经文，雕成印版，随后流传于天下，后来都是依赖于此。五代时期，后唐宰相冯道上书唐明宗请求下令刻印儒家九经，花了22年时间方才刻印完成，这是我国历史上第一次大规模用雕版印刷术刻印书籍。因此有人推测雕版印刷术发明时间可能是在五代。但是冯道只是利用雕版印刷术印刷儒家经典，保存了中华传统文化，并不是雕版印刷术的发明人。

由此看来，雕版印刷术到底是什么时候发明的，还是一个未解之谜，需要专家们进一步考证。

你知道吗？

古代雕版印刷所选用的木料，一般是纹质较为细密坚实的木材，如梓木、梨木、枣木等。古代雕版印刷需将书稿写好之后，反贴于木料上，再根据每个字的笔画，用刀一笔一笔雕刻成突起来的文字，其余部分剔除，洗去木屑，使每个字的笔画均匀突出在板上。木板雕好以后，刷上墨汁，再印上纸，放置于阴凉干燥处，这样印刷就完成了。

算盘出现时间之谜

珠算由筹算逐渐演变而来，而筹算早在春秋时期就已经普遍使用。然而，关于算盘的出现时间，历代学者却有不同的说法。那么，算盘到底是什么时候出现的呢？

出现在东汉时期

"珠算"这个词最早出现在东汉徐岳撰写的《数术记遗》中："珠算控带四时，经纬三才。"北周甄鸾注："刻板为三分，其上下二分以停游珠，中间一分以定算位。位各五珠。上一珠与下四珠色别，其上别色之珠当五。其下四珠，珠各当一，至下四珠所领，故云'控带四时'。其珠游于三方，故云

'经纬三才'也。"可以认为，有理论、用珠子计算的，就可以叫作"珠算"，所以说汉代已有珠算。

出现在宋元时期

持此种观点的学者依据已故学者钱宝琮先生的考证，断定《数术记遗》是甄鸾依托徐岳之名伪造而自己注释的书。因为在北周时代，乘、除运算都在上、中、下三层进行，又没有简化乘、除法的歌诀，故甄鸾注释的珠算，充其量不过是一种记数工具或者只能进行加减法计算的简单算盘，和后来出现的珠算是完全不同的。他们还进一步指出，汉代的珠算只是个别隐居深山的算学家的发明，在其私淑弟子间进行传授，很少有外人知道。到了宋代，由于商业的发展，四则运算成了商品市场中

频繁使用的数学知识，而传统的筹算法不仅使用不方便，而且计算速度远远不能满足需要。这时算盘才广为流传开来，成了与算筹同样重要的运算工具。值得一提的是，在很多文学作品中也提到了算盘。

出现在各种口诀之后

清朝初期数学家梅文鼎说过："归除歌诀，最为简妙，此盘珠所持以行也。"持此观点的学者认为，各种乘除法歌诀的出现，特别是归除歌诀的出现，标志着算盘诞生的最后条件已经具备。

上述几个观点都说得比较有道理，但都没有确证，因此算盘的出现时间仍然是一个未解之谜。

你知道吗？

算盘制作成本低廉，珠算口诀简短便于记忆，运算起来十分便捷。21世纪之前，算盘在我国曾被普遍使用，并流传到了日本、朝鲜、美国和东南亚等地。进入21世纪后，世界虽然已经迈入电子计算机的时代，但在健脑、按摩方面，算盘仍然有不可替代的作用。

探索中国
未解之谜
地理谜境

沛林◎主编

SPM 南方传媒　广东人民出版社

·广州·

图书在版编目（CIP）数据

探索中国未解之谜：全八册 / 沛林主编 . 一广州：广东人民出版社，2024.1

ISBN 978-7-218-17092-3

Ⅰ．①探… Ⅱ．①沛… Ⅲ．①中国历史—少儿读物 Ⅳ．① K209

中国国家版本馆 CIP 数据核字 (2023) 第 211719 号

TANSUO ZHONGGUO WEIJIE ZHI MI

探索中国未解之谜

沛 林 主编

出 版 人：肖风华

责任编辑：李力夫
责任技编：吴彦斌　周星奎
装帧设计：朝旭文化

出版发行：广东人民出版社
地　　址：广东省广州市越秀区大沙头四马路 10 号（邮政编码：510199）
电　　话：（020）85716809（总编室）
传　　真：（020）83289585
网　　址：http://www.gdpph.com
印　　刷：天津泰宇印务有限公司
开　　本：890mm×1240mm　1/32
印　　张：24　　**字　　数：**230 千
版　　次：2024 年 1 月第 1 版
印　　次：2024 年 1 月第 1 次印刷
定　　价：138.00 元（全八册）

如发现印装质量问题，影响阅读，请与出版社（020-85716849）联系调换。
售书热线：（020）87716172

　　中国有着五千年的历史，在这片充满神奇的土地上，不管是人文历史还是自然景观，都隐藏着令人困惑不已的谜团：秦始皇到底是谁的儿子？徐福东渡到底去了哪里？传国玉玺到底在哪里？千年古莲真的会开花吗？珠穆朗玛峰到底能长多高？十二生肖里为什么没有猫？万里长城是怎么建成的呢？……

　　为了让孩子们在一个个未能完全解开的谜团中获得不一样的阅读体验，以探索的眼光研究各种谜题，在思考与探索中走向未来，我们特意编写了《探索中国未解之谜》这套书。本套丛书共包含八个分册，从帝王之谜到历史悬案，从考古谜踪到文化谜团，从生物之谜到地理谜境，从民俗探源到建筑奇谜，全方位、多角度地介

绍了中国多个领域具有探索意义的未解之谜，最大限度地拓展孩子的认知、视野，激发孩子对大自然和身边事物的好奇心以及探索未知世界的兴趣。

　　为了帮助孩子探索这些未解之谜，我们还在书中精心设置了有趣的板块，并配有精美的插图，以增加孩子的知识储备量，让孩子们的探索之旅更为有趣。希望孩子们通过阅读本套丛书能对我们神秘的国家多一些了解，并愿意为探索未解的谜团而贡献自己的一份力量！

Contents
目录

长白山天池"怪兽"之谜

长白山位于我国吉林省东南部，北部与黑龙江省接壤，西南部与辽宁省接壤，东南部与朝鲜为邻，东部与俄罗斯为邻。长白山这座奇山有很多奇人奇事，其中最吸引人的就是"怪兽"之谜了，世界上一些科学家、旅游人、登山人等为了破解这个谜团不远万里来到这里一探究竟，有些人不分昼夜地守在天池水边，只为等待"怪兽"的出现。可是，真的有"怪兽"出没吗？

真的有大型生物吗

几千万年里，长白山经历了多次火山喷发活动，正是在火山喷发活动下，火山口周围堆积了大量喷出的冷却的岩浆，久而久之就形成一个圆锥状的高大火山锥体，这个高大的锥体中央的喷火口就像一个很深的盆，里面积蓄了大量的水，最后形成了湖，这就是远近闻名的火山口湖——长白山天池。

人们常说这里有"怪兽"出没，可是长白山天池地处高寒，周围环境恶劣，而且水池中水温极低，就连浮游生物都很少，更别提大型生物了。

"怪兽"出没

尽管这里不可能出现大型生物，但是确实有人见过"怪兽"，这是怎么回事呢？

1962 年 8 月，吉林省气象器材供应站的周风瀛用六倍双筒望远镜发现了两个"怪兽"。这两个"怪兽"出现在长白山天池东北角距岸边 200~300 米的水面上，它们在水中游动、追逐，有时沉入水中，有时浮出水面，身后伴随着"人"字形波纹，大约 1 个小时后，"怪兽"

消失在水面。

1976 年 9 月，吉林省延吉市老头沟桃胡公社的两名成员和其他人在天文峰上看见了一个"怪兽"。据说这个"怪兽"像牛，高约两米，当时它正伏在天池的岸边休息。看到这一幕，众人惊呼起来，"怪兽"受到惊吓，随后走进天池，游到天池中心就消失不见了。

1980 年 8 月，一位作家及其同伴在长白山天池中发现了一个喇叭形的划水线，其尖端有时会出现一个盆大的黑点，形似头部，有时浮出梭形体，形似背部。两天后，吉林省气象局的两位同志在距长白山天池岸边约 30 米处，看到了五个头大如牛，体形如狗，嘴状如鸭，背部黑亮，腔部雪白的"怪兽"。两位同志边喊边开枪，"怪兽"听到动静后迅速潜入天池中，消失不

见了。

　　1988 年 8 月，有人发现长白山天池水面有一条又长、又宽、又厚的水线，像动物一样在天池中来回游动，这种现象持续了将近 1 个小时。

"怪兽"疑团

　　尽管有些人真的看到过"怪兽"，依然有很多人否认"怪兽"的存在。对长白山天池"怪兽"的存在持否定态度的人认为，长白山天池形成的时间并不长，长白山最后一次火山喷发距今只有几百年的时间，是不可能有动物存活的，更何况天池中基本没有大型动物赖以生存的

食物链，更没有证据解释动物的食物来源。

　　1981年7月，国外的一支考察团在长白山天池中发现了一个"怪兽"，根据资料显示，这个"怪兽"是一只黑熊。我国的科学家对此事提出了疑问，科学家认为国外考察团看到的"怪兽"在形态上与黑熊有很大的差别，再加上黑熊虽然会游泳，却不擅长潜水，所以长白山天池中不存在"怪兽"，这个"怪兽"更不可能是黑熊。

　　后来，又有人说长白山天池中的"怪兽"其实是水獭。从形态上看，水獭身体细长；从生活习性上看，水獭擅长潜水，还可在水中潜游一段距离。水獭很有可能

为了觅食而闯入长白山天池，在光线的折射下，水獭被放大，这样一来，长白山天池中就出现了人们口中的"怪兽"。

还有人认为，长白山天池中时隐时现的礁石有时会像动物的头一样浮出水面。火山喷出的大块浮石也会在天池中漂浮，在风的作用下，这些浮石会在水面浮动，远远看去，长白山天池中好像存在"怪兽"。

长白山天池中究竟有没有"怪兽"，如果有的话，它们到底是什么，一共有多少，它们是怎样生存的，又是怎样演变过来的呢？这些至今是谜团，需要人们进一步探索。

你知道吗？

　　最早关于天池水怪的记载来自1903年，当时刘建封在《长白山江岗志略》中记载了关于天池水怪的外貌特征。此后，又有许多人见到了天池水怪，而且水怪的数量有所增加。

珠穆朗玛峰的高度之谜

珠穆朗玛峰位于中国与尼泊尔两国的交界处，是喜马拉雅山脉的最高峰，也是世界最高峰，有"世界屋脊"之称。珠穆朗玛峰的高度已经举世无双了，可是它还在不停地增高，它究竟能增多高呢？难道要与天齐高吗？

喜马拉雅山的形成

三叠纪时期，珠穆朗玛峰这个位置在当时还是古地中海的一部分。几千万年前，地球到了第三纪始新世时期，印度板块与亚欧板块相撞，导致古地中海东部的海底发生了强烈的挤压，最终，喜马拉雅山从海洋中升起。这就是喜马拉雅山形成的过程。这一形成过程不是凭空捏造的，科学家们从喜马拉雅岩层中找到了鱼龙、三叶虫、珊瑚、海藻等古海洋动植物化石，这便说明上面对喜马拉雅山的形成过程的叙述是有科学依据的。

高度极限

　　近年来，人们对珠穆朗玛峰的高度进行了测量，测量结果为 8848.86 米，而且人们还推算出珠穆朗玛峰仍在不断地增高，基本上每年都会上升一定高度。时至今日，虽然珠穆朗玛峰仍在上升，不过它的上升速度比较缓慢，不易被人们察觉。那么，它会一直增高吗？

　　有科学家认为，珠穆朗玛峰的增高犹如用岩石和泥土玩"叠罗汉"。当层层加码时，下面的岩石承受的压力逐渐变大，这必然存在一个极限。一旦达到这一极限，

底下的岩石就要"粉身碎骨"，高山也将崩塌。

　　由此可见，山越高，它自身的重量，也就是重力势能就越大，破坏岩石分子之间电磁力的能量也越大。科学家利用一些基本的物理常数，通过演算得知，地球上的高山极限约为10000米。由于地球上所有的山脉，包括最高的珠穆朗玛峰，都没能达到这一极限，因此，它们都将平安无事地屹立在地球表面的各个地方。

　　如果地球上有哪一座山脉企图"崭露头角"，向10000米的高度"冲刺"，那么，按照这一理论，它的结局便可想而知了。利用同样的方法，还可以计算出别的行星上的高山极限，当然，这些极限数值是各不相同的。

能长到多高呢

　　我国科学院地质与地球物理研究所研究员边干韬教授指出，因为珠穆朗玛峰现在的高度已经是极限了，所以今后不会再长太高，几百万年以后甚至会出现"变矮"的趋势。

　　边干韬教授的这一观点并没有被所有人认可，有些专家则提出了相反的意见，他们认为珠穆朗玛峰在未来依然会持续增高。

　　珠穆朗玛峰究竟能长到多高呢？一方面，从实际情况来看，珠穆朗玛峰在一天天长高，另一方面，通过科学家的分析可知，珠穆朗玛峰在未来不会再长高，反而有下降的趋势。究竟哪种说法是对的，要想解开这个谜，需要科学家进一步探究和测算。

你知道吗？

　　1953 年，由一个新西兰人和一个尼泊尔夏尔巴族人组成的登山队从珠穆朗玛峰南坡成功登顶，这是人类首次登上世界最高峰。第一次从北坡登上珠穆朗玛峰的是我国登山队，王富洲等 3 人在 1960 年完成这一壮举，在世界登山史上留下了光辉的篇章。

昆仑山区魔鬼谷之谜

在我国新疆与青海交界处的昆仑山区，有一个神秘而恐怖的山谷——那棱格勒河中上游的魔鬼谷。当地流传着一些骇人听闻的故事。有人说，山谷中居住着食人的魔鬼；还有人说，山谷中隐匿着力大无穷的食人怪兽……长期以来，这里成了人们不敢涉足的禁区。那么，魔鬼谷中究竟蕴藏着怎样的秘密呢？

魔鬼谷里"善变"的景象

从魔鬼谷这个名字上来看，人们的第一印象就是里面住着魔鬼，但是，经过调查发现，魔鬼谷南有昆仑山

主脊高耸入云，北有祁连山阻隔着柴达木盆地。春天，乍暖还寒，牲畜充满活力；夏天，山花烂漫，蜂蝶飞舞；秋天，银芒飘拂的金山草原上徜徉着成群结队的野牦牛、野驴、藏羚羊、黄羊；冬夜，寒星闪烁，明月如盘，山川大地银装素裹，玉树琼枝。四季景色如画，让人着迷。

魔鬼谷看似空旷而静谧，但是，这样的景象是短暂的，因为这里瞬间就可能会乌云翻滚、电闪雷鸣、飞沙走石、天昏地暗，导致树木折断、草木烧焦、牲畜毙命……

为何变化如此大

为什么同一个地方会发生这么大的变化呢？经考察队测定，这里的磁场强度非常高，巨大的磁力致使指南针失灵，仪器不准。这里的地层，除有大面积三叠纪火山喷发形成的强磁性玄武岩外，还有大大小小几十多个磁铁矿脉及石英闪长岩，正是这些岩体和磁铁矿产生了强大的地磁异常带。夏季，昆仑山的阻挡使得沿山谷东西分布的雷雨云中的电荷常在这里汇集，形成超强磁场，遇到异物，便会发生尖端放电，即"雷击"现象，使人

畜瞬间死亡。

　　魔鬼谷还是雷暴频繁发生的地方，夏季雷暴日多达几十天，是昆仑山中其他地区的许多倍。雷电虽然"杀害"了在谷地贪婪啃吃牧草的野牦牛等牲畜，但也给谷地的土壤带来了丰富的天然化肥。空气中的氮是一种惰性气体，在常温下，它不易与氧结合，可是当碰上雷电等高温条件，它就与氧结合成二氧化氮这种天然化肥，所以谷中的花草十分繁茂。

　　考察队还探明了另一个奇异现象的成因，即为什么有时人畜死亡后不见踪迹，它们在哪里呢？据考察队推测，这里是中国永冻层分布区之一，冻土层的厚度达数百米，形成一个巨大的地下固体冰库。夏季来临时，近

地表的上层冻土融化，便形成了地下潜水和暗河。因为地表常被深草所掩盖，其真实情况不容易被发现。人畜误入时，一旦草丛下的地面塌陷，人畜很快就会被地下暗河拉入无底的深渊，甚至随水漂流到远方，以致连尸首都无法找到。

虽然考察队知道了谷中的"杀手"就是强磁场导致的雷电，但是很多结论都是考察队员的推测，实际上魔鬼谷的很多谜团至今还没有解开，等待着更多的科学工作者揭开其面纱。

　　在中华民族文化史上，昆仑山有着显赫的地位，被视作炎黄子孙的发源地，是从古至今人们吟咏的对象，如李白的《清平调》中"若非群玉山头见，会向瑶台月下逢"二句。中国古代还有许多关于昆仑山的神话传说，比如女娲补天、精卫填海、嫦娥奔月、白娘子盗仙草等。

世界上的一些未解之谜如埃及金字塔建造之谜、狮身人面像来源之谜等，这些未解之谜大多位于北纬30度附近。安徽花山石窟群也在这个纬度附近，那么有关它的未解之谜是什么呢？

花山石窟群建成于何时

花山石窟群规模宏大、形态奇特，位于我国安徽省黄山市屯溪区屯光镇花山风景区的东北部，这个石窟群不是天然形成的，而是人工开凿的，是我国古代人民的劳动成果。人们发现它之后，考古学家和地质学家对其进行了详细的研究，最后确定出它的建成时间，即西晋年间，距今已有1700多年。

究竟是怎样的一个石窟群

千百年来，花山石窟群默默地"沉睡"在屯溪境内

连绵不断的山体中，人们发现后，经过仔细勘察、研究，确定山体中共"藏"有 36 座石窟，每座石窟都有独立的出口，各个出口的位置大有不同，有的出口在杂草丛生的半山腰，有的淹没在江水里，有的在小路边，等等。

走进石窟中，就像走进了一个建在地下的院子，还分为好几个楼层，每个楼层都有房间，房间、楼层间有通道相连。除此之外，每个石窟中都有水井、蓄水池等设备，就像现代社会建造的防空洞。

关于石窟的猜想

看到这些，人们忍不住产生这样的疑问：这些石窟是谁开凿的呢？开凿这些石窟的作用是什么？开凿过程中产生的碎石等去了哪里？史书中为什么没有记载这样

一项庞大的工程呢？由于关于花山石窟有许多谜团，人们自然也就产生了很多猜想，单是对开凿石窟的用途就有几十种猜想，这也为花山石窟增添了更多的神秘感。

第一，有人说花山石窟是越王勾践为攻打吴国所建造的。史料记载，越王勾践在训练军队时，全是秘密训练，谁都不知道越国军队的训练场所，所以人们猜测花山石窟是勾践训练军队的地方。

第二，有史料记载，东汉时期，吴国皇帝孙权为铲除黟、歙等地的山越人（山贼式武装集团的统称），曾派大将贺齐领兵驻扎在溪水附近，后此溪改名为"屯溪"，这一说法认为，开凿花山石窟是为了方便贺齐屯兵和储备兵器。

第三，众所周知，徽商自古就遍布天下，到明清时期，盐商壮大起来，而古徽州的对外运输渠道就在此地，所以，人们猜测石窟的建造目的是方便徽商囤积盐和其他货物。

第四，人们常说"北方有窑洞，南方有石窟"，这是我国先人的两大居住方式。据说古人是为了让自己有一个良好的居住环境，才建造了"窑洞"和"石窟"。窑洞是将土坡变成房子，石窟是将石山凿为房子，这两种方式都不毁坏树木、植被，冬暖夏凉，具备人类生存的基本条件，所以，人们猜测花山石窟是用来居住的。

除了以上四种猜想，还有很多种说法，如皇陵说、晋代说、方腊洞说，等等，由于史料中没有关于花山石窟的记载，所以很多相关问题都是未解之谜。

你知道吗？

花山石窟风景区里分布着大量的植被、怪石、庙宇和各种古建筑，不仅拥有众多自然景观，还有许多人文景观，有着丰富的旅游资源，每逢节假日，全国各地的人会来此处旅游、观光。

庐山位于江西省九江市南，它奇妙的风景令人神往，有"匡庐奇秀甲天下"的美誉。然而这样一座奇山，却始终云雾弥漫、峰峦隐现，从未有人见过它的真面目，这是为什么呢？

为了更好地研究庐山的真面目，需要先了解一下庐山的形成。研究发现，庐山是地质年代地壳构造运动形成的。很久之前，庐山这里还是一片汪洋，经过造山运动，庐山这里才摆脱海洋环境。

如今，庐山上裸露的岩山是震旦纪（地质年代名称）时期的岩石。当时，庐山地区并不像现在这样高大。在漫长的地质年代里，庐山地区经历了很多次的海侵和海退，直到白垩纪（地质年代中中生代的最后一个纪）才大幅度"长高"。当时，地球上发生了燕山运动（侏

罗纪到白垩纪时期我国境内发生的地壳运动），庐山地区在向南挤压的强力和江南古陆的夹持下上升成山，最后形成了如今的庐山。

李四光的庐山冰川论

多年来，庐山是否出现过冰川的问题一直困扰着我国科学家。我国著名地质学家李四光带领学生去庐山考察时，发现了一些第四纪沉积物，这一发现让李四光认为庐山是在冰川作用下形成的。通过后来几次考察，李四光更加确定了庐山是冰川作用的结果。在一次地质学年会上，李四光发表了一篇《扬子江流域之第四纪冰

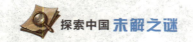

期》的文章，并提出庐山第四纪冰川说。李四光指出，庐山上下堆积了大量泥砾，这恰恰是冰川作用的特征。

当时，国际地质学界认为，第三纪（新生代的最老的一个纪）以来，我国气候干燥，降水量少，所以不具备形成冰川的条件。英国的一位学者根据对山西太谷第四纪地层的研究，发现华北地区的第四纪只出现过暖寒、干湿的气候变化，从来没有出现过冰期。他认为有些冰川地形可能是流水侵蚀形成的，也可能是山体原状等。

为了证明自己的观点，李四光寻找了许多关于庐山出现过冰川的证据。1936年，李四光在黄山发现了冰川

遗迹，通过总结庐山的冰川遗迹，进一步确定了庐山的冰碛泥砾和冰川地形等。不过该观点的反对者提出了一些观点对其进行反驳。

庐山冰川论的反对者

　　一些反对庐山出现过冰川的人，如谢又予、崔之久等人发表了自己的观点。他们对庐山第四纪沉积物进行了化学分析，对"泥砾"中砾石的组织、形状也进行了系统的统计和分析等，通过分析，他们认为这些特征不是真正的冰川地貌特征，李四光口中的"冰川泥砾"也不是冰碛物，而是泥石流、水石流等的产物。

不管是李四光的结论，还是谢又予、崔之久等人的结论，都没有被世人认可，庐山是否存在过冰川直到今天都没有定论，而庐山的真面目至今仍是个谜，有待后人进行更深入的探讨。

你知道吗？

关于庐山，最早记录在《尚书·禹贡》中："过九江，至于敷浅原。"其中"敷浅原"指的便是庐山；另外，庐山的别称还有天子彰、南彰山等。而"庐山"一词最早出现在司马迁所写的史书——《史记》中，原句为"余南登庐山，观禹疏九江"。

鸣沙山鸣沙之谜

鸣沙，顾名思义，就是沙子会发出声响。鸣沙是世界上普遍存在的一种自然现象。据说，全世界已经发现一百多处有鸣沙现象的沙滩和沙漠。我国就有一处著名的鸣沙山，那么鸣沙山是怎么发出声音的呢？

沙子竟能发声

在甘肃月牙泉附近，有一座鸣沙山在陪伴着月牙泉，这种沙泉共生的独特景观，堪称世界奇观。这座鸣沙山完全由沙子组成，山上的沙子可不一般，不仅有黄色的

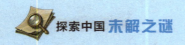

沙子，还有红、黑、绿等颜色的沙子。虽说这座鸣沙山是由小小的沙子组成的，但它看上去相当高大，长和宽都有数十千米。更令人惊奇的是，这里的沙子还能够发出声音。

如今我们去这座鸣沙山游玩，依然有机会听到它发出的奇特声音。在一次举办于此地的滑沙比赛中，相关人员对鸣沙山发出的奇怪声音进行了记录，发现这种声音竟然可以达到影响人类生活的程度。

寻找鸣沙真相

到底是什么原因使得沙子发出各种各样的声音呢？经过研究，科学家们提出了不同的观点。

有的人认为，空气在沙粒之间自由地运动，当沙粒滑动的时候，它们之间的孔隙一会儿变大，一会儿变小。空气一会儿钻进这些孔隙，一会儿又被挤出来，因此会

产生共鸣，发出声音。

有的人认为，沙粒带电引起发声。由于沙丘上的沙粒充满不同的电荷，它们之间会互相排斥，这就像放电一样发出了声音。

还有人认为，鸣沙的"共鸣箱"在地面上的空气里。由于空气温度、湿度和风的速度经常变化，不断影响着沙粒响声的频率和"共鸣箱"的结构，再加上外力的变化，沙的响声也就经常变化了。

沙子为什么能够发出响声？目前还没有一个令大家都信服的解答，真相还有待人们进一步研究。

你知道吗？

我国鸣沙山在汉朝时有着沙角山、神沙山之称，魏晋时才被称为鸣沙山。关于鸣沙山的记录，最早出现在东汉辛氏《三秦记》中。

黑竹沟未解之谜

在我国四川省乐山市峨边彝族自治县境内，有一处神秘的地方，名叫黑竹沟。这里也是著名的国家级森林公园，虽然有名，但是到这里旅游观光的人却少之又少。这是什么原因呢？原来，黑竹沟也被人们称为"死亡之谷"。这里曾发生过很多神秘事件，直到今天这些谜团也没有被解开。那么，黑竹沟到底发生过哪些神秘事件呢？

人和猎犬失踪之谜

人们不敢任意进出黑竹沟的原因是此地发生过很多离奇的失踪事件，凡是进入黑竹沟的人，大多有去无回，音讯全无。1997年，四川省林业厅的两位工作人员因为工作进入峡谷后，就再也没有出来。2006年，川南林业局成立调查队，打算去黑竹沟一探究竟。在石门关前，他们先放出猎犬到前面探路，但很快猎犬就消失了，无

论向导怎样呼唤猎犬的名字，都不见猎犬的身影。当队员们想要去找寻猎犬时，森林深处突然涌出一阵浓雾将他们困住，尽管队员们彼此距离很近，却无法看到对方，不得不中断探险计划。那么，进入黑竹沟的人为什么会有去无回呢？黑竹沟内究竟有什么样的奇观异象呢？至今，这些问题依然没有合理的答案。

真的存在野人吗

1974年10月的一天，有人在黑竹沟亲眼见到了一个野人，他大概2米高，长着一张人脸，全身都是黄褐色绒毛。从那以后，当地的人们陆续发现了野人的踪影。因此，当地人把野人出没的地方称为"野人谷"，对这

些来无影去无踪的野人又敬又怕，称他们为"诺神罗阿普"，意思是"山神的爷爷"。目前，提到野人，当地人依然有些后怕。那么，黑竹沟真的存在野人吗？那里的野人到底是什么模样？迄今为止，这些问题依然没有得到证实。

神奇的动物

相传，在黑竹沟内生活着两种长有黑白相间皮毛的动物，一种是花纹呈条状的"大熊猫"，另一种是花纹呈圆状的"花熊猫"。那么，人们是怎么发现这两种"熊猫"的呢？原来，有人曾看见这两种"熊猫"跑到附近的彝族山寨吃人们养的牲畜，它们在吃饱之后还会在寨

子里呼呼大睡。但是，为何黑竹沟里的"熊猫"的饮食爱好和国宝大熊猫截然不同呢？这些"熊猫"又是从何而来的呢？除此之外，黑竹沟内是不是还生活着很多未被人们发现的稀有野生动物呢？这些问题还需要专家们进一步探究。

上述未解之谜不是个例，相信黑竹沟还蕴藏着很多不为人知的秘密，有待人们去破解。

你知道吗？

黑竹沟有很多称呼，一种是把黑竹沟称为"玛洛啦哒"，这样称呼是由于传闻沟内长有许多墨绿色的箭竹。在彝语中，"玛洛"指竹子，"啦哒"指山谷。一种是把黑竹沟称为"嘿祖啦哒"，"嘿"指雾，"祖"指长时间居住、停留之地，"啦哒"指山谷，整体指雾长时间停留的山谷。

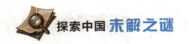

鄱阳湖老爷庙水域地形之谜

位于江西省北部的鄱阳湖水域神秘莫测，它虽然看起来平静安宁，实际上却暗藏着一个极为恐怖的区域。由于那片水域的东侧有座老爷庙，大家便称其为"老爷庙水域"。在人们眼中，这片水域便是"中国的百慕大"，也被称作"鄱阳湖魔鬼三角"，因为这里曾发生过多次翻船事故，很多船员因此丧生。为什么此处会屡次发生船翻人亡的事件呢？这里到底有什么不为人知的秘密呢？

气象人员参与调查

有人猜测，是因为外星"飞碟"降临了老爷庙水域，像幽灵般在湖底运动，才导致沉船不断。这种猜想让老

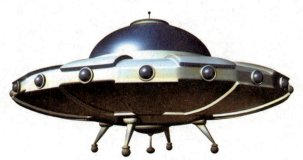

爷庙水域变得更加神秘了。

为了解开老爷庙水域神秘沉船之谜，江西省气象科研人员在 1985 年年初组成了专门的科研小组，在老爷庙水域附近设立了三座气象观测站，对该水域的气象进行了为期一年的观测研究。从搜集到的二十多万个原始气象数据看，老爷庙水域是鄱阳湖的一个少有的大风区。

那么，老爷庙水域的风为什么如此强烈呢？

老爷庙水域的西北面，傲然耸立着"奇秀甲天下"的庐山。庐山的走向与老爷庙北部的湖口水道平行，与鄱阳湖的距离仅几千米。庐山的东南峰峦为风速加快提供了天然条件。当气流自北面南下，即刮北风时，庐山的东南峰峦使气流受到压缩。根据流体力学原理，气流的加速由此开始，当气流流向宽仅约九千米的老爷庙水

域时，风速达到最大值，狂风怒吼着扑来。如同我们在空旷的地带感觉不到有风，而经过狭窄的小巷时顿感风阵阵吹来一样，"狭管效应"致使风速加快。

大风狂浪使得这片神秘水域沉船事件频发。在这片水域中，风浪最大的地方位于一片呈三角形状的水面上，约占整个水域面积的70%。据调查显示，船舶沉没，大多是风浪作用的结果。近几年，每年平均有10多条船在此沉没或被浪击毁。

老爷庙水域的"魔鬼三角"之谜可以说已经基本上解开了，似乎又未完全解开。因为这里面所涉及的水域底部的地形状态等依然无法观测，而这不属于气象科研人员研究的范畴。这一切还有待今后继续探究。

你知道吗？

20世纪70年代中期，曾有人在日暮时分的鄱阳湖西部地区的天空中，见到一块状似圆盘的发光体在运动，持续了八九分钟。当地人把这个消息上报给了相关部门，而相关部门未能对这一现象做出合理的解释。

太湖形成之谜

　　太湖位于长江三角洲的南边，是我国五大淡水湖之一。从上方看，地球上的湖绝大多数是圆的，而太湖的湖面却像一轮向西突出的新月，这让专家们百思不得其解。关于太湖的形成一直以来更是众说纷纭，那么，关于太湖的成因都有哪些说法呢？

潟湖说

　　在有关太湖成因的众多学说中，最著名的就是潟湖说。专家们发现太湖平原存在海相沉积，正是在这一现象的启发下，专家们提出了潟湖说。众所周知，长江中有大量泥沙，在水流及其他因素的作用下，这些泥沙在长江下游堆积，长江三角洲便不断地向大海伸展，最终形成了沙嘴。沙嘴又环绕古太湖的东北岸延伸并转向东南，从而与钱塘江北岸的沙嘴相接，最后古太湖被围成一个潟湖。由于泥沙不断地堆积，潟湖逐渐形成一个个

与海洋隔离的湖泊，太湖就是这一个个湖泊的主体，古太湖经过不断淡化，最后形成了今天的太湖。

尽管潟湖说看起来天衣无缝，有些学者依然看出了破绽。提出疑问的学者们在太湖周围、湖底等地方发现了古代居民遗留下来的村庄街道和坟墓，有些人甚至在太湖湖底找到了石器时代的遗址。如果太湖从古至今都是一个潟湖，那么这些遗址应该怎么解释呢？如此一来，潟湖说恐怕有点站不住脚。

陨石冲击说

一些人又提出了陨石冲击说，即太湖是天外飞石"砸"出来的。这个学说不是凭空捏造的，而是有一定的

依据。第一，从外部轮廓上看，太湖的东北部向内凹进，湖岸破碎，西南部向外凸出，湖岸整齐，这些特征与国内外陆地上遗留下来的陨石坑的外形十分吻合。第二，太湖周围的岩层断裂具有一定的规律性，太湖的东北部岩层有被拉开的断面，西南部岩层的断裂大多数是由于挤压而形成的，这两种类型的岩层断裂在受到巨大冲击时才会出现。第三，专家们在太湖周围发现了成分复杂的角砾岩，使用显微镜观察后，可以看到岩石受到冲击后产生的变质现象。但是，一些专家对此学说也提出了疑问。

关于太湖的成因，除了潟湖说、陨石冲击说，还有其他的一些学说，如构造说、气象说、风暴流说、河流

淤塞说等，这些学说都有自己的依据，但是都被人质疑，无法令人信服，太湖的成因至今仍是个谜，需要我们进一步研究。

你知道吗？

传说，在舜统治的时代，天下洪水泛滥，大禹奉命治水。他来到今天的太湖一带，经过调查研究，最终带领着百姓开凿了数条新水道，据说吴淞江的历史便可追溯到那个时期。后来，大禹在太湖一带治水的历史还被司马迁记录在《史记》中。

玛瑙湖里的玛瑙形成之谜

玛瑙湖位于内蒙古西部的茫茫戈壁之中，这个湖非常神奇，湖里不仅有玛瑙，还有水晶石、蛋白玉、风凌石等多种宝石，在世人眼里，玛瑙湖绝对是一个宝地。但是，由于玛瑙湖位于茫茫戈壁之中，因此世人很难见到它的真面目，那么，玛瑙湖究竟有什么神奇之处呢？

科研人员的观点

经过调查发现，大约在一亿年以前，玛瑙湖所在位置由于地壳剧烈运动，导致地下岩浆大量喷出，当喷出的熔岩冷却之后，蒸汽和其他的一些气体形成了气泡，岩石固结时，气泡被封起来最终形成了洞穴。又过了很长时间，一些含有二氧化硅的溶液渗

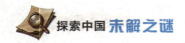

入气泡中，凝结成硅胶，硅胶中又进来一些含铁岩石的可溶成分，最后二氧化硅结晶就形成了玛瑙。这就是科研人员经过调查、研究得出的结论。

玛瑙雏鸡

在宝石中，玛瑙的价值并不高，但是，一些奇特的玛瑙却价值连城，究竟是什么样的玛瑙如此珍贵呢？有人在玛瑙湖中发现了世界上最为奇特的玛瑙——玛瑙雏鸡，后被命名为"小鸡出壳"。

从表面上看，玛瑙雏鸡只是一块椭圆形的石头，但是，当科研人员用激光照射这块玛瑙时，科研人员惊奇

地发现，这块玛瑙里面竟然有一只小鸡。仔细观察，小鸡的鼻子、眼睛、嘴巴都活灵活现、栩栩如生。

无法解释的神奇玛瑙

一般情况下，动物化石是硅化物，但是，这只小鸡却身处玛瑙之中，这种奇观让人在感叹大自然的神奇时，也让人困惑不已。玛瑙里的这只小鸡到底是怎么形成的呢？要知道，玛瑙湖里的玛瑙形成于一亿多年前，地球正处于从侏罗纪到白垩纪的过渡时期，当时还是恐龙的天下，根本不可能存在鸡类。目前已知最早的鸟类是始祖鸟，大约几千万年前，某种爬行动物才进化成鸟类。而鸟类中出现鸡类可能是几十万年前的事，人类把野鸡驯化成家鸡大约是四五千年前的事。

　　既然鸟类出现得这么晚，那么，这只小鸡又是怎么在一亿多年前进入这块奇特的玛瑙里面去的呢？科研人员利用激光等高科技手段对这块玛瑙雏鸡进行了观察和研究，但对这块玛瑙里的小鸡依然束手无策，无法用现有的资料去解释，这只小鸡进入玛瑙的方式至今仍是未解之谜。

你知道吗？

　　玛瑙湖的名字总让人联想到碧波荡漾的美丽湖泊，其实，玛瑙湖属于一种火山口，后来经过复杂的地质作用，逐渐变得荒凉，并一步步演化成今天我们所见到的样子。

喀纳斯湖里的"水怪"之谜

喀纳斯湖，蒙古语意为"美丽而神秘的湖"，是仅次于长白山天池的第二大高山湖泊，同时是国家 5A 级旅游景区、国家地质公园、国家森林公园、中国自然保护区、国家自然遗产、全国低碳旅游实验区、中国最美五大湖之一，被誉为"人间仙境""神的花园"，然而，这样一个被人们称作"仙境"的地方却频频传出"水怪"一说，这是怎么回事呢？

走进喀纳斯湖

喀纳斯湖位于新疆维吾尔自治区布尔津县北部，是一个坐落于阿尔泰深山密林中的高山湖泊。喀纳斯属于

寒温带地区，长冬无夏，春秋相连，空气温凉，非常适宜寒温带林木生长。这里是我国寒温带植物种类最多的地区，由挺拔的落叶松、塔形的云杉、苍劲的五针松、秀丽的冷杉以及婀娜多姿的欧洲山杨、疣皮桦等构成了植被的主体。这里是我国唯一的南西伯利亚区系动植物分布区，生长有西伯利亚区系的落叶松、红松、云杉、冷杉等珍贵树种。

喀纳斯湖集秀丽的高山、河流、森林、湖泊、草原等奇异的自然景观，以及古代岩画等历史文化遗迹与蒙古族图瓦人独特的民俗风情于一体，湖光山色美不胜收，而闻名遐迩的水怪传说则为这个美丽的地方平添了几分神秘。

 "水怪"长什么样

　　有诸多"水怪"目击者称"水怪"体形巨大，达 10 米以上，常常将在湖边饮水的马匹拖入水中。也有人说曾看到过一个 1 米长的背鳍。1980 年，"水怪"的目击消息刊登在《光明日报》上，引起各界人士的关注，此后不时也有游客声称在喀纳斯湖见到"水怪"，这里的"水怪"被称为"喀纳斯水怪"。

"水怪"推测

　　现在人们基本认同"水怪"就是哲罗鲑鱼，这种鱼

在繁殖季节皮肤呈红褐色。哲罗鲑鱼也是喀纳斯湖发现的大鱼中最凶猛、体形最大的鱼类。从已经捕捞上来的一条长约1.45米的哲罗鲑鱼来看，这种鱼体形狭长，头部扁平，满嘴都是锋利的牙齿，即使在上下腭和舌头上也布满倒刺，一旦咬住猎物，猎物就很难逃脱。但是到目前为止，从喀纳斯湖中捕捉到的哲罗鲑鱼长度还没有超过3米的，无法证明湖中会有10米长的大鱼。如果湖中10米长的大鱼真的是哲罗鲑鱼，那么按照体重和体长的关系来推断，15米的鱼就有32吨重，这已经接近海洋中的鲸鱼的大小了。那么它们吃什么，又是如何繁殖的呢？关于"喀纳斯水怪"，还有非常多的秘密没有得到解答。

你知道吗？

　　喀纳斯湖中的鱼类多种多样，既有适合食用的鱼类，如狗鱼、五道黑等，也有适合观赏的鱼类，如哲罗鲑、江鳕，其中用作观赏的鱼类均为淡水鱼。可惜的是，由于人们滥捕，目前喀纳斯湖的鱼类资源逐渐枯竭，其中五道黑等鱼类更是濒临灭绝。

罗布泊移动之谜

罗布泊位于中国新疆维吾尔自治区东南部，外形神似人的耳朵，被誉为"地球之耳"，其西北部的楼兰是丝绸之路的咽喉。这样一个世界闻名的湖泊，人们却不知道它的确切位置，难道罗布泊真的像传闻中那样，是一座游移湖吗？

玄奘与罗布泊

罗布泊自古便被认为是九死一生的险地。由于此地在古代位于商道上，而商队在这种荒凉地区难免遭遇劫

财之事，因此罗布泊这片土地上不知有多少无名尸骨。唐代的玄奘法师曾在西行求法时途经此地，也惊讶于此地的险恶，后来玄奘法师在编写《大唐西域记》时还特意提及此地的凶险。也正是因为凶险，罗布泊才一直给人一种神秘的印象。

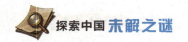

游移湖争论

为了解答关于罗布泊的谜团，国内外的学者不断试图找到罗布泊的确切位置，但由于途中危险重重，很多学者还没见到罗布泊就倒在科研路上。即使是那些侥幸生还的人，也难以说明罗布泊的确切方位。

俄国一位学者曾克服重重困难前去寻找罗布泊，他来到塔里木河口附近，在这里发现了一处湖泊，但当时那处湖泊已经干涸，只留下一片杂草丛生的沼泽。但这

个地方究竟是不是罗布泊还很难说，因为根据这位学者的记载，那处湖泊的纬度位置偏南，与我国历史上对罗布泊的记载不符。难道罗布泊能够自己移动吗？

游移湖的提出者

瑞典的一位探险家提出了罗布泊移动的假说，即罗布泊是游移湖。他认为，罗布泊可以分为南北两部分，当一部分有过多泥沙沉积下来时，这一部分的湖底就会增高，从而导致湖水向另一部分流去，而由于风蚀作用，原本升高的湖底会逐渐回到原来的高度，于是湖水会往回流。他还认为，湖水进行往复运动的周期是 1500 年。目前这个假说得到了大量学者的支持。

游移湖争议

我国的一些学者也对罗布泊进行了考察，并以实际数据为依据，对罗布泊移动的假说进行质疑。我国学者认为，罗布泊面积的变化是由于受到湖盆内部构造运动的影响，所谓的湖泊位置移动，实际上是罗布泊水量发生变化，导致面积扩大或缩小，这种变化是湖泊发展的

正常现象，也就是说，罗布泊并不是游移湖。由于没有一个世界公认的理论来解开罗布泊的谜团，人们对罗布泊愈发感到困惑。

近年来，得益于卫星技术的进步，人们可以通过分析卫星照片来观察罗布泊的变化。在历史记录和卫星照片的帮助下，中国科研人员发现，罗布泊并没有发生移动现象，即罗布泊的湖盆自始至终处于同一个位置。至于人们看到的罗布泊移动现象，实际上是罗布泊水量在发生改变。事实上，由于气候变化及地质运动，湖泊水量的大规模变化是正常的。

其实，除了自然因素，罗布泊位置的变化与人类活动也有关系。由于人类经济的发展，很多河道都因为涉

及人类的经济利益而受到人为干扰，如塔里木河与孔雀河的改道便有人类活动的影响。我们在研究罗布泊时，不仅要关注自然因素，还要重视人类活动的影响。

至今，世界上的学者依然没有对罗布泊是否是移动湖的谜团形成统一的结论，不过，只要人类的科技水平不断发展，只要人类的环保意识不断增强，罗布泊的谜团一定可以解开。

你知道吗？

根据科研数据，罗布泊在1800万年前就已存在，面积比如今看到的要大很多，不过由于地质运动，罗布泊的盆地逐渐倾斜，最终被分割为几块洼地。

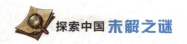
金沙江的拐弯之谜

金沙江，古称"泸水""绳水"，在长江的上游。起初，金沙江也是由北向南流的，可是流到云南省境内的石鼓村附近时，江流突然折转向东，而后又转向北，在只有几千米的距离内，差不多来了一个 180 度的大拐弯，这到底是怎么回事呢？

千百年的疑团

千百年来，金沙江使许多到过这里的旅行者都迷惑不解。即使是世世代代居住在江边的居民，也弄不清楚金沙江拐弯的现象到底是怎样形成的，于是产生了许多

美丽的传说。而科学工作者则想对这样一种独特的河流形态做深入研究，从而揭开金沙江的发展历史。

　　一种比较流行的说法是，从前金沙江并没有今天这样的大拐弯，而是和怒江、澜沧江等并肩南流。就在古金沙江与它的"伙伴们"一起南流的时候，在它东面不远处，有一条由西向东不停地流淌着的"古长江"。湍急的古长江水不断地侵蚀着岸边的岩石，也不断地向西伸展着。时间久了，终于有一天，古长江与古金沙江相遇，它们相遇的地点就在石鼓村附近。

两条大河相遇

　　猜想一下，两条大河相遇时会发生什么情况呢？

　　俗话说："人往高处走，水往低处流。"古长江的地势比古金沙江要低得多，滔滔的古金沙江水受到古长江谷地的吸引，自然掉头向东。于是，古金沙江就成了长江的一部分。

　　这种现象在地貌学上用一个名词来描述，叫作"河流袭夺"。河流袭夺这个词十分简明、生动。一条本来流得好好的河流，竟然被另一条毫不相干的河流拦腰斩断，把它掠夺到自己的怀抱里。

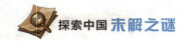

　　"河流袭夺"说还有一个有力的证据，那就是在今天金沙江大拐弯的南方，也就是人们认为的古金沙江流过的地方，还真的存在一条小小的河流——漾濞江。漾濞江的源头与石鼓村的距离也不是很远，那里还有一片宽阔的低地，且保留了河谷的形态。"河流袭夺"说的支持者认为，古金沙江被古长江袭夺以后，江水虽然被古长江袭夺而去，但是当年的河谷还在，漾濞江也还存在，那便是古金沙江的遗迹。

　　也有人不同意这种看法。他们认为，这里根本就没有发生过古长江与古金沙江相互连通的河流袭夺事件，今天的金沙江之所以会发生这样奇怪的拐弯，是因为当

地的地壳断裂现象。他们发现，石鼓村以下的虎跳峡是沿着一条很大的断层发育起来的。金沙江在流淌的过程中，碰巧遇到这条断层，河流不得不来了一个大拐弯。

这两种意见相持了许多年，直到今天仍然没有得到统一的结论。由此可见，要使一个科学假说得到普遍的认可，需要花费很大的精力，拿出很多的证据，金沙江拐弯到底是怎样形成的，至今是未解之谜。

你知道吗？

金沙江有很多渡口，其中皎平渡位于云南省禄劝彝族苗族自治县西北部，这个渡口有着重要的纪念意义。1935 年 5 月，中国工农红军在长征途中，曾经强渡金沙江。为了纪念这件事，此处建立了中国工农红军长征渡江纪念馆。

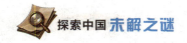

钱塘江涌潮气势来源之谜

钱塘江又叫"浙江"，是浙江省内最大的河流，其涌潮气势非凡，堪称世界奇观，被誉为"天下第一潮"。几乎每一个看到钱塘江涌潮的人都会被它宏大的气势所震惊，有些人可能忍不住问：钱塘江涌潮是怎样形成的呢？为什么会有这样令人震惊的气势呢？

钱塘潮与伍子胥

古人信奉神仙，认为钱塘江涌潮是潮神的威力，所以对潮神很是敬仰。据说，钱塘江涌潮与吴国大臣伍子胥有关，这更是为钱塘江涌潮增添了几分奇异的色彩。

　　春秋战国时期，我国长江中下游地区有一个叫吴的国家，吴国有位君主叫夫差，伍子胥是夫差的重要谋臣。夫差在位前期，非常看重伍子胥，总是与他商议国家大事。吴国和越国交战时，夫差积极听取伍子胥的建议，最终战胜了越国。夫差为此心里非常高兴，逐渐变得骄傲、自满，时常饮酒作乐。见夫差这般作为，伍子胥多次劝谏。在奸臣的挑拨下，夫差对伍子胥心生不满，便赐死了伍子胥。

　　伍子胥死后，夫差命人将他的尸体用皮袋子装起来，并抛入江中。传说，钱塘江的入海口原本是没有海潮的，是冤死的伍子胥的身体化成了狂涛怒浪，涌进了钱塘江，便形成了钱塘江涌潮，从此以后钱塘江江水不再平静。

正是因为这个传说，所以钱塘江江边的老百姓称伍子胥
为"潮神"。

涌潮的形成

　　并不是只有钱塘江才有涌潮，世界上很多河口都有
涌潮。但是，为什么只有钱塘江涌潮如此壮观而又如此
准时呢？

　　有关专家推测，这种壮观可能与钱塘江入海的杭州
湾的地形与形状有关。杭州湾口大肚小，呈喇叭形。钱
塘江河道自澉浦以西，急剧变窄抬高，导致河床容量突
然缩小，在这种情况下，大量潮水涌入狭浅的河道，潮
头受到阻碍，后面的潮水又以较快的速度向前推进，迫
使潮头陡立，还有就是江口有巨大的拦门沙坎，潮水涌

进遇到强大阻力，前浪遭遏，后浪又上，潮水自然奔腾咆哮，排山倒海般汹涌而来。

每年农历八月十八是观钱塘江潮的最佳时间，这是为什么呢？因为农历八月十六日至十八日，太阳、月球、地球几乎在一条直线上，这天海水受到的引潮力最大，因此这一天钱塘江涌潮气势最足，也最壮观。

钱塘江涌潮形成的原因有很多，通过目前的资料能找到一部分原因，但却无法完全知道这举世无双的气势到底从何而来，还需进一步研究和探测。

你知道吗？

中国自古就有在钱塘江观潮的习俗，早在汉朝，钱塘江大潮就已经广受赞誉，而到了南北朝时期，观钱塘江大潮更是成为官民同乐的大事。据说，钱塘江的潮水在潮神生日那天最壮观。潮神生日在农历八月十八，后来人们把这一天作为观潮节。

龙大湾怪声之谜

　　龙大湾处在四川省威远县城东北的山区，虽算不上鸟语花香，却也别有一股自然气息，然而，在这鲜有人家的悬崖丛林中，却经常出现奇怪的嘶吼声。难道此地有人类尚未了解的野生动物吗？

可怕的嘶吼声

　　从 1995 年 6 月至今，已经有很多当地人报告说听到奇怪的嘶吼声，甚至有人说听到了炮声。根据一位当地工人的回忆，他曾在龙大湾溜达，冷不丁听到一阵嘶

吼声，那声音持续了 7 秒左右。按照他的说法，那声音阴森可怕，似乎还夹杂着人的哭泣声，令人胆寒。当时，住在附近的一些农民也听到了这种怪声，有的农民还说看到山上出现奇怪的雾气。后来因为这种声音总是出现，附近的百姓也就见怪不怪了。

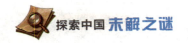
奇怪的洞穴

　　有些胆大的人曾在龙大湾搜索，并没有发现奇怪的生物，但看到了一些奇怪的洞穴。据搜索的人说，那些洞穴的入口比较窄，隐藏在杂草中，从洞口往里看，根本看不见底部，如果往里面扔石头，能听到数十秒的石块下落声。后来又有人报告说，阴雨天时，会有蒸汽从洞里冒出。没人敢从洞口下去，至今人们也不知道这些神秘的洞穴通往哪里。

　　曾有专家对龙大湾之谜进行过分析，分析结果是，龙大湾的奇异声音可能要从历史上去找答案。因为有些

洞穴可以将一些声音"储存"起来，只要自然环境适宜，这些被"储存"的声音就会再次出现。至于那些奇怪的蒸汽，专家推测，这些神秘洞穴的底部可能温度较高，这些蒸汽便是由高温引起的。

　　尽管有专家对"可怕的嘶吼声"和洞穴里的现象进行了解释，但这也只是专家们的猜测，真正的谜底还有待于进一步分析和考证。

你知道吗？

　　以前的人们比较迷信，听到龙大湾地区的奇怪声音，还以为龙大湾地区有神龙存在，而那些奇怪的蒸汽也被认为是神龙造成的，那些神秘的洞穴则被看作神龙休息的地区，于是龙大湾的名字就这样一代代传了下来。

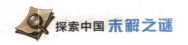

月牙泉形成之谜

美丽的月牙泉位于敦煌地区的沙漠之中，自古以来便深受人们的喜爱，据说汉朝时百姓们就已经将此地作为美景来观赏了。远远望去，月牙泉既像一位躺在恋人怀中的少女，又像一块美丽的翡翠，让人流连忘返。这样一个美丽的地方是怎么形成的呢？至今众说纷纭。

美丽的传说

富有想象力的当地人民为月牙泉创作了一个动听的故事。据他们说，在很久很久以前，有一位从中国南方

来到此地的少女。这位少女美丽而富有智慧，她来大沙漠是为了寻找她的爱人。但这位少女因身体经受不住沙漠如此恶劣的环境，最终倒在了沙漠之中，幻化成这美丽的月牙泉。

成因猜测

关于月牙泉的成因，学者们提出了很多种猜测。

有的学者从河流改道这一角度提出了猜想。他们认为，月牙泉区域最初是一条河流的河道，但由于地理因素，那条河流逐渐改道，原有的河道被沙子掩埋。在这个过程中，大量水资源成为地下水，月牙泉区域则因为海拔较低而成为地下水的汇合处。正是大量地下水的存在使月牙泉的水量能够维持下去。

有些学者认为月牙泉的形成原因是它附近存在断层。从月牙泉的深浅程度来看，这种猜想并不是毫无根据的。根据这些学者的研究，正是断层的存在使得月牙泉成为地下水的汇合处，从而使月牙泉得到充足的泉水。

　　一些学者从风的强度和方向的角度提出了猜想。根据这些学者的研究，最初月牙泉区域虽然海拔较低，但是不足以成为地下水的汇合处，后来此地长期受大风的作用，风蚀使得此地的海拔越来越低，最终此地成为地下水的汇合处。同时，由于此地的风往往把月牙泉区域的沙子往高处吹，所以月牙泉得以摆脱被沙子掩埋的命运。

　　还有一些学者认为，月牙泉并不完全是自然形成的，即月牙泉受到过人类的"修剪"。由于月牙泉在很久以前就受到人们的重视，所以这种猜想并非无稽之谈。

　　真相究竟如何，有待我们进一步探索。

你知道吗？

　　月牙泉是鸣沙山中的一湾清泉，由于外形神似玄月，所以叫"月牙泉"，被誉为"塞外风光之一绝"。月牙泉在汉朝时被称为沙井，唐朝时被称为药泉，清朝时才被称为月牙泉。

坎儿井起源之谜

众所周知，新疆气候炎热、降水极少，这种条件下怎么会生长出各类农作物呢？这就与坎儿井有关了，就是它让沙漠变成了绿洲。那么，是从什么时候起，坎儿井出现在新疆这片土地上的呢？

坎儿井是怎么工作的呢？

坎儿井主要由四部分组成，即竖井、地下渠道、地面渠道和涝坝。吐鲁番盆地的北部和西部分别"居住"着博格达山和喀拉乌成山，每到冬季，山上会有大量的积雪，春夏时节，天气转暖，这两座山上的积雪融化后产生的水会缓缓流入山谷，潜行至戈壁滩下。充满智慧的古人利用山的坡度，创造了坎儿井，可巧妙地引地下潜流灌溉农田。由于坎儿井中的水不会在高温和狂风的作用下被大量蒸发掉，所以坎儿井中的水流量还算稳定，所以能一直浇灌新疆地域里生长的各类农作物。

坎儿井是怎么来的呢？

时至今日，关于坎儿井来源的问题始终困扰着人类，谁也说不清坎儿井到底是在什么时候出现的，怎么出现的。关于这个问题，主要有以下几种说法：

第一，人们认为新疆坎儿井是由当地人根据当时的自然、地理条件而创造的。新疆地区流传着这样一个传说：在很久之前，一个放牧的年轻人来到了吐鲁番，他四处寻找草地，却始终没有找到，最后终于在一处洼地看到了大片茂盛的绿草，却不见水，眼看着羊群即将被渴死，年轻人便用手掘土找水。当地的一位老人见他掘地求水，便劝他："年轻人，你这样做是没用的，水根本

到达不了吐鲁番，因为远处的水流还没到此处就被太阳和戈壁吸收了。"

年轻人不相信老人的话，思索一番继续挖掘，最后终于挖出了甘甜的清水，为了不让水源被太阳夺走，年轻人顺着北高南低的地势每隔几十步就挖一处竖井，再以竖井作为出口，挖出暗渠，让竖井、暗渠连为一体，这样地下便形成了长长的流水，最后流到了吐鲁番。这个消息很快就传到了当地人耳中，很多人都效仿这个年轻人的做法，最后才出现了坎儿井。

第二，一部分人认为坎儿井来源于中亚，"坎儿井"在维吾尔语和波斯语中的发音和拼写是一样的。有资料证明，波斯语中的"坎儿井"并不是由外族语言引进而来的，且"坎儿井"一词早就在中亚地区的波斯盛行了（比新疆出现得早），所以人们认为坎儿井来源于中亚地区。

第三，以新疆维吾尔自治区著名水利专家王鹤亭先生为代表，一部分人认为坎儿井来源于中国。《史记·大宛列传》中记载了这样一个故事：大宛（今乌兹别克斯坦地区）城中本无井，主要引城外的流水供给生活，后来，该地发生了战争，外城被敌人围困，内城的水源就被切断了，人们为了解决这一问题，便找到了"秦人"，学会了穿井，最后解决了城内断水的问题。而这种"穿井"之术并不是打竖井，而是引地下潜流。据史料记载，"秦人"指当时中国关中一带的人，说明当时"穿井之法"是由中国传入西域的，最后才建造了坎儿井。

虽然每种说法都有其来源，但没有一种得到公认，看来坎儿井真正的起源还需要进一步考证。

你知道吗？

坎儿井并不是中国的特产，很多国家和地区都有它的身影，如伊朗、巴基斯坦、沙特阿拉伯、阿富汗、哈萨克斯坦、乌兹别克斯坦、吉尔吉斯斯坦等，这些都是亚洲国家。非洲北部一些国家也有坎儿井，如埃及、利比亚、阿尔及利亚。欧洲和美洲一些国家也有极少量的坎儿井，如意大利、墨西哥、美国等。

内蒙古"圣泉"之谜

　　我们在生活中总能看到啤酒，而提起啤酒的制作过程，人们往往立刻就能想到发酵技术。但是，世界上有一种啤酒不需要经过发酵就能饮用，这是怎么回事呢？

"恋家"的"圣泉"

　　这种不需要经过发酵的啤酒就是内蒙古人民所说的阿尔善宝力格。这种酒不是用工业技术制作出来的，而是由当地人民口中的"圣泉"，即阿尔善泉产生的。此泉的泉水呈橙黄色，微冷，闻起来与其他泉水并无差异，但喝到嘴里却有甘甜的味道，同时这里的泉水含有气泡，饮用时有一种刺激感，咽下时则会产生酸苦味，简直比鲜啤酒还让人舒爽。奇怪的是，这里的泉水似乎"恋家"，一旦被携带到其他地区，就会丧失原有的奇异味道。据当地人说，这种泉水不但可当作饮料，还有治病的功效。

"圣泉"传说

　　关于阿尔善泉，民间还有一个奇幻的传说。据当地人说，古代发生过一场大瘟疫，当地的人们都饱受病痛的折磨。为了让瘟疫消失，人们向上天祭祀，请求上天的庇佑。但是，不管人们如何祈祷，瘟疫依然肆虐。无奈之下，人们背井离乡，踏上了寻药之路。由于缺医少药及粮食短缺，寻药的路上不断有人倒下。就在大家绝望的时候，有人突然发现远处有一片辽阔的草原，草原上还有干净的泉水。疲倦的人们纷纷饮水休息。没想到，饮用了泉水的人很快恢复了健康，全然没有了病痛。大家这才意识到这股泉水能够治病，并认为是上天借这股泉水来拯救大家。就这样，人们最终依靠这股泉水击败

了病魔。为了感激泉水的救命之恩，人们视其为圣物，世世代代保护着它。

需要进一步研究的问题

如今，当地人会在每年的夏季前往阿尔善泉，在阿尔善泉周围休养一段时间，还会以献哈达的形式向阿尔善泉表达感激之情。在休养期间，人们会饮用泉水，还会将被泉水泡过的泥土擦到身上，并勤晒太阳。按照当地人的说法，这里的泉水能够滋养胃气，被泉水泡过的泥土可以治疗皮肤病，晒太阳可以缓解关节炎。由于阿尔善泉的名气越来越大，一些学者开

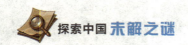

始研究阿尔善泉的治病原理。经过化学分析，这些学者发现，阿尔善泉含有丰富的矿物质，其中一些确实对皮肤病等疾病有正面影响。如果适量饮用这里的泉水，还可以缓解高血压等疾病。

不过，这些矿物质的作用真的有那么大吗？这股泉水真的像当地人所说的那样疗效显著吗？学者们对此并不敢妄下断言。而且，就算阿尔善泉含有对人体有益的微量元素，这些微量元素是怎么使泉水产生气泡的呢？阿尔善泉那种奇怪的口感究竟从何而来呢？这些问题还有待进一步研究。

你知道吗？

阿尔善泉不仅有美丽的传说和奇特的口感，还有美丽的风景，每年夏天都会有很多游客慕名前来，一边品尝着奇特的泉水，一边欣赏着蓝天碧野，缓解工作带来的疲劳。

可可西里难解之谜

可可西里，位于人迹罕至的青藏高原腹地，海拔较高，这样的地理条件使此地常年高寒缺氧，难以被人类开发。不过，正是因为恶劣的自然条件，可可西里才保留了原始状态，虽然这里不适合人类生活，但这里的很多奇怪现象都值得人们研究。那么，可可西里都存在着什么谜团呢？

可能存在的矿产资源

我们都知道，青藏高原的出现源自板块碰撞，那么可可西里是如何形成的呢？科学家认为，可可西里是由青藏高原的早期板块运动形成的。从地质结构而言，可可西里地区极有可能存在大型油气田，事实上，多年前就有学者发现此处有原油外渗。不过，探测油气田是否存在，以及确定油气田的具体位置，都是长期工程，想要确定这方面的信息还需要很长时间。

　　有趣的是，有些人认为，可可西里不仅有油气田，还有金矿。这种传言已经出现很长时间了，甚至很多人亲自前往可可西里进行探测。有些人凑在一起，将资金集中起来，用来到可可西里挖金矿。不过考虑到国家对环境保护工作的重视，人们普遍认为，即使可可西里真的存在油气田和金矿，国家也会尽量少开发或者不开发。专家认为，可可西里除了可能存在油气田和金矿，还可能存在铜矿、铅矿等。目前，这些问题都没有得到解决，仍需进一步探索。

藏羚羊该限制还是该保护

　　对旅游爱好者而言，提到可可西里，就不能不说藏羚羊。藏羚羊被视为可可西里的代表性动物。有些人考虑到可可西里的植被较为稀少，提出限制藏羚羊的数量，以保护可可西里的植物。对于这种看法，有专家表示，可可西里的藏羚羊数量不足以危害可可西里的植物，藏羚羊依然处于需要保护的状态。对藏羚羊的数量是应该限制，还是应该保护，近年来争论不断，需要进一步考察。

不断增多的湖泊

由于近些年卫星技术的发展，一些学者可以借助卫星照片研究可可西里的环境问题。通过观察卫星照片，一些学者发现，可可西里的湖泊数量正在不断增多。这是为什么呢？对于这种现象，有的学者认为，这些新的湖泊来自降水；另一些学者认为，这些湖泊是因为冻土

融化而出现的，这也表示当地环境正在恶化。为什么冻土融化会导致环境恶化呢？经常看电影的人对于流沙应该不陌生，在一些危险的环境里，有的电影角色会不小心陷到流沙之中。冻土便可以形成流沙。一旦冻土融化，当地的土壤便得不到水分的保护，从而逐渐沙化，乃至形成流沙。但与可可西里相关的这些谜团至今没有公认的答案，希望这些未解之谜在未来能找到答案。

你知道吗？

　　我们在研究可可西里地区时，可能会同时了解到一个新词语，即"可可西里自然保护区"。那么，可可西里自然保护区与可可西里地区有什么关系呢，二者是否相同呢？实际上，可可西里地区是一个包含山脉与盆地的复杂地理区域，而可可西里自然保护区只是可可西里地区的一部分。

西沙群岛"金字塔"之谜

西沙群岛是我国南海诸岛（南海中中国许多岛礁的总称）四大群岛之一，其最高点为石岛，目前，石岛已经与永兴岛融为一体。石岛中央的海拔较高，像金字塔一样耸立在西沙群岛之中，这座"金字塔"吸引了科学家的注意。这座奇特的"金字塔"是怎样形成的呢？至今众说纷纭。

石岛不同寻常的构造

根据科学家的推测，西沙群岛中永兴岛等岛屿的年龄不超过 6000 年，而石岛的年龄却在 12000 年左右，比永兴岛的年龄大得多。一般情况下，层状砂岩是底部年老，上部年轻，而石岛却正好与之相反，底部年轻，上部年老，越往上越老，西沙群岛"金字塔"的最高点最老，整个岛好像是被人倒置过来似的。

由于石岛的结构与其他岛屿的结构大不相同，所以有科学家猜测，在很久之前，石岛附近有一个由珊瑚等生物砂岩组成的较大的岛在环境的影响下，这个岛不断被风化、剥蚀，其顶部较新的生物砂岩被剥蚀下来，堆积成石岛底部的砂岩，较老的底部生物砂岩被剥蚀下来，堆积成石岛的顶部。正是因为这样，石岛岩层的年龄才会与其他岛屿相反。

还有一些学者认为，石岛的这种现象是雨水冲蚀造成的。石岛的生物砂岩是生物骨骼碎粒组成的，其化学成分是碳酸钙。当石岛上层的生物砂岩被雨水冲蚀时，

一部分碳酸钙会被雨水溶解，并伴随雨水渗到石岛底层，最后沉淀下来，生长为新的年轻的方解石结晶，这样一来，原来生物砂岩的年龄与方解石结晶的年龄一平均，整层岩石的年龄就变小了，而相对上部生物砂岩的年龄来说，便形成了年龄倒置的现象。

　　上述说法究竟谁是谁非，尚无定论，还需要科学家进一步研究、探索。

你知道吗？

　　西沙群岛自古以来便为中国的领土，在古代有众多名称，如九乳螺洲（石）、七洲（洋）、长沙、千里长沙等。属于西沙群岛的珊瑚岛在 1956 年被南越西贡政权非法占领。1974 年 1 月 17 日，越军又强占了甘泉岛与金银岛。1974 年 1 月 19 日，西沙之战打响，中国军队英勇地收复了这 3 座岛屿。

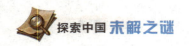

神农架景观和动物之谜

　　神农架，一般指神农架林区，位于湖北省西北部，是中国唯一以"林区"命名的行政区划。传说，华夏始祖炎帝神农氏在此架木为梯，尝百草，解救众生，又教导民众从事农业劳动，此地因此得名。如今，一提起神农架，人们自然而然地就会想起那迷幻的景观和神秘的动物，这些奇特的事物究竟是怎么回事呢？

"鬼市"中的声音

　　作为有名的原始森林，神农架有着令人惊叹的美丽而奇特的风景，也有很多神秘之处。一些去过神农架的游客说他们曾在神农架看到过"鬼市"，也就是鬼魂的交易场所。有人甚至说自己听到过"鬼市"中进行交易的声音。考虑到神农架独特的气候条件，有些人猜测，"鬼市"极有可能是海市蜃楼现象。但"鬼市"中传出的交易声音又是怎么回事呢？

神奇的冷暖洞

神农架中还有一处山洞，洞内有形状各异的石柱、石笋等，这就是"冷暖洞"。根据游客的描述，"冷暖洞"中的温度有一条明显的分界线，分界线的一侧较冷；另一侧则较热。站在较冷的一侧会感到寒气逼人，站在较热的一侧则感觉如沐春风。对于这种现象，人们

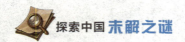

产生了种种猜测。有的人认为，这种现象来自洞口的特殊形状，也就是说，洞口的独特形状使得吹入洞中的风只能影响分界线某一侧的区域。也有人认为，这种现象的成因是"冷暖洞"地下存在热源，使得热源上方的区域较为温暖。

潮水河与冰洞

　　神农架境内还有一条潮水河，让人迷惑不解的是，河水每日早、中、晚各涨潮一次，更神奇的是，潮水的颜色会随着季节的变化而有所不同，梅雨之季水色碧青，干旱之季水色混浊。这里还有一处冰洞，洞内温度与洞

外相差很大。当洞外自然温度高于特定温度时，洞内就开始结冰，山缝里的水沿洞壁渗出，形成十余米长的冰帘，晶莹剔透，美不胜收；滴在洞底的水则结成顶端呈蘑菇状的冰柱，而且为空心柱。洞外天气转冷时，洞内的冰就开始融化，到了冬季，洞内温度反而高于洞外。

白化动物

　　神农架中动物的身上也有令人费解的地方，如动物的白化现象。人们在神农架发现的白化动物较多，有猴类、鼠类、熊类、狼类等。尽管人们在其他地区也发现过白化动物，但其他地区的此类现象几乎都没有神农架这里这样明显。

　　神农架中有太多的谜团等待人们去破解，这些谜团给神农架中的动植物和山川披上了一层神秘的面纱，这也是神农架的魅力所在。我们相信，只要人们不断探索，神农架中的未解之谜终有被解开的那一天。

你知道吗？

　　《黑暗传》是一部神话史诗，流传于神秘的神农架地区，有人说从唐朝就开始流传了，但是其确切的流传时间谁也不知道。胡崇峻先生经过长时间的搜集、整理，最终将其出版，书中记载了很多绚丽多彩的传说故事，是神农架民间文学的宝库。

银狐洞成因之谜

银狐洞内洞穴众多，既可分为主洞、支洞等，又可以分为水洞、旱洞等，真可谓洞洞相连、穴穴相套，令人称奇。由于复杂多样的洞穴景观，银狐洞被认为是中国北方最好的溶洞。可是，结构这样复杂的银狐洞究竟是怎么形成的呢？

神似银狐的晶体

说到银狐洞，就不能不提到银狐洞最著名的景点，即岩洞内那块形似银狐的晶体。这块晶体位于银狐洞最

深处，长度接近 2 米，下面有块石台。这块晶体像极了倒挂的银狐，由于晶体上有细微的毛状晶体，所以看上去连狐狸的绒毛都有，实在令人称奇。如果拿灯光去照射这块晶体就会发现，晶体与洞顶相连的部分形似狐狸尾巴，而晶体下部可以分辨出类似狐狸头的部分，甚至连狐狸的眼睛都能分辨出来。银狐洞便是因为这块形似狐狸的晶体而得名的。

银狐洞内景观

　　一般而言，溶洞内部普遍有卷曲石、石幔等，而银狐洞不仅有这些常见的景色，还拥有云盆、石钟，甚至

还有仙田晶花等。不仅如此，游客在银狐洞内还可以见到数量众多的松柏状晶体，如果细心观察，还能看到菊花状、刺猬状的晶体。很多人对银狐洞内多种多样的晶体感到困惑。是啊，为什么银狐洞能够拥有这样多且形态丰富的晶体呢？难道是银狐洞有什么不为人知的地理条件吗？

银狐洞成因的猜测

除了形似银狐的晶体，银狐洞内还有一块形似猫头鹰的晶体。这块像猫头鹰的晶体位于一个隐蔽的洞穴，想要进到洞穴之中，需要将身体贴到地上慢慢前进。洞穴内还有很多石菊花，但几乎都位于洞顶。这块晶体下方有块石台，石台有将近 2 米长。这块形似猫头鹰的晶体看上去洁白晶莹，像是用冰块雕刻而成的，栩栩如生，让相关学者大为惊异。

专家们对银狐状晶体的成因有不同的观点，一些专家认为这种晶体的成因要从外部去找，即从雾喷作用上去

找；另一些专家认为，这类晶体的成因要从晶体内部去找，即从毛细现象中去寻找答案。目前，这两种观点都没有可靠的证据来证明，因此银狐状晶体的成因至今仍然是个谜。

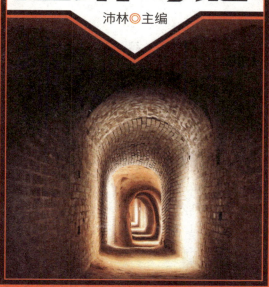

探索中国

未解之谜

建筑奇谜

沛林◎主编

SPM
南方传媒
广东人民出版社
·广州·

图书在版编目（CIP）数据

探索中国未解之谜：全八册 / 沛林主编 . 一广州：
广东人民出版社，2024.1

ISBN 978-7-218-17092-3

Ⅰ . ①探… Ⅱ . ①沛… Ⅲ . ①中国历史—少儿读物
Ⅳ . ① K209

中国国家版本馆 CIP 数据核字（2023）第 211719 号

TANSUO ZHONGGUO WEIJIE ZHI MI

探索中国未解之谜

沛 林 主编

出 版 人：肖风华

责任编辑：李力夫
责任技编：吴彦斌　周星奎
装帧设计：朝旭文化

出版发行：广东人民出版社
地　　址：广东省广州市越秀区大沙头四马路 10 号（邮政编码：510199）
电　　话：（020）85716809（总编室）
传　　真：（020）83289585
网　　址：http：//www.gdpph.com
印　　刷：天津泰宇印务有限公司
开　　本：890mm×1240mm　1/32
印　　张：24　　字　　数：230 千
版　　次：2024 年 1 月第 1 版
印　　次：2024 年 1 月第 1 次印刷
定　　价：138.00 元（全八册）

如发现印装质量问题，影响阅读，请与出版社（020-85716849）联系调换。
售书热线：（020）87716172

前言
PREFACE

　　中国有着五千年的历史，在这片充满神奇的土地上，不管是人文历史还是自然景观，都隐藏着令人困惑不已的谜团：秦始皇到底是谁的儿子？徐福东渡到底去了哪里？传国玉玺到底在哪里？千年古莲真的会开花吗？珠穆朗玛峰到底能长多高？十二生肖里为什么没有猫？万里长城是怎么建成的呢？……

　　为了让孩子们在一个个未能完全解开的谜团中获得不一样的阅读体验，以探索的眼光研究各种谜题，在思考与探索中走向未来，我们特意编写了《探索中国未解之谜》这套书。本套丛书共包含八个分册，从帝王之谜到历史悬案，从考古谜踪到文化谜团，从生物之谜到地理谜境，从民俗探源到建筑奇谜，全方位、多角度地介

绍了中国多个领域具有探索意义的未解之谜，最大限度地拓展孩子的认知、视野，激发孩子对大自然和身边事物的好奇心以及探索未知世界的兴趣。

为了帮助孩子探索这些未解之谜，我们还在书中精心设置了有趣的板块，并配有精美的插图，以增加孩子的知识储备量，让孩子们的探索之旅更为有趣。希望孩子们通过阅读本套丛书能对我们神秘的国家多一些了解，并愿意为探索未解的谜团而贡献自己的一份力量！

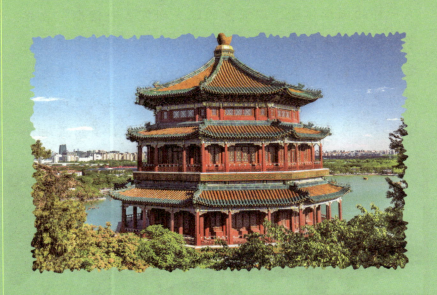

Contents
目录

中国古建筑战胜天灾之谜

纵观世界建筑史，西方建筑是一部用石头写成的历史，而中国建筑则是一部用木头写成的历史。至今我们依旧能够在全国很多地方看到一些古建筑，如天津的独乐寺、浙江的保国寺和山西的释迦塔等，它们历经数百年，饱受天灾的摧残，依然保存完整。那么，这些古建筑是如何对抗天灾的呢？

独乐寺震后竟屹立不倒

天津市蓟州区的独乐寺是一座千年古刹，其历史可以追溯到唐代初期，辽朝时期重建。关于独乐寺的名称，主要有三种说法：一、独乐寺为安禄山起兵之地，由于安禄山只想着独自享乐而不想与百姓同乐，因此得名；二、人们发现观音阁内塑像的内部支架是杜梨树，谐音为"独乐"，因此得名；三、独乐寺的西北处有独乐水（古水名），因此得名。

独乐寺观音阁中，以观音像为中心，四周有两排柱子，柱子上有斗拱，斗拱上架有梁枋，梁枋上又相继有柱子、斗拱和梁枋。1976年发生唐山大地震，独乐寺附近的建筑几乎都震倒了，独乐寺的院墙受地震影响也倒了，但是观

音阁中一截接一截叠起来的柱子却屹立不倒。对此，人们纷纷展开对独乐寺建筑结构的探索，试图解开独乐寺的结构奥妙。

保国寺的奇特之处

保国寺位于浙江省宁波市，是我国长江以南地区较为古老、保存较为完整的建筑之一。它始建于东汉时期，经历战火和自然灾害后倒塌，唐代时期重建。保国寺大殿的地基非常牢固，历经千年，仍能经受7级地震而不

倒。在对寺庙的修缮中，只需要利用木结构榫卯之间的弹性，经过一番敲打，几天时间就可以把旧柱换下，而换上的新柱看起来依然天衣无缝，古人精湛绝伦的建筑工艺着实令人叹为观止。众所周知，鸟类常在屋檐处筑巢，但保国寺的大殿中从来没有鸟类筑巢的痕迹，就连蜘蛛、苍蝇都没有，这种现象实在令人感到奇怪。

千年不倒的释迦塔

　　佛宫寺位于山西省朔州市应县西北，寺中有一座神奇的木塔，名叫释迦塔，是当地著名的旅游景点之一。千百年来，释迦塔历经风霜雨雪的侵蚀和多次强震的袭击，还经历了数不尽的战火，至今依旧巍然屹立。另外，

历史上有很多木塔都被雷击毁了，而释迦塔高达几十米，按理来说更容易被雷击毁，但神奇的是这座高塔遭受了多次雷击却始终安然无恙。为了弄清其中的原因，建筑学家纷至沓来。他们经过研究认为，塔顶的八根铁链也许就是这座木塔能够避雷的原因。

这些建筑为何具有抗震的能力

为了弄清这些古建筑具有抗震功能的原因，专家们不断地探索、研究，最后得出以下三点原因。

一是地基稳固。夯实的地基能有效减少地震波对上层建筑的冲击，而且抬梁式构架、广大的屋顶也提高了整个建筑的稳定性。以应县释迦塔为例，这座木塔底部

都是由粘土和沙类组成的，这非常有利于建造一个稳固的地基。很多钢筋混凝土打压的地基不足百年就会下沉倾斜，而这片黄土承载了六七千吨的重量，却千年没有下沉，在于其修建了一个稳定的八角台，并且下部四方台的条石堆砌加强了塔基的稳定性，这种平面结构非常有利于抗震。此外，木塔内、中、外有一百多根撑柱，有的埋于塔基，有的隐蔽于墙壁，这也大大提高了木塔的抗震性。

二是采用斗拱。斗拱是我国古代建筑的秘密武器，地震发生时，它能像汽车的减震器一样，减少地震冲击对建筑物的破坏程度，因此带有斗拱的古建筑，更能在强烈的地震中幸免于难。经过研究证明，斗拱对建筑物的平衡也有着许多作用。

三是采用了榫卯结构。榫卯结构是一种凹凸结合的连接方式，通常在两个木制构件上使用。凸出部分叫榫（榫头），凹进部分叫卯（榫眼、榫槽），榫卯结合就能起到一个非常神奇的效果，即当有地震发生时，连接处会松动，但不会脱离，这样可以消耗一些地震能量，缓解地震冲击，就这样层层叠加，地震对古建筑的破坏就会变得很小。

除以上说法外，很多对建筑感兴趣的人还提出了地质结构理论、特殊建筑结构理论、特殊的地理环境等不同说法。这些古建筑为何屹立不倒，还需要我们进一步探索。

你知道吗？

独乐寺中现存的辽代时期的建筑是山门和观音阁，这两处建筑使用的木质材料均是当时重建时遗留下来的。观音阁是我国现存较早的一处木构楼阁建筑，位于山门的北面，从外面看，观音阁有两层，实则三层，阁中央有一个空井，直通三层。

中国古建筑飞檐翘角之谜

当我们进入故宫时，可以欣赏到皇家建筑的气派；漫步苏州园林时，可以品味姑苏建筑的别出心裁。我们会发现，这些古建筑的屋顶都是飞檐翘角，具有一种奇特的曲线美。这种曲线型屋顶的设计初衷及其作用，古代文献中并没有相关记载。那么，中国古建筑的屋顶为什么要设计成曲线型呢？这种曲线型屋顶有什么功能呢？

第一位探讨这个问题的专家

日本建筑学家伊东忠太是较早探讨中国建筑屋顶飞檐翘角的专家。为了解开这个谜团，他曾多次前往中国考察，他认为我国建筑屋顶设计为飞檐翘角是由以下三个因素决定的：

一是生物的影响。他认为古人可能是受喜马拉雅衫（枝条呈弧形下垂的一种树）的启发，而进行的模仿。

二是帐幕的影响。古代先民一开始都是游牧生活，住的是帐篷，搭帐篷只需要把帐幕的四个角吊起来，中间微微下垂。后来随着生产力的发展，变成了定居生活，而人们在盖房子时，屋顶就仿照了帐幕的形式。

三是房屋构造的影响。我国百姓讲究主次分明，一般情况下，主屋面积大，屋顶陡峭，次屋面积较小，屋顶较为平缓。将主屋与次屋的屋顶结合到一个屋顶上时，就形成了我们看到的这种曲线型屋顶。

其他专家的结论

英国著名专家李约瑟在研究中国屋顶结构时提出，这种曲线型的飞檐对于屋内采光具有极大的好处。夏天，太阳直射时间长，这种屋顶可以避免阳光射入屋内；冬

天，太阳直射时间短，这种屋顶可以让阳光尽可能多进来一些。如果碰上雨雪天气，可以使雨雪沿着屋面抛向更远的地方。

此外还有很多专家学者对此进行探究。有人认为是结构上的原因，为了防止雨水渗透进屋顶处房屋内部的木质结构，所以四周屋檐伸出较远，在和屋顶的脊线相互连接时就成了这种弧形。也有人提出与李约瑟相似的观点，认为由于古代没有玻璃，屋内采光全依赖阳光，因此需要将屋顶做成曲面，使屋身多采纳光线。还有人认为这种屋顶是随着房屋重檐的出现与发展才形成的。

多角度来分析问题

知名学者刘天华认为英国专家李约瑟的分析是正确

的，他还认为我国建筑这种屋顶飞檐翘角的形式之所以能延续数千年，与人们的心理是密不可分的。刘天华认为任何一个民族中独特的文化现象，都与这个民族的审美情趣有关。屋顶设计成曲线型，在刚开始时，可能是为了弥补某些技术上的不足，后来，人们又赋予这一建筑结构独特的寓意，以满足自己在精神上、观念上的需求。我国古代人民在艺术品中，讲究的是动静结合、虚实相济。巨大的建筑是静止的，曲线型的大屋顶、四角起翘的屋角带有很强的动感，这样一来，下面的建筑就有一种向上飞翔的感觉，两者结合营造出一种静中有动的艺术效果，符合我国人民的审美心理。

中国传统文化讲究"天人合一"，强调人与自然相辅相成、协调统一，在古代形成了一种风水学。有学者认

为我国的屋顶之所以能保留数千年，与文化传承密切相关，也与阶级的分化、审美意识的发展、历史文化的沉淀、佛道儒等思想的糅合有关。或许凹曲面的屋顶及屋角的起翘一开始就是为了解决居住需求，毕竟半坡人和河姆渡人的房屋就是如此，后来随着生产力的发展，社会不断进步，人们对自己的住所有了越来越高的要求。直线斜屋顶和斜撑由于不符合中华民族文化的主流审美，最终被淘汰。动静交替、虚实相济且形式和谐的飞檐，以及富丽堂皇的建筑装饰等都体现了古代人与自然的和谐统一。

但是上面这些观点都是人们的猜测，究竟古人为什么要将屋顶设计成曲线，还值得我们去进一步探索。

你知道吗？

中国的古代房屋建筑一般分成三个部分，即屋顶、屋身和台基，三者当中屋顶是最为重要的部分，遮风挡雨全靠它，常见类型有硬山顶、庑殿顶、悬山顶、歇山顶、卷棚顶、攒尖顶等。封建社会时期，屋顶还是彰显等级的标志，重檐、庑殿（如故宫太和殿）都是身份极为尊贵的人才可以使用的。

北京古城墙西北角缺失之谜

故宫那黄色的琉璃瓦、古老的红砖围墙，让人流连忘返。当初修建时，来自全国的工匠有十万人，民夫多达上百万。有人曾经专门从北京900多千米的高空对故宫进行了拍摄。在拍摄的照片上，明朝修建的内城城墙的影像清晰地映入眼帘，它的东北、东南、西南角都是整齐的直角，但是西北角独独缺了一角，这是为什么呢？

传说不足为信

关于紫禁城西北角缺失一事有很多传说。据说，朱

棣还是燕王时，曾命刘伯温和姚广孝画出北京城的图样，在画图时，两人眼前出现了八臂哪吒的模样，两人以为这是天意，便照着八臂哪吒的模样画了起来，马上画完时，一阵风吹来，把哪吒的衣襟掀起了一块，于是北京城的图样就缺失了一块，这一块正是西北一角。还有人说当时姚广孝画的设计图过于墨守成规，于是砍去一角，砍的这一角便是西北角。但许多学者认为，这些只是民间传说，根本不足为信。

史学家、考古学家的结论

经过史学家、考古学家的研究发现，今德胜门和安定门以北 5 千米，是元朝时期都城大都的遗址，它的西北角呈直角，并无异常。明朝时期，明成祖下令重修紫禁城，为了便于防守，便放弃了北边的城区，另筑新墙，新筑的城墙西部穿过旧积水潭，然后转向西南，把积水

潭的西面隔离在城外。在这样的情况下，紫禁城的西北角成了一个斜角，看起来就像缺了一角。

地质工作者的结论

近年来，地质工作者也对北京古城墙西北角缺失一事提出了自己的看法，他们在研究故宫卫星照片时发现，沿着城墙西北角的外侧可以明显看到一条断裂区域平行于城墙，这条断裂区域被命名为车公庄。在抹角外侧，隐约可以看到直角的痕迹，所以一些地质学家据此提出一种设想：最开始西北角可能也是直角，但因为此处正好位于断裂的位置，稳定性大大减弱，经过地震、台风或战乱后，这里发生过多次倒塌，所以不得不改成现在这种抹角式的城墙，这样西北角就能避开断裂，长久地

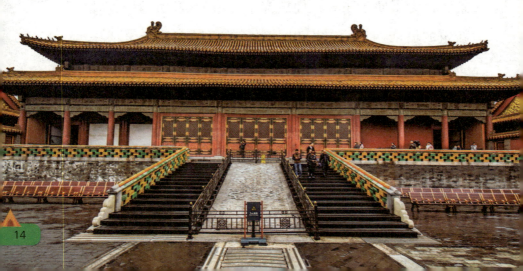

屹立在这里。

　　由于史书上并没有记载北京古城墙西北角缺失一事，有的说法具有神话色彩，有的说法没有足够的证据证明，所以我们无法确定北京古城墙西北角缺失的原因，要解开这一谜题还需专家进一步探索。

你知道吗？

　　北京故宫全部由城墙环绕起来，因此又名紫禁城。城墙上部外侧筑垛墙，内侧砌宇墙，上面覆盖一层脊瓦，城墙四角各有一座结构精巧的角楼，均为正方形。四个方向开有城门，设有城台和城楼。

故宫的设计师之谜

故宫位于北京市中心，它是明清两代的皇宫，相传殿宇有9999间，是世界上规模最大的宫殿建筑群。面对如此宏伟的建筑，我们不禁会产生疑惑：故宫是谁设计建造的呢？

蒯祥入宫修建故宫

由于故宫为皇家建筑，因此并无设计者落款字样，民间一般认为是由明代蒯祥设计的。蒯祥的父亲曾经总管南京皇宫的修建，再加上蒯祥自幼聪颖好学，因此他对皇宫修建的格局比较

熟悉。明成祖当皇帝后，为强化北方军事防御，决定迁都北京。1417 年，不到 40 岁的蒯祥被征召到北京，受命承担建设皇宫的任务。后来由于他技艺精湛，被任命为设计师兼工程师和施工员。同时蒯祥受到一同工作的匠人的启发，建筑技艺愈发成熟。恰逢明成祖要求宫城格局等都要按照南京故宫修建，蒯祥就有了先天优势，据说承天门（天安门）就是蒯祥设计的。

1440 年，蒯祥亲自主持修建乾清、坤宁二宫一带的建筑和太和殿、保和殿、中和殿等三大殿，兴修南池子一带和西苑的殿、亭、轩、馆，将诸司衙署改建在承天门两旁，此外他还为京城其他地区进行了建筑设计。由于蒯祥建筑技艺精湛，受到人们的赞许，被人们称为"蒯鲁班"。既然蒯祥建筑技术如此精妙，又为建造故宫

立下巨大功劳，为什么《明史》上却没有与他相关的记载呢？对此，有人认为，这是因为在封建社会时期，这些都是"奇技淫巧"，统治者对此极为轻视。

故宫设计者不止一人

近年来，很多人对故宫的设计者提出质疑。有人认为蒯祥仅仅是故宫的施工主持人，真正的设计人并不是蒯祥，而是一位名不见经传的人物——蔡信。因为蒯祥来北京之前，蔡信已经开始主持修建紫禁城宫殿。蒯祥到北京后，由于才能出众才接手主持。在此之前，与蔡信同时负责这一工程的还有瓦匠出身的杨青和石匠出身的陆祥，以及木匠蒯义、蒯纲、郭文英、徐杲等人。宫

殿修建完成后，蒯祥被提拔为侍郎，但蔡信却没有得到什么荣誉，蒯祥应该只是故宫总工程负责者之一。由于历史原因，这些负责人当中只有几位在相关文献中有相关记载。

故宫建筑群中的谜团实在太多，至于故宫的设计者究竟是谁，恐怕只有当事人才知道，对于我们而言，这仍是未解之谜。

你知道吗？

在故宫的设计格局中，有一条中轴线，它既看不见也摸不到，但是它决定了中轴和两侧建筑的方向、大殿位置、皇帝龙椅的位置，很多人以为这条中轴线与某条经线重合，中国测绘科学院研究院测量结果显示：故宫中轴线要比经线倾斜2度。

东华门门钉数量之谜

北京故宫有四个大门，南为午门，北为神武门，东为东华门，西为西华门。午门、神武门和西华门的大门上都是9行9列共81颗门钉，只有东华门为8行9列共72颗门钉，比其他三个门少一行。那么，为什么其他三门上的门钉为81颗，而只有东华门的门钉为72颗呢？

解密皇宫门上的81颗门钉

故宫各门都有铜质鎏金门钉，这些门钉钉在大门之上，起初是为了加固门板，后来逐渐成为门第等级的标志，门钉的数量越多，说明等级越高。《清工部工程做法》中记载，门钉有三种类型——9路、7路、5路，即每扇大门上使用的门钉数为9行9列81颗、9行7列63颗、9行5列45颗。9行9列81颗是皇家宫殿、庙宇、寺院大红门上的门钉数量，9行7列63颗是亲王府邸大红门上的门钉数量，9行5列45颗是世子府大红门上的

门钉数量。除此之外，贝勒、贝子、镇国公等府邸红门上的门钉数量是横竖各 7，共 49 颗；侯以下的官员的府邸门上的门钉数量是横竖各 5，共 25 颗。

为什么皇家建筑门上的门钉数量都是 9 行 9 列 81 颗呢？在古代，九为阳数之极，《易经》中有记载：乾卦，飞龙在天。龙和九五之数代表了皇室的最高地位。紫禁城的大红门，便受到此种文化的影响。

东华门上的门钉数成了未解之谜

那么，既然九为阳数之极，东华门为什么成为例外少了一行？人们对此纷纷进行探讨。一种比较流行的说法认为，李自成攻陷北京后，崇祯皇帝从东华门逃到煤

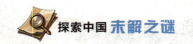

山自缢，于是清朝皇帝下旨将此门上的门钉减去一行，作为它未能挡驾的惩罚。

也有一种比较封建迷信的说法。清朝有好几个皇帝驾崩后，都是将东华门作为灵柩出宫所经过的大门，因而东华门相当于"鬼门"。生为阳，死为阴，奇数为阳，偶数为阴，如果全部为9，就会把城堵死，人死之后无法通向阴间，为了使鬼魂通向阴间，所以东华门门钉的数量为偶数，比其他三门少了一行。

另一种说法是：紫禁城兴建规模过大，原来打算给午门和神武门用的大号门钉，被用到了东华门上，匠人发现后，只能将错就错，由于东华门比较窄，就少了一行门钉。

此外，有人说东华门专供太子出门，比皇帝地位要低，所以门钉数量少一行。还有人根据五行相克理论进

行研究，认为这样有利于风水变化，但这些说法都是值得怀疑的，因为明清陵墓门上的门钉都是奇数，而给皇帝修建的宫殿怎么会出错呢？

　　由于没有相关记载，所以以上几种观点都只是猜测，并没有确凿的证据。至于东华门上的门钉为什么会少一行，还需要人们继续去探索。

你知道吗？

　　东华门是整座紫禁城的东门，由城台和城楼两部分组成。下为城台，平面呈矩形，城台底部为白玉须弥座，白玉须弥座上为红色城墙，有三座券门，金水河从此流淌而过；城台上为城楼，基座围有一圈汉白玉栏杆，有大小8间屋子，屋顶为黄琉璃瓦重檐庑殿顶，城楼东檐下有"东华门"匾额。

颐和园里的建筑之谜

　　颐和园在世界园林史上有自己独特的理念和艺术成就，它通过模拟大自然的美景，再经过人为的加工、提炼和创造，在有限的空间里精心布局，很多亭台轩榭、湖山溪塘等的布局看似无意，其实另有玄机。颐和园独树一帜的建筑寓意符合人们的哲学审美观与欣赏习惯，让观赏者潜移默化地被这种博大思想浸润。那么，这些寓意深刻的建筑是怎样建设的呢？

颐和园的布局特点

　　颐和园主要由万寿山和昆明湖组成，水域可达公园整体的3/4。全园分三个区域：仁寿殿为政治区，乐寿堂、玉澜堂和宜芸馆为生活居住区，万寿山和昆明湖为风景区。

　　颐和园中所有建筑的构建都非常精巧，楼台亭阁、湖山溪塘看似是无意中建成的，实则精心布置，那么颐

和园这样的布局是为了什么呢?

　　一些建筑专家经过长时间的研究，得出这样的结论：颐和园的设计师们在万寿山、昆明湖及周围原本的自然景观的基础上兴建楼阁，围湖搭桥，遵循的是"自然浑成，天人合一"的哲学理念，人造建筑与自然风景结合在一起就像一幅美丽的山水画。

　　进入颐和园东宫门，就是仁寿殿。往北则是德和园、玉澜堂、乐寿堂等生活居住区。目不暇接的建筑给人一种沉闷压抑的感觉。来到邀月门后，眼前会突然出现广阔的昆明湖，顿时豁然开朗，给人一种收放自如的感觉。

　　万寿山的建筑非常有特点，高大、壮观的佛香阁、排云殿等美不胜收。作为颐和园的中心，人们在这里可以尽情俯视昆明湖的秀美风景，感悟水天一色的意境，体会大自然的空灵。昆明湖中南湖岛的庙堂及水坞大多

都很平缓，这与万寿山形成了鲜明对比。一浓一淡，一重一轻，使颐和园的湖光山色相辅相成，浑然天成。

往后山区走，只见幽静的苏州街与小巧的谐趣园相映成趣，这与前山区的"热闹"形成强烈的反差，一冷一热，别有一番韵味。

颐和园的布局错落有致，空间感很强，设计师很好地利用了这里的地形资源，合理地分配空间。但是其中很多布局的寓意至今让建筑爱好者们费解。

雷廷昌的构思

鸟瞰颐和园，万寿山如同一只蝙蝠张开翅膀，昆明湖的形状如同一个寿桃，而17孔桥则像一条长长的龟颈。这种精妙的设计是古人故意为之还是纯属巧合呢？

有人认为，修建颐和园的目的就是给慈禧贺寿，所以光绪帝下令在这颐和园中彰显"福、禄、寿"以表心

意。雷廷昌负责颐和园的主要设计，为了符合光绪帝的心思，他苦思冥想，指挥人将昆明湖挖成寿桃状，人们在万寿山极目眺望，眼前便呈现一个大寿桃，意为"禄"；17孔桥与湖中的小岛相连，整体来看像一只龟，17孔桥相当于龟颈，而龟寓意长寿，这就是"寿"；雷廷昌还将万寿山佛香阁两侧的建筑排列统统设计成蝙蝠张开翅膀的样子，蝠即"福"，这样"福、禄、寿"就都齐了。

有些人可能对蝙蝠的形状感到疑惑，因为此项建筑完工后，慈禧登临万寿山峰顶的佛香阁，只能看到寿桃的轮廓，以及蝙蝠的脑袋和两只爪子，并不能看到蝙蝠的整个形状。从空中拍的照片看，颐和园中的昆明湖的确是一个寿桃，寿桃的前部偏向东南，寿桃的底部偏向颐和园西北角西宫门外的引水河道；昆明湖北岸线是一

个弓形，探入湖面的部分，就像蝙蝠的头，弧顶凸出的部分像蝙蝠的嘴，左右伸展的长廊像蝙蝠的双翼，万寿山及山后的后湖像蝙蝠的身躯。

难道是老人给的启发

雷章宝是颐和园设计师雷廷昌的后人，从小就听家里人说起雷廷昌设计颐和园的事迹，他后来回忆说，清朝统治者要求园子能体现"福、禄、寿"三个字，这让雷廷昌犯起了难，正当雷廷昌思考如何设计时，有一位老人突然上门访问，雷廷昌邀请老人留宿一晚。第二天，老人离开的时候在桌上留下了一个寿桃。他把老人送走

后，回来看到一只蝙蝠正好落在寿桃旁边，雷廷昌脑洞大开，想起"桃山水泊，仙蝠捧寿"这样的场景，于是有了今天的颐和园。

但这些都没有充足的证据作为支撑，究竟在历史档案中有没有相关记载，还需要史学家进行发掘和研究。

你知道吗？

颐和园，前身为清漪园，毗邻圆明园，清乾隆时期花费数百万两白银修建而成，后遭英法联军焚毁，在光绪年间李鸿章为庆祝慈禧寿辰而挪用军费重建，此后改为颐和园。后又遭八国联军破坏，无数珍宝被洗劫一空，可谓多灾多难。其总体以杭州西湖为蓝本，仿江南名胜于一身，规模宏大，是中国园林艺术的集中体现，被誉为"皇家园林博物馆"。

万里长城东西两端所在地之谜

"肃肃秋风起，悠悠行万里。万里何所行，横漠筑长城。"隋炀帝杨广创作的这首《饮马长城窟行》赞美了修筑长城的历史功绩。长城又叫万里长城，是我国古代的军事防御工事，工程浩大，历史悠久。长城是中华民族的象征，是人类文明的奇迹之一。但是，长城并不是连绵不绝的，它的修筑历经了两千多年。所以，关于长城东西两端的所在地，可谓众说纷纭。那么，万里长城东西两端的所在地到底是哪里呢？

西起临洮，东至辽东

据相关专家研究，秦长城大致分3段，西段长城，西起甘肃岷县，沿洮河东岸向北至临洮、兰州一带，再向东折回兰州榆中县；中段则从内蒙古兴和县起，北依阴山，南靠河套地区，一直到乌兰布和沙漠的北边；东段从内蒙古化德县起，向东沿着内蒙古和河北省北部交

界处蜿蜒东行，在辽宁省折向东南，然后延伸到"辽东"，即今天朝鲜境内的平壤大同江北岸。专家们认为甘肃岷县应该就是秦时的临洮，是秦长城的西边起点。这里树立着一块碑，上面写着"战国秦长城遗址"。据考证，早在春秋战国时期，各诸侯国均修过长城，秦国自然也不例外。这一部分就是秦昭王时期修建的，此后秦始皇不断进行修缮。但由于年代久远，很难看到城墙的遗址，也就无法确定这一段长城的真实性。

据《史记·蒙恬列传》记载，秦始皇统一天下后，派蒙恬率领三十万将士前往北方边疆地区驱逐戎狄（先秦时对北方游牧民族的统称），收复了当时的黄河以南地区，然后征发数十万农夫，西起临洮，东至辽东，因

地制宜地修筑长城，绵延上万余里，用来抵御戎狄的入侵。虽然史料上有这样的记载，但是现实中我们却见不到绵延于山川田野的城墙的任何遗迹，所以很难确定长城起于临洮，终于辽东。后来，一些学者在这一带找到了秦代的一些物品，那这是不是就能说明秦始皇在临洮至辽东一带修建了长城呢？答案是否定的。因为这一带本来就是秦人活动的区域，所以能找到秦代的物品并不能证明长城的存在。看来长城"西起临洮，东至辽东"的说法还需要进一步研究。

东起辽东，西至罗布泊地区

有人认为万里长城西端应该在罗布泊地区。据史料记载：汉朝初期，北方匈奴开始变得强大起来，不断在汉朝边境滋事。经过一系列的战争，汉武帝时期打通了甘肃经河西走廊至罗布泊的交通要道，西域各国纷纷臣服于西汉王朝。同时，汉武帝还命人大规模修筑长城，

前前后后修筑了多次，最后一次修筑长城的记录是修建玉门关至罗布泊段的长城。既然这是最后一次修建，那么长城的最西端是不是就是罗布泊地区呢？可是我们从今天的遗址中可以发现，这里只有相隔的城墩和烽火台，并没有相连的城墙。那么，这是不是长城呢？让人疑惑不解。

西起嘉峪关，东至山海关

还有人认为长城西起甘肃嘉峪关，东至山海关。因为这两座关卡修建得很有气势，遥相呼应，至今依然保存完整。历史上各个时代的长城早已残缺不全，而我们

33

看到的保存比较完整的都是明代修缮的长城。明代为了抵御瓦剌、鞑靼等少数民族对边境地区的骚扰和掠夺，再加上明末女真族的崛起，所以明王朝始终在修建长城。而我们所说的西起嘉峪关、东至山海关，其实是明长城的两端。

所以，万里长城的东西两端所在地，至今还是一个未解之谜，还需要我们进一步考证。

你知道吗？

在古代封建社会，强大的骑兵是冲锋陷阵的主力，让人闻风丧胆，因此历史上很多王朝都修筑长城，防止北方游牧民族的入侵，隔断敌骑的行动。据考察，明代前后修筑长城十八次，总长达到8851.8千米。

沈阳故宫设计者之谜

　　作为中国第二大宫殿建筑群，沈阳故宫是中国现存的仅次于北京故宫较完整的古代帝王宫殿建筑，距今已有300多年的历史，具有丰富的历史文化内涵。那么，沈阳故宫又是谁设计的呢？

认识沈阳故宫

　　当明王朝从洪武、永乐走向万历、天启，一步步走向衰亡时，关外的女真族正在强势崛起。1616年，女真族首领努尔哈赤建立后金。1625年，努尔哈赤迁都沈阳，修建议政大殿，皇太极继承汗位之后将宫殿不断扩建。1636年，皇太极在沈阳将国号改为"大清"。1644年，顺治迁都北京，沈阳便成了"陪都"。沈阳故宫是"龙兴"之地、宫阙圣地，自康熙以来历代皇帝曾多次拜谒东巡，在民国期间被改造为公立博物馆。沈阳故宫占地面积4.6万多平方米，按照布局和建造先后顺序，分为

东路、中路和西路，东路就是努尔哈赤修建的议政大殿，殿前排列十座方亭，分别是八旗大臣和左右翼王办公的地方，又称为十王亭；中路依次为崇政殿、凤凰楼和清宁宫；西路以文溯阁为主，放置《四库全书》，具有江南风格。

是侯振举命人组装起来的吗

据《侯氏宗谱》记载，在辽阳兴建都城东京时，努尔哈赤曾任命侯振举为千总，负责烧制琉璃瓦，建造八角金殿。但是，从努尔哈赤决定迁都沈阳一直到他去世，前后只有一年多的时间，之后皇太极继承汗位。而皇太

极继位，需在大殿举行大典仪式，侯振举与十多名工匠日夜赶工，最终在皇太极继位前建成了大政殿和十王亭，使皇太极顺利完成了登基大典，后来还受到了皇太极的奖赏。那么，侯振举是怎样在短时间内修成两座大型建筑的呢？

有史料记载，清朝自从有了八旗军事制度，便逐渐形成了一种独特的、固定的扎营方式，即大汗的黄顶帐篷位于中间，两边有5个幄（指帐幕），而沈阳故宫大政殿和十王亭的布局采用的就是这种形式。由于大政殿和十王亭的规模巨大，基本上不可能在短时间建造完成。因此有人猜测，大政殿和十王亭的建设可能与八角金殿有关。当时，努尔哈赤急于迁都沈阳，所以在建设沈阳

故宫时出现了材料短缺的问题，因此侯振举等人便将在辽阳建造的八角金殿拆掉，全部运到沈阳再重新组装起来，最后便在短时间内建成了大政殿和十王亭。但这只是一个猜测，并没有确凿的证据。

侯振举不是唯一的负责人

据《侯氏宗谱》记载，1624 年，侯振举全家迁至沈阳，建造了多种建筑，后金朝廷又赐给他 600 多名差役供其使用。从《侯氏宗谱》中的记载可知，侯振举与沈阳故宫的建设具有重要关系，还有人说侯振举就是建造沈阳故宫的负责人。但是有人对此提出了质疑。他们认为，侯振举是汉族人，而沈阳故宫中的建筑除了汉族建

筑风格，还有很多鲜明的满族、蒙古族的建筑风格，他自己是设计不出来的。因此，侯振举可能只是负责人之一，应该还有其他人参与了沈阳故宫的设计和建造。

侯振举与沈阳故宫没关系

　　还有一些人提出了不同的观点，他们认为侯振举只是"烧制琉璃瓦的管窑人"，并不是沈阳故宫的设计师和负责人。有史料记载，侯振举原籍山西，后迁至沈阳，世袭盛京五品官，监制黄瓦，住在城东南的析木城。这段史料中并没有提及侯振举与沈阳故宫的关系，所以并没有证据能说明侯振举就是沈阳故宫的建造者和设计者。

　　那么，沈阳故宫的设计者到底是谁呢？由于没有充足的证据，这个问题至今依然是个未解之谜。

你知道吗？

　　凤凰楼位于沈阳故宫中轴线上，登上城楼，不仅可以看到乾隆皇帝亲笔御书"紫气东来"，还能将盛京城全景尽收眼底。凤凰楼是当年皇太极读书休息及与大臣议事的地方，可以居高临下监视城内状况，是后宫禁院的门户所在。

阿房宫被项羽烧毁之谜

　　阿房宫是秦始皇统一天下后命人建造的宫殿,与万里长城、秦始皇陵、秦直道并称"秦始皇的四大工程",被称为"天下第一宫"。秦朝末年,刘邦、项羽借助起义浪潮推翻秦朝。据传,项羽当年大破秦军后,看到阿房宫的富丽堂皇后对秦帝国的奢靡愤慨不已,一把火将其烧了。但有人认为,阿房宫根本没有建成,更没有项羽放火烧毁一事。那么,历史的真相是怎样的呢?

阿房宫是否存在

　　唐代著名诗人杜牧在《阿房宫赋》中借助丰富的想象和华丽的辞藻对阿房宫的奢华进行了描写,极尽人间富丽繁奢,宛若人间仙境。但考古学家在阿房宫的前殿遗址上未发现一片瓦当(屋檐最前端的一片瓦为瓦当)。有人认为阿房宫就算被火烧毁,也不可能连一片瓦当这样重要的建筑装饰物都找不到。因此,有人推测,阿房

宫根本就没有建成，可能只是修了个地基，然后秦朝就灭亡了，建造工程也就停止了。

也有一些人提出了不同的观点。1964 年，考古学家在遗址北部发掘出一个高奴（古代地名）铜石权（即秤砣），是当时官方所用的标准衡器。考古学家经过鉴定，认为这个权是当时朝廷从高奴收来检定的，还没等到还给高奴，秦朝就灭亡了，所以后来一直留在阿房宫。这也说明当时的中央财政部门曾在这里进行工作，同时这里还出土了简瓦、云纹瓦当、五角空心砖、陶釜、陶盆、兽骨、烧土等。

中华人民共和国成立以后，阿房宫遗址附近还出土了许多铜制的建筑构件，其建筑宏伟壮丽可见一斑。此

外，在陕西西安市西关南小巷发现一处窖藏贵族用铜器，充分显示了贵族生活的奢华。这些证据都充分说明阿房宫当时是存在的。

项羽烧毁了阿房宫吗

《阿房宫赋》中有"楚人一炬，可怜焦土"两句。人们据此断定，阿房宫最后的命运是被焚毁了。但司马迁的《史记》中只记载项羽在咸阳焚烧了咸阳秦宫殿，并没有提及阿房宫被烧毁的事情。后来，考古学家对阿房宫遗址土层进行勘测，并没有发现焚烧过的痕迹，同时在对秦宫殿地基下部的勘测中发现有焚烧的红焦土痕迹。于是人们得出这样的结论：项羽烧毁阿房宫一事可能是讹传。此结论一出在社会上掀起了轩然大波。

有历史学家反对此观点，他们认为，没有找到阿房宫被烧的证据并不能证明什么，因为阿房宫毁于那段时期的战火是确定无疑的事情

了，只能说被火烧的可能性很大。由于项羽是那段时期战争的主导者，所以真的是项羽烧了阿房宫，还是有人故意将这笔账记在项羽的头上，人们无从而知。

阿房宫到底有没有建成？究竟是不是被项羽所烧毁？这些问题至今尚无定论，相信经过考古学家的不断发掘，这些谜题终究会被揭晓。

你知道吗？

《三辅黄图》中记载，阿房宫以木兰为梁，磁石为门。这种磁石门类似我们今天乘坐火车、飞机的安检系统，可以检测出人是否携带凶器，这应该是人类历史上第一座"安全门"。磁石门遗址位于西安武警工程学院营区内，站在这里，强大的磁干扰会使你难以收发信息。

张壁古堡兴建之谜

山西省晋中市介休市有一个千年古村——张壁村，整个村宛若一个军事堡垒，因此又称张壁古堡。它的面积很小，却拥有完整的城市形态和严密的军事防御体系，这在世界军事建筑史上也是绝无仅有的。但是这样一座古堡却不存在于任何典籍中。那么，张壁古堡是什么时候兴建的？是什么人兴建的？又是因为什么兴建的呢？

古堡建立时间的猜想

小小一座古堡跨越千年历史，包含明清民居文化、金墓葬、元戏台、古军事防御文化及仰韶龙山文化等华夏文化的精髓，不少历史学家对它的建造时间非常感兴趣，纷纷提出猜想。据《新唐书·刘武周传》记载，公元619年，尉迟恭和刘武周曾在介州一带多次击退李世民。鉴于此堡内部"里坊分明"，似乎符合尉迟恭等人的作战需求，因此有人推测，张壁古堡很有可能是那时兴

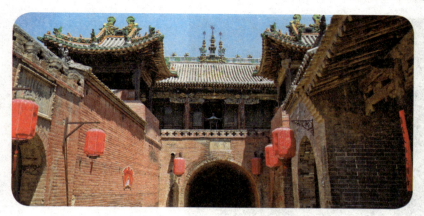

建的，距今已有 1400 年左右的历史。

　　据《资治通鉴》记载，西晋时期，由于统治阶级腐朽，司马家族内斗，导致北方少数民族趁机入侵，形成五胡乱华。公元 357 年，当时的并州统领张平大修坞堡，以便在乱世中求得生存。因此，有人猜测张壁古堡可能是十六国时期的张平兴建的，后来高欢、斛律光等人对其进行重建、修缮并加以利用。

　　还有人认为，张壁古堡应该起源于金，后来受多个朝代文化的影响，才有了现在多样的建筑风格。

神奇的地下暗道

　　"地上明堡，地下暗道"形容的就是张壁古堡地下的神秘暗道。古堡地下遍布地道，与堡内相连。暗道分

为三层，底层是可以存粮的深洞，有人认为这可能是供当时人们躲避战争藏粮食使用的；中层每隔一段有可以容纳人栖身的土洞，有人认为这可能起到哨岗的作用；上层则是喂养牲畜的土槽，这应该是暗道的掩饰。有人把这种攻、防、退、藏、逃等功能齐全的暗道与乡村人民自我防御的传统及晋商文化相联系，认为这可能是晋商的一种防御措施，但这仅仅是一个假设。

反风水而建的古村

传说，张壁村村名来源于二十八星宿中的张宿、壁宿，村里的祭星仪式自古沿袭至今，因此又被称为"中国星象第一村"，这又为其披上了一层神秘的面纱。

在我国传统建筑中，一般都背靠高山建名堂为宜居之地，并将建筑修造成北高南低，寓意北玄武，南朱雀。但是张壁古堡却南高北低，完全违背了中国古代的风水

学说。专家发现北门一带的庙宇群中供奉着真武大帝，庙宇群修建得高耸挺拔，这或许是为了弥补古堡风水的不足。但为什么要反风水而建呢？人们也不得而知。

　　总之，由于史料匮乏，我们对张壁古堡的了解非常少，关于它的兴建之谜，相信未来一定能够解开。

你知道吗？

　　张壁古堡由黄土修筑而成，背靠绵山，退避有路，易守难攻，古堡的堡门、门楼与堡墙配合得天衣无缝，排水、防火等功能一应俱全，街道主次分明、布局严整，融军事与生活系统于一体，浑然天成。

黄鹤楼始建于三国时期，虽屡遭破坏，但各个朝代都不断进行修复。1985年，重修后的黄鹤楼正式落成，再一次出现在湖北省武汉市长江南岸的武昌蛇山之巅，是国家5A级景区。但是关于黄鹤楼至今仍有一个未解之谜，即它的名称究竟因何而来？

来源于神话

关于黄鹤楼名称的来历，有很多神话传说，流传最广的是从崔颢的"昔人已乘黄鹤去"中的"昔人"一词化来。这个"昔人"就是所谓的黄鹤仙人。但是这个黄鹤仙人又是谁呢？坊间流传着三种说法。一种说法是，仙人子安曾经乘黄鹤从此处经过，黄鹤楼因此而得名。另一种说法是，蜀国人费祎成仙后，曾骑着黄鹤在此休息，此楼由此而得名。还有一种说法是，荀叔伟曾见仙人下凡，并在此楼摆宴设饮，此楼因而得名。

但是，这几个故事都没有交代黄鹤楼因何而建，由谁而建。倒是另一则"辛氏酒楼"的传说交代得最为完整。

古时候，有个姓辛的妇人在山头卖酒。一位道士经常途经此处，经常饮酒却分文不给，辛氏也从不计较。在一次饮酒之后，道士为了感谢辛氏的千杯之恩，就在墙壁上画了一只仙鹤，并对辛氏说："以后客人一到，你就拍手引仙鹤下壁，它就会翩翩起舞，为客人祝酒。"话一说完，道士就不见了。后来，道士的话果然灵验，这个小酒铺一时宾客盈门，辛氏也由此成了富翁。10年后，道士故地重游，临行时，他吹奏铁笛。随着悠扬的笛声，白云、仙鹤飘然而至，道士跨上黄鹤直上云天。辛氏为了纪念仙翁，筑地起楼，并取名"黄鹤楼"。

关于名称来历的不同看法

这些神话传说给黄鹤楼增添了很多浪漫色彩，但是黄鹤楼究竟名从何来，一些专家、学者有不同的看法。很多学者认为，黄鹤楼是以地方来命名的。黄鹤楼所在的地点叫作"黄鹄山"。有人考证，黄鹄山就是黄鹤山。但还有人坚持认为黄鹤楼是以人名来命名的，《礼部诗话》一书记载了崔颢在诗中自注道："黄鹤乃人名也。"还有人认为黄鹤楼名字的来历既不是人名，也不是地名，而是根据形状来命名的，抬眼望去，各层排檐看起来像

展翅欲飞的黄鹤，所以才取名"黄鹤楼"。

自古以来，黄鹤楼名称的由来家家有说法，人人不相同，正因如此，黄鹤楼才有了这么多奇妙和神秘之处，引得无数人前来一睹它的风采。

你知道吗？

黄鹤楼的主楼是钢筋混凝土框架仿木结构，顶端被金色琉璃瓦覆盖，由圆柱支撑；楼外被铸铜黄鹤造型、轩廊、牌坊、亭阁等建筑环绕，整栋楼的楼形如展翅高飞的黄鹤。黄鹤楼檐下四面悬挂匾额，正面悬挂的是书法家舒同题的"黄鹤楼"三字金匾。

51

岳阳楼兴建之谜

岳阳楼是江南三大名楼之一，北宋文学家范仲淹创作的《岳阳楼记》使岳阳楼声名远播，吸引了海内外无数游客前往游览。在《岳阳楼记》中，范仲淹曾提起滕子京重修了岳阳楼。既然是"重修"，说明岳阳楼早已存在。那么，岳阳楼是什么人在什么时候兴建的呢？

不知何人何时所建

南宋学者祝穆在《方舆胜览》中对岳阳楼有这样的描述：岳阳楼位于岳阳西南、洞庭湖东侧，与君山（洞庭湖中一小岛）相望，初建者不知是谁。《方舆胜览》是南宋时期著名的地理总志，《四库全书》认为此书虽偶有疏误之处，但是对于各地名胜古迹都有非常翔实的记载，其可信度比较高。此外，《岳州府志》也有相关问题：岳阳楼是哪朝、哪代又是何人建造的？

几种不同的说法

关于岳阳楼的建造时期，文学界和史学界的看法不同。文学界普遍认为岳阳楼是在唐朝初期修建的，不过这种说法比较模糊。有人进一步提出是唐朝开元年间张说任岳州知府的时候建造的。而且，据现存关于岳阳楼的诗句、名篇中记载，岳阳楼兴建时间最早不过唐朝，这一说法目前被很多文学作品采纳。

史学界则认为岳阳楼可能建于公元前 220 年左右，前身为东吴大将鲁肃所建的"阅军楼"，为训练水军所用。《巴陵县志》中记载：岳阳楼，可能就是阅军楼。洞庭湖之北原来叫作巴丘，后改名岳阳，因此岳阳楼应该是被汇集于此的文学家、诗人改名而来。据史书记载，

鲁肃镇守巴丘是公元 210—217 年，但具体是哪一年修建的阅军楼，我们就不得而知了。

看来，岳阳楼究竟何时、何人所建，还需要进一步考证和研究。

你知道吗？

岳阳楼、滕王阁、黄鹤楼并称江南三大名楼。1044年，滕子京重修岳阳楼，将唐朝以来著名诗人写下的诗句刻在内部，并请好友范仲淹撰文记录此事，范仲淹便写下千古名作《岳阳楼记》。岳阳楼主楼呈长方形，纯木结构，飞檐盔顶，顶覆琉璃黄瓦，气势雄伟，巍峨壮观。登上岳阳楼，极目远眺，洞庭湖携长江之水奔赴天际，水势浩大，无边无际。

小雁塔离合原因之谜

西安小雁塔始建于公元 707 年，相传是当时高僧义净从那烂陀寺回来后提议修建的，用来存放佛经、佛卷、佛图等。小雁塔命运坎坷，曾经历多次分裂和复合，这到底是怎么回事呢？

自动裂合的小雁塔

西安小雁塔底层有一块"王鹤刻石"，其文大意为："荐福寺塔（小雁塔）始建于唐，历经宋元两代。明朝成化末年，长安发生地震，塔从顶到底部中间裂开好几尺，如同一道窗户，来来往往的人都能看到。正德末年，此处又发生了地震，小雁塔瞬间就完好如初，仿佛有神灵保佑。"这是小雁塔第一次自动裂合。在地震中裂开，又在地震中复合，真是令人百思不得其解。但是关于小雁塔的裂合记载远不止如此。

清初著名学者贾汉复、王士祯在《陕西通志》中记

载：此塔在 1551 年的地震中裂开，1563 年地震后复合。清末学者钱咏在《履园丛话》一书中也有相关记载：1691 年，小雁塔塔身又裂，1721 年又离奇合上。这样一座塔在经历了三次地震后，不但屹立不倒，还总能神奇地复合，令人惊奇。

这是关于小雁塔三次裂合的记载，至于第四次裂合的时间，史料上并无记载，但是中华人民共和国成立后，很多人都曾见到小雁塔裂合的场景。

小雁塔裂合原因的猜测

为什么小雁塔会自动裂合呢？一些建筑学家进行考证后认为，这与唐代高超的建筑手段有关，西安多地震，

建筑师根据当地的地震状况，把塔基修成半圆形球体，小雁塔建在这样的塔基之上，就像一个不倒翁，即使经历多次地震依旧能够保存完好。

地质学家认为这和当地的地壳运动有关，类似地面裂缝的发展和消亡，是地壳运动作用于物体上的一种表现，即地裂时塔裂、地合时塔合。只是塔裂比较快速、猛烈，容易被人们注意，而合拢是一个漫长的过程，不容易被人们发现。但是这种说法，并没有得到人们的认可。因为，除了小雁塔，附近的其他建筑并没有出现类似的现象。

小雁塔究竟为什么会自动裂合，也许随着时间发展，人们会慢慢解开这一谜题。

你知道吗？

　　小雁塔位于唐长安城安仁坊荐福寺内，是佛教建筑艺术中的珍品，寺内双塔，一大一小，大、小雁塔因此得名。清晨时分，秀丽的塔影配上清亮的钟声，成为一道靓丽的风景线，在古城中别具一格。明清两代时，小雁塔因遭遇多次地震，塔顶两层残毁，仅存十三层。

大雁塔倾斜之谜

古人常说"十塔九斜"，中外建筑中都有一些著名的斜塔，有些是设计者故意设计成这样的，有些是地质原因导致的，而有些是建筑工人偷工减料导致的。大雁塔始建于公元652年，在之后的千余年之中，大雁塔一直在不断地倾斜，这是怎么一回事呢？

大雁塔在倾斜

大雁塔建在慈恩寺内，所以又叫慈恩寺塔，是采用砖仿木结构的四方形阁楼式塔，初建时有5层，武则天时期，将其改为10层，后因战火的损毁，最后只剩下7层。中华人民共和国成立后，曾有专人对大雁塔进行了修缮。1963年10月，西安市文物部测量队对大雁塔进行测量发现，塔身向西北倾斜了700多毫米。1984年又进行测量发现，塔身向西偏了800多毫米，向北偏了100多毫米，倾斜偏心900多毫米。1988年，经过测量发现，

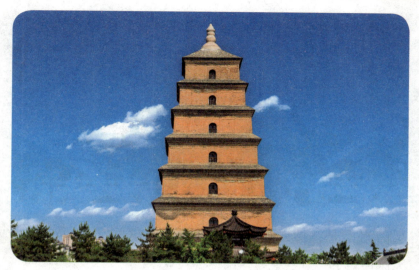

塔中心轴线向西北方倾斜了 900 多毫米。此后三年，随着塔基的沉降，塔身下沉了 300 多毫米，并继续向西北方向倾斜了 4 毫米。

众人的猜测

大雁塔不断倾斜，引起了很多人的关注。众人开始分析导致大雁塔倾斜的因素。很多人认为，这是由大雁塔附近地面下沉导致的。据考察得知，20 世纪 60 年代后期，大雁塔附近承压水大幅度下降，出现了东西走向的沉降槽，而大雁塔正好处于沉降槽中段南部，这使得大雁塔不断倾斜。还有人指出，不论是地下水下降还是上

层滞水上升，抑或是地裂、地震等，这些都有可能导致大雁塔倾斜。

有人认为大雁塔的倾斜不足为惧，因为经过十几年的考察发现大雁塔塔身的倾斜度非常小，甚至可能是最初建造时故意设计成这样的。

但是，这些都只是猜测，至于大雁塔究竟为什么会倾斜，始终是一个未解之谜，还需要学者们进一步研究。

你知道吗？

大雁塔是唐玄奘法师西行天竺求取真经、归国译注的重要纪念地，里面供奉着他从印度带回的佛像、舍利及梵文经典。武则天时期，中进士的人会在大雁塔内提名，其中就有大诗人白居易。该塔历经千年，见证过多个朝代的兴衰，至今仍雄伟壮观。

无影塔没有影子之谜

光沿直线传播时，被不透明物体阻碍，就会在物体后形成一片较暗的区域，这就是影子。据古籍记载，武汉有一座无影塔，在强光的照射下也没有影子。那么，无影塔真的没有影子吗？

无影塔的历史

据《江夏县志》记载：古无影塔兴建于黄鹄矶石上，高不足三尺，每天日出日落都看不见这个塔的影子，塔中所藏尸骨不知道是什么人。无影塔又叫兴福寺塔。兴福寺始建于南朝梁时期，原名晋安寺，隋文帝时期改名为兴福寺。后来，兴福寺被毁，1270 年又重建，同时建造了无影塔。无影塔是楼阁式石塔，塔身为石块垒砌的八边形，重檐斗拱之下有菩萨、天王、力士，造型古朴，是武汉古老建筑之一。

无影塔名不符实

很多游客前往洪山公园观赏无影塔，发现无影塔是有影子的，这与"无影"之名完全不符。那么，为什么它取名"无影塔"呢？难道古书记载有误吗？经过考证发现，原来这个"无影塔"并不是古书上记载的那座无影塔。真正的无影塔的塔身曾经出现倾裂，1962年，文化部门将无影塔从洪山兴福寺迁移复原至洪山西麓。有人说，在原来的地方，无影塔在每年夏至中午时分，确实没有影子，所以取名"无影塔"。但是，现在塔所在的位置和环境都发生了改变，因而也就不能保证无影了。

无影塔无影的原因

虽然我们已经不能看到无影塔没有影子的现象，但仍有人对无影塔无影的原因进行了猜测。有人认为塔身上面小下面大、建造时倾斜一点儿、地面可能有坡度等因素汇于一起，可以使人看不到无影塔的影子。

也有人认为，旧无影塔应该建在一个正南方有坡度且平整的地面，当夏至正午阳光直射时，塔身与直射的

阳光重合，这就导致人们看不到影子。

　　但这些终归只是人们对旧无影塔的猜想，随着无影塔的迁移、地理环境的改变，"无影"早已成为历史，或许在不久的将来，随着科技的发展，人们能够揭开这一谜题。

你知道吗？

　　河南汝南县城南也有一座无影塔，俗称"夏至正午无影塔"，相传为唐代和尚悟颖所建。它的塔体为六角形，九级楼阁，从外面看呈抛物线形，塔身下为单层须弥座，束腰部分刻着动物、雕花图案，造型优美，玲珑秀丽。

嵩岳寺塔建造时间之谜

在嵩山太室山脚下，群山环抱之间，一座近40米高的古塔拔地而起，这就是嵩岳寺塔。虽然周围的寺院早已衰败，但嵩岳寺塔依旧矗立不倒。那么，这座古老的佛塔是什么时候建造的呢？

珍贵无比的嵩岳寺塔

嵩岳寺原名闲居寺，是一座历史悠久、规模宏大的寺院，位于登封市城西北太室山南麓，嵩岳寺塔就位于该寺院中。嵩岳寺塔共15层，其塔层之高在全国范围内都是十分罕见的，该塔由基台、塔身、密檐和塔刹等部分构成。

人们一般认为，嵩岳寺始建于公元509年，起初是北魏宣武帝的离宫，后改为佛教寺院，公元520年，改名为闲居寺。公元602年，改名为嵩岳寺。唐朝时期，唐高宗李治曾与武则天同游嵩山，并将嵩岳寺作为行宫，

一时之间，嵩岳寺楼阁相连，亭殿交辉，盛极一时。汉魏时期，建筑师建造的塔多为木构楼阁式，后来逐渐被砖石材料替代，而嵩岳寺塔除塔刹和基石外，都是用砖砌筑而成，这是极为可贵的。

建于北魏时期

刘敦桢先生是我国著名建筑史专家，他通过翻阅唐李邕《嵩岳寺碑》得出，嵩岳寺塔应该始建于公元520年，他在自己的著作《中国建筑史》中指出，嵩岳寺塔始建于公元523年。虽然这两个时间略有出处，但总的来说他认为该塔建于北魏时期，这一观点得到了学术界

大多数人的认可。后来，一些专家出版的建筑史、美术史等方面的书籍中，都认为嵩岳寺塔建于北魏时期。一时之间，这种说法似乎成了一种定论。但依然有很多人对此持不同意见。

建于唐代

1996 年，北京工程学院教授曹汛对嵩岳寺塔的修建时间进行重新审视，并发表了《嵩岳寺塔建于唐代》一文。他在文中从多个角度进行深层分析，认为《嵩岳寺碑》应该是李邕在公元 710 ~ 739 年撰写的，当时主持嵩岳寺塔重修工程的僧人派人向李邕求写碑文，而李邕是根据来人的口述撰写的，他并没有亲眼看到嵩岳寺塔重修。曹汛还认为碑文中"后魏之所立也"的意思应该是在后魏古塔的旧基上重建而不是重修。此外，20 世纪 80 年代发掘出的嵩岳寺地宫，出土文物、壁画都是唐代风格，地宫是塔基的重要组成部分，不可能塔修好了再挖地宫。曹汛还提到北魏时期的佛塔最高为 9 层，而嵩岳寺塔有 15 层，应该是在唐代开元年间重建的，建于唐朝

时期的法王寺塔、荐福寺塔都是这样的风格。当这一说法提出时，众多专家议论纷纷。

对两种观点的分析

清华大学建筑历史与理论博士萧默对嵩岳寺塔建于唐代这一结论颇有怀疑。《嵩岳寺碑》碑文中提到："议以此寺为观，古塔为坛。"如果是唐代重建，在旧塔基上动工的话，完全可以写为"塔基为坛"，曹汛先生的揣测毫无根据。并且曹汛认为在嵩岳寺塔南面所建的隋塔自建造至李邕撰碑时才百年，不能称为古塔，北魏原塔距李邕撰碑时已经200多年，可称为古塔，这种理解失之偏颇。再者，嵩岳寺塔是一个空心塔，砖石结构独特，

这样一来，修完之后再修筑地宫对于塔的受力并无大的影响。出土文物中有一个"大魏正光四年"佛像，这与塔的修建时间相符。曹汛先生认为北魏最高只能建造 9 层佛塔，但是他的依据均是楼阁式佛塔，不能说密檐式佛塔无法建得更高。

福州大学建筑学院朱永春认为，根据现有史料，将嵩岳寺塔建造时间断为北魏是审慎可靠的。曹汛说北魏所立的塔不可能建在唐代的地宫上，但是北魏塔的旧基也同样不可能建在唐代地宫之上，这两者自相矛盾。建于北魏时期的陕西万佛寺塔至今保存完整，共 10 层，可算实物依据，这充分证明魏晋南北朝有 9 层以上的佛塔。

所以，嵩岳寺塔究竟是什么时候建造的，至今还是一个未解之谜。要想彻底解决这一问题，还需建筑史学家们的共同努力。

你知道吗？

嵩岳寺塔共 15 层，由台座、塔身、密檐和塔刹四部分构成，全塔由砖砌筑，黏土砌缝。台座为八角十二边形，塔身分上下两部分，用叠涩构成的 15 层密檐将其包围，再往上为塔刹，由基座、覆莲、须弥座、仰莲、相轮、宝珠组成。

护珠塔倾斜不倒之谜

1590 年，伽利略在意大利比萨斜塔做自由落体运动实验，这座斜而不倒的塔也因此闻名遐迩。我国上海市松江区天马山上也有一座斜而不倒的塔，名叫护珠塔，俗称斜塔。如果只是倾斜并不值得一提，神奇的是护珠塔塔身底层有一个直径约 2 米的大洞，依旧近千年不倒。这其中有什么秘密呢？

屹立不倒的护珠塔

《上海文物博物馆志》记载：护珠塔位于松江九峰之一的天马山上，始建于 1079 年，由许大全筹资修建，因南宋银甲将军周文达在此存放皇帝赏赐的舍利子而得名。整个塔身为木芯砖石结构，七层八角，楼阁式。每层有腰檐、平座、栏杆，是一座玲珑宝塔。传言塔内藏有宝物，人们争相寻找，将塔身严重破坏，后来，人们开始在这个塔烧香拜佛。一天晚上，香火不慎点燃塔里

的物品，导致塔内东西被毁于一旦，只留下了石塔本身。据说护珠塔塔身的倾斜程度已经超过了意大利比萨斜塔，所以有"上海比萨斜塔"的称呼。

护珠塔为什么会倾斜

护珠塔比比萨斜塔还要倾斜，是上海一大奇观。这座塔，修建之初是直的，后来为什么会倾斜呢？专家们经过大量的研究得出两种原因：一是与塔基地质有关，塔西北一侧地基为石头，坚硬不易下沉，而东南一侧地基土层松软，随着雨水的冲刷会不断下陷，从而导致塔身逐渐倾斜；二是人们对塔身的破坏，导致塔砖缺失、

塔心木被毁。

护珠塔为什么会斜而不倒

护珠塔早已倾斜，但为什么没有倒呢？人们对此没有形成一致的看法。

塔东南面20米处，有一株古银杏树，传说为周文达所种，古树分枝呈龙爪状，向西扑抱塔身，富有神力，是山神的化身，正是它守护着护珠塔近千年不倒，但这仅仅是一个民间传说。

有人认为护珠塔不倒或许跟建筑材料和结构有关。护珠塔砌砖用的黏合剂是用很黏稠的米烧制成粥，拌以

沙子、桐油、石灰制成的，接近现代的混凝土；塔身为八角形结构，使得塔身受力十分均匀，即便塔身倾斜，依旧能够保持斜而不倒。

有专家认为这可能与当地多东南风有关。护珠塔向东南方向倾斜，上海位于沿海地区，多东南风，而天马山峰顶所受东南风更强，塔的倾斜力和风力就成为一对平衡力，常年的东南风可以支撑塔身，所以塔斜而不倒。

当然，这些都是人们对护珠塔斜而不倒现象的猜测，究竟是什么原因，还需要专家进一步分析。

你知道吗？

上海文物局时刻监测塔身状况，对护珠塔所处环境的风速、风向、湿度、含水率、含盐率、降水量、渗漏、裂隙、温度、位移、振动等数据进行汇总之后，于1987年成功在隐蔽部分嵌入钢筋，加固了塔基和砖身，并更换、修补了风化剥蚀的砖面，此后又不断进行了修缮。

山西恒山悬空寺之谜

北魏孝文帝定都平城之后，佛、道、儒文化在这一带开始融合，位于山西浑源县的恒山悬空寺便是这一时期的产物。这座悬空寺建在悬崖峭壁上，历经千年依然保存完好。意大利威尼斯考古专家尼诺曾说："悬空寺及它象征的一切，体现了中华民族伟大的文化成就，是中国人民智慧的杰出体现，仅仅是为了这座奇特的寺庙，就值得到中国来一趟。"那么，这座悬空寺是如何建在悬崖上的呢？它又是如何历经千年而保存完好的呢？

悬空寺是如何建在悬崖上的

悬空寺距今已有 1400 多年的历史，人们来到恒山脚下，抬头仰望，只见悬空寺藏于云雾之中，与崖壁融为一体。而且不仅寺庙本身悬在半空中，就连那些支撑在悬崖峭壁上的木支柱竟然也是悬空的！

专家认为悬空寺之所以能够建在悬崖上，主要是因

为"铁扁担"(即平衡梁,两侧或四角能承受平衡力保持水平方向)把寺内楼阁横空架起来了。除此之外,这里的立木(即柱子)有的起承重作用,有的起平衡作用。但也有专家认为悬空寺有的木柱从结构上看根本不受力,真正的重心在恒山内部石头中,人们在山崖上先开凿好窟窿,再将横梁插进窟窿,这样穿插着支撑楼体,我们在外面看的只是一部分。悬空寺是如何建在悬崖上的,专家们的意见并不统一,谁也说服不了谁。

建造在悬崖峭壁的原因

有人认为浑源县夏季多局部性大雨、暴雨,经常有山洪发生,因此把寺建在悬崖上,有利于防洪,且悬空寺悬挂于石崖中间,顶峰突出部分能够有效使古寺免受

雨水的冲刷、腐蚀；并且此处为南来北往的交通枢纽，建造寺庙有利于过往信徒进香。此外，古代人们认为暴雨成灾是因为有妖龙作祟，应在高处建浮屠来镇压，这样就会风调雨顺，而且建立寺庙有利于灾民前往避难，这也与佛教思想不谋而合，所以悬空寺就这样应运而生了。

悬空寺脚下山势如同一口铁锅，中间凹了进去，悬空寺恰好位于锅底。这种凹型位置，使得冬天塞外凛冽的大风不能深入悬空寺，夏天又能阻挡烈日的暴晒。这不仅是悬空寺建造在悬崖峭壁的原因，也是悬空寺能够历经千年保存完好的一个因素。

历经千年保存完好的原因

随着人们对悬空寺研究的不断深入，有人认为悬空寺之所以能保存得如此完好，除上述原因外，也因它狭窄的建筑形式。来此地的游人数量有限，且只能缓慢地在廊道和悬梯之间走动，不会出现人数过多破坏古刹的

现象，这样古刹就能经久不衰。

在寺院主殿内分别供奉着佛、道、儒三种思想的代表人物——释迦牟尼、老子、孔子。悬空寺将三种思想融为一体，这在古代非常少见。因此，无论历朝历代信奉哪一思想，悬空寺都能幸免于战火，这也是悬空寺完好无损的一个重要原因。

当年李白到悬空寺游玩，诗兴大发，写下"壮观"二字。后来徐霞客游历到这里，被悬空寺所震撼，称其

为"天下巨观"。悬空寺丰富的文化内涵和历史底蕴又为悬空寺添上了神秘的色彩。

悬空寺究竟是如何建在悬崖上的，又是如何历经千年依然保存完好的，至今还是未解之谜，还需要专家们进一步考证。

你知道吗？

悬空寺的特点为建筑奇、选址险、结构巧，堪称世界一绝。窟中有楼，楼中有穴，半壁楼殿半壁窟，俗称"悬空寺，半天高，三根马尾空中吊"，险峻如临深渊。它的建筑艺术、文化、格局汇集了中国古代传统的精华。寺内现存的各种铜、铁、泥、石佛造像，风格迥异，具有较高的艺术价值。

古崖居的建造者之谜

在北京延庆区张山营镇西北的一处幽静的峡谷上，有一处古代先民洞窟聚落遗址，这些石室结构复杂、设计巧妙，鳞次栉比地分布在峭壁上，人们称其为古崖居。那么，是什么样的人建造了古崖居呢？

走进古崖居

古崖居的石室形成的自然村落分布在前后两个沟内，总共有 100 多个洞穴，全部开凿在坚硬、陡峭的花岗岩石壁上。洞穴一般高 1.8 米，呈长方形或正方形等，各石室通过石梯、栈桥等上下相通、左右相连，洞内凿有灶

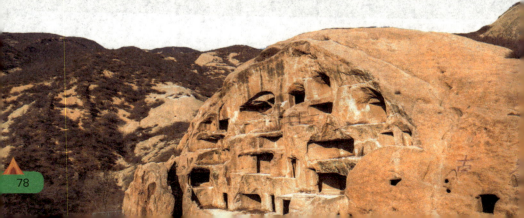

台、炕、窗、气孔等，充满了人类居住的痕迹，布局十分合理；最高处有一座大殿建造得尤为精妙，一看就是重要人物的住所。值得一提的是，古崖居的建筑没有选择朝阳的坡面修建，全部背光。在坚硬的花岗岩上开凿这样的洞穴，凭铁质工具，最起码需要花费数年，这样一个复杂的工程，历史上竟然毫无记载，究竟是什么人开凿的呢？

神秘的建造者

有人根据洞窟的结构进行研究，洞窟内部的东西、主体结构均较小，古崖居中的火炕宽度大多为1米左右，这反映出使用者身高应该也不会超过这个范围，古崖居的居民很可能是一群矮人。

有人认为古崖居是汉朝边关的军营，这里守卫、居住功能一应俱全，如同堡垒。考古学家在离洞穴不远处的山顶上发现了一段残墙，站在城墙之上，前方的平原可以尽收眼底。离城墙不远，考古学家还发现了一处烽火台遗址，这里应该是汉代的一处军事基地。如此说来，古崖居是汉朝戍守边关的将士建造的军营也有一定的道理。

　　随着对古崖居的深入研究，科学家又在北山一带发现了多处这样的建筑，这说明当时古崖居的建造者数量非常多，规模上形成了一个部族。史学家经过查阅文献认为，一支曾经强大的古老民族——奚族很可能就是这些洞穴的主人。据史料记载，唐宣宗时期张仲武平定幽州部族叛乱，奚族部落二十万叛党被平定。奚族生活在

唐朝妫州北山附近，而妫州辖境就包括今天的北京延庆一带。但是，作为北方的游牧民族，奚族人的住所应该为帐篷才符合常理，这样的石屋定居方式明显不符合奚族的生活习俗。

那么，古崖居到底是什么人建造的呢？这只有等待更多考古资料的出现才能证明。

你知道吗？

北京延庆古崖居是华北地区目前发现的规模较大的古人洞窟聚落遗址，它的开凿者尚无定论，历史背景和用途在史籍中也没有明确记载。古崖居的建筑结构复杂，设计精妙，对研究北方少数民族文化、历史和习俗具有重要的意义。

建筑奇谜

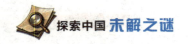

龙游石窟的众多未解之谜

1992 年 6 月，在我国浙江省衢州市龙游县凤凰山麓下有一个惊人的发现，那就是神秘的龙游石窟。龙游石窟的规模举世罕见，堪称奇迹。但是规模如此宏大的工程，在史料上竟然找不到一点记载。那么，龙游石窟到底有什么神秘之处呢？

惊人的发现

20 世纪 50 年代，凤凰山一带的村民为躲避洪水，举家搬迁至凤凰山上。来到山上后，村民们发现山间有很多深不见底的水潭，里面还有鱼。于是，村民们常到水潭取水，也经常捕鱼来吃。有一次，一个村民捕到了一条巨大的鱼，村里的人们感到十分奇怪，就想抽干水潭里的水，看看里面到底有什么。

直到 1992 年 6 月的一天，几位村民终于踏出了揭开水潭之谜的那一步。他们选中一个水面面积仅 20 平方米

的水潭进行抽水。经过 100 多个日夜的工作，村民们终于将这个水潭中的水抽干了，一座气势恢宏的地下石室显露出来，后来这座石室取名南海灵洞。几个村民趁热打铁，最后共发现 7 个石窟。这 7 个石窟呈北斗七星状分布，裸露出的石窟洞口处均有石阶向下延伸，内部科学地分布着大小不一、数量不等的石柱。石室内部装饰简洁，墙壁上凿着带状条痕，整个石室浑然一体。除此之外，在这 7 个石窟方圆 1 千米的范围内，人们还发现了 24 个相似的石窟，而衢江北岸分布着更多的石窟。

众多疑问

　　龙游石窟群的问世引起了世界轰动，有人称龙游石窟为"世界第九大奇迹"。但规模如此巨大的工程，在史书、方志以及典籍中竟然没有任何相关记载，连民间传说也没有，这是什么原因？是何人开凿的龙游石窟呢？又是什么时候开凿的呢？它又有什么用途呢？石窟的"北斗七星"布局是巧合还是设计师故意而为之的呢？石窟在明朝曾作为竹林禅寺的放生池，放养了许多鱼鳖，村民也经常捕鱼，为什么将水抽干之后却一条鱼都没有了呢？

关于用途的两种说法

有人认为石窟是外星人开凿的，为防止被人发现，不得不藏于地下，当然这纯粹是想象。当地有人说衢江

水患严重，开凿石窟与治水祈福有关，但这也缺乏根据。

研究人员经过考察后认为，开凿石窟是为了采石。根据凿洞来看，是采用斜凿的方式逐层下凿，将岩石和岩体剥离开来的。而石窟紧靠衢江，非常便于运输。从凿痕来看，应该是铁器所留，所以，石窟的开凿时间可以追溯到汉朝炼钢技术出现之后。

但有学者认为，这里的凿痕并非铁器所留，而是青铜器所留，这里可能是越王勾践的藏兵之地。越王卧薪尝胆、厉兵秣马，经历二十多年将吴国灭掉，这期间需要在深山中藏匿士兵，打造武器。如此规模的地下石窟群也确实符合当时勾践的需要。如果真是这样，那石窟的开凿时间就可以追溯到春秋时期。

　　还有人在看了石窟墙壁上的壁画后，认为这是地下仓库。因为根据当地县志记载，明代有一幅《翠岩春雨》图，画中描绘的场景就是衢江边上一个用来做仓库的人工石洞。而龙游石窟位于衢江、灵山江、塔石溪三水交汇处，漕运在古代是主要运输方式之一，这里自然为交通要道，存储一些重要货物也是有一定道理的。

　　关于龙游石窟的神秘之处还有很多猜测，对它的探索是无止境的，正是在不断探索的过程中，石窟身上的"谜"才显得更加诱人。

你知道吗？

　　龙游石窟规模宏大、气势壮观，具有十分重要的建筑艺术价值和历史价值。龙游石窟内气温宜人，洞外有青山绿水相衬，竹林古树掩映，美不胜收，吸引了无数中外游客、专家学者、文人墨客前来参观考察。

"二十四桥"的数量之谜

"青山隐隐水迢迢，秋尽江南草未凋。二十四桥明月夜，玉人何处教吹箫？"晚唐诗人杜牧于诗中描绘了与友人在扬州城十里长街风流放纵的生活，而"二十四桥"几乎成了古代扬州繁华的象征。那么，诗中的"二十四桥"是一座桥的名字，还是真有24座桥呢？

"二十四桥"指的是24座桥吗

有人认为，"二十四桥"就是24座桥。宋代沈括以严谨著称，他曾于《梦溪笔谈·补笔谈卷三》中对二十四桥一一考证，证明扬州当时确实有24座桥，扬州不愧有"桥乡"之称。但有人指出，沈括描述中的二十四桥有的重复，有的缺失，有的描述不详，无法令人信服。南宋王象之在《舆地纪胜》中记载：二十四桥是隋朝修建的，用城门和坊市的名字来命名。后来北宋将领韩令坤统领扬州，修筑城池，重新修建桥梁，

二十四桥部分被毁。北宋文学家欧阳修在《西湖戏作示同游者》一诗中写道："菡萏香清画舸浮，使君宁复忆扬州。都将二十四桥月，换得西湖十顷秋。"这些都说明扬州城内的二十四桥并非一座桥，扬州城的命运正如辛弃疾那句"烽火扬州路"一样，"二十四桥"残缺也是在情理之中的。

"二十四桥"是一座桥吗

有人认为，杜牧诗中的"二十四桥"，或许代指扬州城风光，总称扬州桥梁美景。沈括按图索骥式寻找 24 座桥着实不切实际。扬州自唐代起就是著名的江南水乡，桥梁众多，不仅仅有 24 座。沈括书中记载的，只是在当

时城区中心的桥梁，而当年的唐朝旧址并未被记载在内。那么，这其中有二十四桥吗？

目睹扬州遭受金兵洗劫后，姜夔在《扬州慢》中写道："二十四桥仍在，波心荡，冷月无声。念桥边红药，年年知为谁生？"细细品味，这里应该指的是扬州著名的景点——二十四桥。清代李斗、谈迁等也对二十四桥进行追寻和访问，不难推出二十四桥是一座桥。扬州市念泗桥路，有一座"廿四桥"，又名红药桥，当地人说真正的二十四桥又称"念泗桥"。

桥的名字为什么是"二十四"呢

如果杜牧指的是一座桥，那么这座桥为什么叫作"二十四"呢？是有什么特别的含义吗？清代吴绮在《扬州鼓吹词·序》中说，二十四桥原为吴地砖桥，名为"烟花夜月",唐代时有二十四名美貌歌女汇聚于此,因而得名"二十四桥"。元代有一本野史详细记载了"二十四桥"名称的由来:隋炀帝在月圆之夜,携众位爱妃一同赏月,路经一座新桥,隋炀帝见同游者一共有二十四人,就称此桥为二十四桥。但这并没有确凿的证据,只能作为参考。

所以,"二十四桥"到底是一座桥的名字,还是真有24座桥,至今还是一个未解之谜。

你知道吗？

扬州城内桥梁随着城市的发展已变得面目全非,人们按照清代的一些图纸,重新修建了二十四桥,汉白玉栏杆映照着天空和明月,两侧刻有24幅玉女吹箫的浮雕,徜徉于二十四桥边,杜牧笔下的烟花美景重现人间,二十四桥空幻的意境令人神往。

探索中国
未解之谜
考古谜踪

沛林◎主编

SPM
南方传媒　广东人民出版社

·广州·

图书在版编目（CIP）数据

探索中国未解之谜：全八册 / 沛林主编 . —广州：
广东人民出版社，2024.1
ISBN 978-7-218-17092-3

Ⅰ . ①探…　Ⅱ . ①沛…　Ⅲ . ①中国历史—少儿读物
Ⅳ . ① K209

中国国家版本馆 CIP 数据核字（2023）第 211719 号

TANSUO ZHONGGUO WEIJIE ZHI MI

探索中国未解之谜

沛　林　主编

版权所有　翻印必究

出 版 人：肖风华

责任编辑：李力夫
责任技编：吴彦斌　周星奎
装帧设计：朝旭文化

出版发行：广东人民出版社
地　　址：广东省广州市越秀区大沙头四马路 10 号（邮政编码：510199）
电　　话：（020）85716809（总编室）
传　　真：（020）83289585
网　　址：http://www.gdpph.com
印　　刷：天津泰宇印务有限公司
开　　本：890mm×1240mm　1/32
印　　张：24　字　数：230 千
版　　次：2024 年 1 月第 1 版
印　　次：2024 年 1 月第 1 次印刷
定　　价：138.00 元（全八册）

如发现印装质量问题，影响阅读，请与出版社（020-85716849）联系调换。
售书热线：（020）87716172

前言 PREFACE

　　中国有着五千年的历史，在这片充满神奇的土地上，不管是人文历史还是自然景观，都隐藏着令人困惑不已的谜团：秦始皇到底是谁的儿子？徐福东渡到底去了哪里？传国玉玺到底在哪里？千年古莲真的会开花吗？珠穆朗玛峰到底能长多高？十二生肖里为什么没有猫？万里长城是怎么建成的呢？……

　　为了让孩子们在一个个未能完全解开的谜团中获得不一样的阅读体验，以探索的眼光研究各种谜题，在思考与探索中走向未来，我们特意编写了《探索中国未解之谜》这套书。本套丛书共包含八个分册，从帝王之谜到历史悬案，从考古谜踪到文化谜团，从生物之谜到地理谜境，从民俗探源到建筑奇谜，全方位、多角度地介

绍了中国多个领域具有探索意义的未解之谜，最大限度地拓展孩子的认知、视野，激发孩子对大自然和身边事物的好奇心以及探索未知世界的兴趣。

　　为了帮助孩子探索这些未解之谜，我们还在书中精心设置了有趣的板块，并配有精美的插图，以增加孩子的知识储备量，让孩子们的探索之旅更为有趣。希望孩子们通过阅读本套丛书能对我们神秘的国家多一些了解，并愿意为探索未解的谜团而贡献自己的一份力量！

Contents
目录

1

半坡遗址之谜

半坡遗址位于陕西省西安市东郊半坡村，这里土壤肥沃、河网密布，是古代人类繁衍生息的风水宝地。考古学家在这里发掘出许多房基、墓葬和陶器，这些宝贵的文物后面有着怎样的未解之谜呢？

考古学家的发现

考古学家对出土的文物和遗迹进行了详细的研究和探索，发现半坡遗址属于新石器时代中期的仰韶文化，当时还是母系氏族公社，女性具有绝对的主导地位。随着生产力的提高，生产关系的发展，人们的生活不再只是狩猎，在此基础上农业和手工业逐渐兴起，人们的生活质量提高，人口数量大幅度增加。

经过专家的努力，最后得出遗址的复原图，复原图展示了这样的场景：部落里的人们以种植农田为主，部落的四周有保护居住场所的壕，部落的东面是窑场，北面是公共墓地。

神奇的制陶技术

在半坡遗址发现的众多文物中，陶器最令人惊叹，半坡人使用的烧制陶器的方法，比近现代的一些落后的民族烧制陶器的方法还要先进一些。他们制作的众多彩陶，基本上都有纹饰，如鱼、鹿、植物、人面等花纹，还有长方形、三角形等图案，说明半坡人当时对这些图形已经非常了解了，并且能熟练运用。

半坡人制作的碗、钵等也非常精致，这些物品边缘

上的纹饰正好能将圆进行等分，这让考古学家产生了这样的疑问：半坡人是利用什么工具等分圆周的呢？尽管考古学家们不断地研究，但始终没有找到答案。

通过研究遗址发现，当时这个部落的人好像是突然消失的，走的时候连粮食、工具等都没有拿走，这又是什么原因呢？

总之，半坡遗址有很多谜团，等待着考古学家们去进一步探索和研究。

你知道吗？

半坡遗址的发现，让我们看到了半坡人民聚落的局部面貌，对研究我国聚落形态和原始社会居民生活方式具有重要的意义。为此，政府还在当地建立了遗址博物馆，每年有着众多游客前来参观。

良渚文化消失之谜

　　良渚文化是一种以黑陶和磨光玉器为代表的新石器时代晚期文化，其年代为公元前3300—前2200年，因最早发现于浙江良渚而得名，主要分布在钱塘江流域和太湖流域。考古学家经过研究发现，良渚文化的农业、手工业等都具有较高的水平，尤其是出土的玉器在数量、品种和雕琢水平上，都达到了史前玉器制作水平的高峰。然而，这样一个高度发达和成熟的文明却在距今约4000年时忽然消失不见了，这是什么原因造成的呢？

海侵造成的

　　随着考古发掘的不断深入，考古学家发现影响杭州和环太湖地区先民活动的两个主要因素是气候变化和海面波动。而良渚古国时期的气候是比较温暖湿润的，平均气温较高，降水量充足，这些适宜的自然条件促进了人类文明的发展。所以，有的考古学家推测，可能是过多的降水加上两极冰川的融化，导致海平面不断上升，最后良渚先民所在地出现了大规模的海侵现象，而良渚文化就是在这样的情况下消失的。

洪水引发的瘟疫造成的

不过也有人推测，良渚文化的消失是古时候淮河流域和太湖地区发生过特大洪水然后引发瘟疫造成的。特大洪水先是冲毁了当时的良渚古国，洪水消退之后，又可能发生了瘟疫。在瘟疫肆虐的情况下，良渚先民们不得不逃亡到其他地方生活，良渚文化因此消失。

战争造成的

还有人推测，良渚文化的消失是战争造成的。他们根据良渚遗址出土的玉器，认为良渚古国其实就是我国古代传说中的蚩尤部落，在被黄帝和炎帝打败后，蚩尤部落的良渚文化融入了中原文化，后来的夏、商、周的玉文化就是从良渚继承而来，这就是他们提出这一观点的有力证据。

但是，不管是气候变化引起的海侵说、洪水引发的瘟疫说，还是战争说，都只是学者们的猜测，都没有确切的证据。关于良渚文化是如何消失的这一问题，还有待相关学者进一步探索。

你知道吗？

良渚遗址是人类早期城市文明的范例，实证了中华五千年文明史。2019年7月6日，中国良渚古城遗址被批准列入《世界遗产名录》。这次申遗成功标志着中华五千年文明史获得国际社会的认可。

三星堆未解之谜

三星堆遗址位于四川省广汉市西北，年代为公元前2800～前800年。其出土的文物青铜面具，引起了学术界的广泛关注，这些青铜面具模样各不相同，但都有一些共同特征，即粗眉毛、大眼睛、高鼻梁、阔扁嘴，无下巴颏。这些古怪的面具究竟是何人所戴？是谁打造了它们？面具有什么作用？三星堆文明为什么会突然从成都平原消失？

三星堆毁灭于洪水吗

经过不断研究，已初步确立了巴蜀文化的考古学年代序列，并大致确定了三星堆遗址的文化面貌、特征和内涵。从当前发掘的进展来看，

三星堆这座古城规模之大、布局之巧妙和建筑工艺之高超都达到了让人惊异的程度。1985 年初，四川省文物考古研究所第一次提出三星堆很可能是蜀国古都的看法。

考古学家通过考古发掘很快证实了这一推论。关于三星堆为何突然消失，相关专家介绍，从目前掌握的资料来看，整个古城北窄南宽，呈梯形，东墙长一千多米，西墙长八百多米，南墙长二百多米，据此推测当时城内人口数量为 3～5 万。三星堆北面与鸭子河相邻，全城被马牧河由西而东贯穿。古蜀先民"择水而居"的理念虽然让三星堆古城繁荣一时，但同时也让城市面临洪水的威胁。考古学家认为三星堆就是毁灭于一场特大洪水之中。

"七大千古之谜"

围绕三星堆遗址及其出土的文物，有众多未解之谜一直困扰着诸多专家学者，它们分别是三星堆文化来源之谜，三星堆遗址居民的族属之谜，三星堆古蜀国产生、消亡及持续时间之谜，三星堆古蜀国的政权性质及宗教形态之谜，晚期蜀文化中的"巴蜀图语"之谜（三星堆出土的器物上面所刻符号是什么标识？有什么意义？），三星堆青铜器之谜，出土大量文物的两个坑所属年代及性质之谜。这些谜团至今都没有得到解答，是因为到目前为止，专家们并未发现任何相关史料。要想破解三星堆文化之谜，还需要学者们进一步考证。

你知道吗？

三星堆遗址历史悠久，是目前为止在西南地区发现的文化内涵较深厚、延续时间较长、面积较大的文化遗址，是 20 世纪人类伟大的考古发现之一，它表明长江流域与黄河流域一样，都是中华文明的发源地。

华夏第一都之谜

夏朝是我国历史上第一个王朝，由于时间久远且相关史料太少，我们对它仍然知之甚少。为了解开对夏朝的疑惑，几千年来，人们一直在探索夏朝的国都遗址，但至今未果。夏都到底在哪里呢？

关于夏都位置的说法

夏都也被叫作"禹都"，关于夏都的具体位置，有两种说法，一种说法是它位于山西省运城市的夏县，还有一种说法是它位于河南省许昌市西部的禹州。禹州曾是大禹因治水有功受封"夏伯"的地方，但夏都到底在不在禹州，目前还没有足够的证据可以证明。

二里头遗址就是夏都吗

二里头遗址发现于 20 世纪 60 年代，因发掘地在河南省洛阳市东部的偃师市二里头村而得名。古文化遗址有二里头、四角楼、圪当头、辛庄和寨后 5 个村，占地面积广。这里出土的陶器很别致，据考古学家研究，这些遗物处于龙山文化晚期和商文化早期之间，属于首次重要发现，这在学术界引起了轩然大波。

遗址上层为商代文化，这里有大型宫殿基址。遗址中出土了大量玉器和铜器，这些器物的制作工艺都十分精良，考古学家认为此处应是夏商时期的遗址。最下层被认定为夏朝遗址，出土文物有铜刀，是我国目前发现的较早的青铜器。

由此可以断定，二里头遗址为一座早期王城。后来考古学家又在二里头遗址中发现了两座大型宫殿建筑基址，且初步认定其处于夏文化层。根据之前的考古发现，二里头遗址上层为商文化遗留，下层为夏文化遗留，由此可以推测，二里头遗址所处的时代很可能是在夏商两代接替的时期。那是不是就可以认为这里是夏代的都城了呢？

有历史学家指出，二里头遗址至今还有很多难以解释的谜团，关于它的诸多课题，人们才掌握个大概。所以，二里头遗址是夏都的说法并没有得到公认。

如今，关于夏都准确的所在地，考古学家还在继续寻找和研究，相信这个未解之谜在未来一定能被破解。

你知道吗？

二里头遗址对研究华夏文明的渊源、国家的兴起、城市的起源、王都建设、王宫定制等问题意义重大。它已被国家列为全国重点文物保护单位，是学术界公认的中国值得关注的古文化遗址之一。

神秘的巴人王朝之谜

在公元前十几世纪，我国曾出现过一个神秘的王朝——巴人王朝。那个时候，他们就已经创造了灿烂的文明，其拥有的青铜文化可以与中原强大的商王朝比肩。那么，巴人是怎么拥有如此璀璨的文明的呢？巴人王朝又为何消失了呢？

巴人的发展

巴人生活在湖北，最初是原始氏族的形态，后来经过发展，逐渐形成了许多部落，之后又慢慢产生了5个核心部落，分别是巴、樊、覃、相、郑。起初，这些部落的人们没有上下等级之分，大家平等相处，这种状态持续了很长时间。但随着时间的推移，每个部落都越来越壮大，无人领导的生存模式已经无法适应现实情况，众人需要选出一位领袖来管理所有部落。最后通过往石穴中扔剑，选出了获胜者廪君为众部落领袖。巴人十分

团结，又有了领袖的统一领导，逐渐变得强盛。在后来漫长的岁月中，巴人迁到四川生活，虽然自然环境恶劣，但巴人依旧在那里孕育出了高度发达的文明。

巴国文化从何而来

目前出土的巴人的许多文物中，上面都有造型奇特的符号，这些符号有人物、动物、植物，多种多样，专家们称其为"巴蜀图语"。这样的文化从何而来的呢？对此，一种看法是巴人在还没有选出众部落领袖的时候就和中原的黄帝产生了紧密的联系，而巴人和中原有着相同的本源，甚至有人认为巴人部落属于黄帝所管辖的势力范围。另外，出土的巴人文物中有大量青铜器，这

些青铜器样式精美、制作精巧，竟然与殷商时期的青铜器十分相像，甚至样式完全一样。于是有人猜测巴人的文化并非他们独自创造的，而是源自中原文明或者二者本就是一同发展起来的。不过上述种种说法都缺乏确切的证据，巴人与黄帝、夏、商是否有关系还无法下定论。

巴人去哪儿了

　　关于巴人，除了其拥有的灿烂文明让人摸不着头脑外，还有一个令考古学家搞不清的问题：巴人为什么突然消失在历史长河中了？有人认为，秦军消灭了巴国后，把所有巴人都坑杀了。也有人认为，巴国被灭后，剩余的巴人都迁移到其他地方了。

考古学家曾在陕西省商洛市境内发现了大量洞窟，这些洞窟都面山临水，这和巴人在四川的生活习性非常契合。考古学家还发现了船棺葬的残存物及一些文物，经过对比，发现这些文物与三峡地区出土的巴人文物极其相似，就连器具上的符号也几乎一模一样。所以，有人据此猜测已经消失了的古代巴人曾经生活在这些神秘的商洛洞窟中。

还有人认为，巴人其实根本没有消失，也没有大规模迁移，他们就是现在土家族人的祖先。相关学者通过考察土家族的生活方式和文化习俗，发现确实与巴人有很多相似之处。但这种说法也缺乏足够的证据，并没有

得到公认。因此，关于巴人去向的问题，到现在依然没有得到解答。

巴人王朝神秘而伟大，这个曾经拥有辉煌文明的古老王朝充满了未解之谜，让众多学者为它着迷。

你知道吗？

巴人或巴族的命名也有一定的来源，从"巴"字的甲骨文字形来看，它既具有指明地域与族群性的特征，又对其族属生活的方式和形态有所揭示，这与中国文化中对狄、戎、蛮、夷等民族的命名一样。

夜郎古国的位置之谜

关于夜郎古国，在《史记·西南夷列传》中有所记载，它是我国西南地区少数民族先民建立的一个国家，与楼兰、大理并称为中国历史上的三大神秘古国。但是，夜郎古国的具体位置在哪里呢？它的都城又在什么地方呢？

消失的夜郎古国

据史料记载，夜郎国大概存在于战国时期至西汉成帝河平年间。公元前135年，汉武帝为了加强中央对地方的控制，征服了西南地区的夜郎国，达到了有效控制南越国的目的。公元前111年，南越国不愿臣服汉朝，于是汉武帝派兵征伐，消灭了南

越国。夜郎王因为在征伐南越国时立了大功，被汉武帝授予夜郎王金印。直至汉成帝河平年间，夜郎与南方小国不和，多次发生战争，汉王朝出面调解，夜郎王心有不甘发生叛乱，后被汉朝大将陈立所杀，夜郎国也很快消失了。

寻找夜郎古国

史料中关于夜郎古国的记载很少，考古学家根据古代有限的文献资料进行推断，夜郎古国的都城可能在如今的贵州西部，其疆域可能包括四川南部、云南东北部和广西西北部的一些地方。但这只是考古学家的推测，并没有足够的证据证明。

夜郎古国的都城在哪儿

2001 年，考古学家对贵州赫章可乐墓葬群进行了大规模的挖掘。根据奇特的埋葬习俗和出土的文物，考古学家推断夜郎古国极有可能就在贵州一带。另外，可乐墓葬群规模之大、数量之多，让人不禁推测夜郎古国的都邑很可能就是可乐。一些专家表示，夜郎古国在可乐

建邑时，社会发展已经到达鼎盛时期。为了进一步扩张领土，夜郎王很可能在云南、四川、贵州等地区建立了很多座城池，并在这些城池中生活过一段时间。但从目前掌握的资料来看，无法确定夜郎古国的疆域和都邑位置。

另外，考古学家还发现夜郎古国的都邑好像分布在各处，除了沅陵，贵州省的镇宁、安顺、关岭、贵阳、贞丰、桐梓、石阡、铜仁、黄平和云南省的宣威、沾益，以及湖南省的麻阳等地似乎都曾是夜郎古国的都邑。于是一些专家推测，夜郎古国可能处于不断迁徙之中，他们的居所并不固定。之所以出现这种情况，可能是因为夜郎古国一直处在战乱之中。至于夜朗古国的位置，至今仍是未解之谜。

你知道吗？

"夜郎自大"比喻人无知，妄自尊大。关于这个成语的来源，恐怕很多人还不太清楚。这个成语典故出自《史记·西南夷列传》，讲的是公元前122年，汉武帝为开辟通往身毒（今印度）的道路，一度派遣使者去往位于今云南的滇国后。使者到达滇国后，狂妄的滇王问汉使："汉朝与我滇国相比，哪个更大些？"后来汉使又到达夜郎，夜郎国君也问了一样的问题。滇国与夜郎同样是弹丸小国，却妄自尊大，敢开口与汉朝相比，不禁让人耻笑。

楼兰古国消失之谜

　　楼兰古国是罗布泊绿洲上的一个王国，它国力强盛时疆域辽阔，在古代丝绸之路上具有极为重要的地位。但在公元4世纪左右，这个王国和国人突然神秘地消失了。那么，究竟是什么原因导致人去城空，就连城池都覆盖在茫茫黄沙之下，沉寂在悠悠的历史中了呢？

走进楼兰古国

　　深居欧亚大陆腹地的楼兰王国，是当时中国、波斯、印度、叙利亚和罗马帝国之间的贸易中转站，对国际经济互通起着重要作用。驼队从这里把中国的丝绸、茶叶

和瓷器等物品带到西方国家，再把欧洲的黄金、玻璃器皿和银器等带到东方国家。特殊的地理位置使之成为中西文化荟萃之地。楼兰人在这里开创了自己的历史，形成了灿烂的罗布泊文化，更重要的是，它联结和传播了古老的黄河文化、恒河文化和古希腊文化，在人类文明进步史上留下了浓墨重彩的一笔。

楼兰为何消失

早在 1878 年，俄国探险家普尔热瓦尔斯基提出的罗布泊游移说引起了世人的讨论。有人认为是河道的游移断绝了楼兰的水源，致使居民弃城而逃，楼兰古国也随之渐渐荒疏。后来有人支持这种观点，并进一步指出，由于塔里木河、孔雀河等河流在罗布泊河口汇聚，致使

大量泥沙堆积，河道渐渐被淤塞，加上地壳活动使河流自然地另觅新的低洼处，汇聚成新的河流湖泊，而原来的罗布泊由于没有新的水源补给，渐渐成了荒漠。

也有人分析，楼兰的消失可能与气候有关。当时亚洲中部的气候，日渐干旱，这样下去楼兰古国的水源日益匮乏，农作物无法正常生长，当地人为了生存迫不得已背井离乡，去寻找新的家园，最终导致楼兰古国失去了昔日的繁盛。

还有人认为，楼兰古国的消失可能是人为因素造成的。当时的人们为了不断发展，过度砍伐林木，使原来良好的植被环境遭到严重破坏，水利、农业等方面的设施面临致命危机，再加上战争的破坏，最终导致楼兰古

国被恶劣的塞外风沙所覆盖。

也许在楼兰古国神秘失踪的背后，还隐藏着更多的秘密，也许还会有石破天惊的新发现。让我们拭目以待吧！

你知道吗？

楼兰古国被发掘后，经过一系列的探查，发现此城址略呈方形，有东、西、南、北四面墙，四面墙的正中心有一个城门，城内有一条古河道，将整个古国分为西南区和东北区。

罗通山城建造之谜

罗通山城已经有 1700 多年的历史了，是东北较大的古山城。它修筑于汉代高句丽时期，直到辽、金才逐渐荒废，有"塞外小长城"之称。规模宏大的罗通山城是谁建造的呢？又是如何建造的呢？

对罗通山城的推测

由于相关的文字记载少之又少，因此专家只能根据出土的文物来对这段文明加以推测。

一种说法是，在 1700 多年前，古扶余国的王子与国王产生了不可调和的矛盾，王子便带领自己的手下离开了古扶余国。他们来到了罗通山，在这里修建城池、种田、生活。然而，几十年后，他们受到中原的侵犯，无力抵御，为了保命，这里的人只能弃城逃走了。

另有一种说法是，罗通山城在汉代初期就已经建造出来了。高句丽开国君主曾在罗通山古城生活过，后来受到战争的影响，便搬离了此城，之后高句丽部族又回到了这里。几百年后，唐朝大将军罗通率军攻占了罗通山，此后这里便成了唐朝的一部分。13世纪，元朝大军入侵罗通山城，将此地据为己有。至于罗通山城为什么会突然荒废，则无从知晓。

罗通山城是如何建造的

考古学家通过发掘，在罗通山西城的北城墙附近发现了一个古采石场，这里出土了东汉末期的铁镢。铁镢

外形漫圆，刃口不长，比较重，是开山劈石的好工具。罗通山城用来修建城墙的条石，多是用铁镢开凿的。

　　用条石修建而成的城墙高大结实，防卫设施齐全，上面有连成一线的烽火台、瞭望台、点将台。其中，烽火台是整个古城最高的地方。一旦遇到敌情，烽火台上的士兵就会立刻将灌上蜡油的红毛公草、芦苇点燃，再将狼粪铺在上面，滚滚的狼烟就会直冲云霄。

　　专家推断，像罗通山城这样规模宏大的工程，即便以现在的生产力水平去建造，也需要数千人耗费十几年的时间才能完成。然而，就是这样浩大的建筑群，却找不到任何相关记载，关于它的建造者以及建造的过程我

们不得而知。

目前，即使考古学家借助古城出土的文物对其有了一些猜测和了解，但还远远不足以解开罗通山城的千古之谜，还需要考古学家们对它继续探索。

你知道吗？

1980年，罗通山附近的一座石棚墓出现在大众视野，这是罗通山西麓小泉眼村的村民挖电柱坑时无意中发现的。第二年，吉林省文物队对这座石棚墓进行了发掘，墓内尸骨保存完好，工作人员发掘出20多件文物，其中包括珍贵的"双鸟回纹"剑。

西藏古格王国消失之谜

在西藏阿里地区的札达县境内、象泉河南岸，有一个王国遗址，这个王国就是古格王国，其宫堡现在已经成了一座黄土山。古格王国没有自己的国史，这让考古学家的工作难度大大增加。那么，这样一个王朝是怎么消失的呢？

王朝发生内战

古格王国早在 10 世纪中叶就已经存在了，一直到 17 世纪初才消失。在这几百年的岁月中，古格王国创造了璀璨的文明。它传播佛教文化，积极抵御外敌，成为继西藏吐蕃王朝之后的又一个辉煌王朝，在西藏历史舞台上留下了浓墨重彩的一笔。

根据记载，17 世纪时，古格王朝发生内乱，古格王的弟弟与古格同宗的拉达克王室商议后，决定发动叛乱，向古格都城发起进攻。古格王宫坐落在山上，具有非常

强的防守能力，拉达克军队久攻不下，于是他们想了一个办法：命令古格的百姓在半山腰建造一座石头楼，打算借此将古格王宫攻下。但这座石楼并没有修建完成，达拉克军队就攻破了古格王宫，如今半山腰上还有其未竣工的石头楼遗址。古格王朝被攻破后，并入达拉克王国。自此，古格王国灭亡，古格都城慢慢地被废弃了。

古格王国为什么会消失呢

考古学家从史料中得知，拉达克人攻破古格都城后，把当时的国王及其他王室成员带回自己的都城列城，将他们关在了监狱里。古格王宫遗址下有一个山洞，考古学家在里面发现了几十具尸体，这些尸体没有头，都杂乱地横在那里。人们怀疑这些尸体是当年被拉达克人杀害的古格士兵和百姓。虽然当时的战争使古格王国覆灭了，但是根据史料记载和考古学家的发现，这还不至于让古格文明彻底毁灭。那么，古格王国几百年的灿烂文明怎么消失的呢？难道真的是因为那场战争吗？

也有人认为古格王国消失主要是因为地理环境急剧恶化。如今，古格遗址存在非常严重的沙化情况。莫非古格文明真是被黄沙"掩埋"了？

另外，史书记载古格王国约有 10 万百姓，他们总不能凭空消失吧？他们是去了拉达克人生活的地方，还是由于自然环境恶化被迫迁徙了？这也是人们无法解释的问题。总之，古格王国消失的原因仍疑点重重，还有待考古学家的进一步研究。

你知道吗？

古格王国地处象泉河谷区域，是由吐蕃王室后裔建立的一个国家。这个地方早在吐蕃王朝时期，农业技术就已经十分发达了。考古学家在古格王国遗址中发现了一些灌溉工具和农作物种子，由此可以推测，农业生产在古格王国中占有十分重要的地位。

新干大洋洲商代大墓之谜

新干大洋洲商代大墓位于江西省新干县大洋洲镇程家村，是中国20世纪100个重大考古发现之一。考古学家从这座商代大墓中发掘出了铜、玉、陶、骨、原始瓷器等各类器物达2000多件，在全世界引起了不小的轰动。那么，这个墓穴有着怎样的未解之谜呢？

特色显著的青铜文化

新干大洋洲商代大墓出土的青铜器有几百件之多，被称为"中国青铜第一"。这一发现再次刷新了世人对

历史的认知。考古学家研究发现，这批文物与当地的吴城青铜文化属于同一系统。

大洋洲青铜器受中原文化的影响，有中原的特点，也有地方特色，尤其在兵器和生产工具方面，地方特色尤为显著，如柳叶矛、手斧、异形剑、犁铧等，是以前国内出土的商代器物所未见的。器物组合中没有中原地区常见的爵、觚等酒器；器物表面普遍具有带状燕尾纹饰，装饰附件上多是虎、鹿一类动物形饰。从青铜器的特征来看，这批青铜器应是当地匠人铸造的，是土著的吴城文化。它的发现增加了吴城青铜文化的内涵，有助于我们进一步研究赣江流域吴城文化的性质、面貌、分布等。

 "南方的青铜王国"

新干大洋洲商代遗址出土的器物证实，早在3000多年前，南方地区已出现了发达的青铜文化，它不属于中原殷商青铜文化，而是独立存在的另一个青铜文化中心。大洋洲器物群

与瑞昌铜岭铜矿遗址的发现，足以表明商代江西地区的古人已掌握了成熟的铜矿开采技术、冶炼技术和铸造技术，这里是青铜时代又一重要的文化中心，被称作"南方的青铜王国"。

新干大洋洲的另一处遗址

牛城遗址与新干大洋洲商代遗址都是在新干大洋洲发现的，而且两者距离很近。考古学家对牛城遗址进行了细致的调查和发掘，企图找到它与新干大洋洲商代遗址之间的关系。

经过调查研究和标本整理，考古学家认为牛城遗址保存完整、结构复杂、内外城相套、规模宏大。接着考古学家又对城墙进行部分解剖，根据出土的遗物推断出这座古城修建于商代晚期。古城遗址文化堆积层有1米厚，年代久远，大约是从新石器时代持续到西周时期，文物种类和数量都很多。

这次对牛城遗址的发掘有着重大意义，它表明早在3000年前，赣江、鄱阳湖流域就已出现极度发达的青铜文化，产生了奴隶制政权，其可与中原殷商王朝并行发展。这次对牛城的发掘不但对探究新干大洋洲商代遗址与牛城遗址、吴城遗址的关系有着重要作用，还对解决考古学界关于新干大洋洲商代遗址到底是祭祀场所还是地方诸侯王国大墓的一系列争议有极大的帮助，与

此同时，也对破解江南青铜文明的起源与演变有重要研究价值。

但是，直到现在，新干大洋洲商代遗址的主人到底是谁？其与附近的古城有什么样的联系？与中原文明有何区别与联系？这些谜团一直困扰着考古学家。相信随着时间的推移和考古研究的深入，这些谜团终将被解开。

你知道吗？

新干大洋洲商代遗址中出土的玉器是商代时期长江南岸出土玉器数量较多的一批，这对研究当时长江中游地区的玉雕技术和玉器文化有着重要意义。其出土的玉器代表了长江流域商代玉器的风貌与成就。

孔雀河古墓沟之谜

孔雀河古墓沟是中国考古学家在罗布泊第一次发现并发掘的古墓遗址，它位于孔雀河下游北岸第二台地的沙丘上。这里出土的文物与之前出土的都不相同，可以说是前所未有，这为这一地区的考古提供了珍贵的资料。不过，谜团也随之而来：古墓中的死者是什么种族呢？这里与楼兰遗址相距很近，两者有什么关系呢？

对古墓沟的测定

考古学家发现孔雀河下游的古墓沟后，经过仔细勘察，共发掘出40多座古墓。根据科学测定，这个墓地的建造年代久远，距今已有6400年，因没有在随葬

品中发现陶器，所以推断这里是新石器时代的遗存。而墓中的死者头戴插着羽毛的尖顶毡帽，衣着完整，服饰有明显的民族特色。

中科院等单位也对古墓年代进行了测定，得出的数据和论断与上述情况有很大的不同。他们对一个棺木进行测定，发现它所处的年代距今近 4000 年，随后又对这个棺木中的毛布进行测定，发现毛布的年代距今约 2000 年，之后又对墓中其他的文物进行测定，发现大多器物所处的年代都距今约 3800 年。在初步报告的随葬品中有少量的铜饰物，没有铁器。

从遗骨状况来看，他们与旧石器时代晚期欧洲克罗马农人有着相似之处，同时其头骨与近代北欧种族头骨也有些相似。那么，古墓中的死者究竟属于哪个种族呢？

古墓沟与楼兰有关系吗

古墓沟与著名的楼兰遗址距离很近，所以考古学家推测古墓沟与楼兰可能存在着某种联系，他们对楼兰城郊的墓葬人骨进行研究后发现，墓中的死者有两种类型，除少部分具有明显的蒙古族人特点外，大部分属于欧洲

人种的地中海东支类型，但地中海东支类型的欧洲人种和古墓沟的类型在起源上却并没有多大关系。因此，古墓沟与古楼兰国种族之间到底有没有关系，目前还无法判断。

你知道吗？

　　孔雀河古墓沟的发现使罗布人的历史追溯到3800年前，比楼兰古城还要早近2000年，为研究当时社会经济状况和意识形态提供了实物标本，是研究中国历史和新疆历史的又一重大古文物证明。

秦始皇陵未解之谜

相关部门对秦始皇陵的考古工作已经持续了很多年，其间有很多重大发现，不过地宫依然深埋地下，充满了神秘的色彩，引得世人对其浮想联翩，想一探究竟。那么，地宫究竟有多深呢？地宫里面埋藏着多少珍宝呢？地宫里面有没有防盗装置呢？

究竟有多深

经过考古钻探，相关学者判断地宫是竖穴式。对于秦始皇陵的地宫，司马迁曾记载"穿三泉"，其他一些史料也提到"已深已极"，这表明地宫的深度已经达到当时挖掘的极限。可是，这个神秘地宫的深度数据究竟是多少呢？华裔物理学家丁肇中先生凭借现代技术，与陈明等学者研究后认为，秦陵地宫的深度在 500 米到 1500 米之间。如今看来，这种猜测离事实相距甚远。国内还有一些文物考古及地质学界的研究人员在这方面进行了探

索，从最新的研究成果来看，秦陵地宫的深度并没有之前人们想的那样夸张，而是接近芷阳一号秦公陵园墓室的深度。如果这样计算的话，从地宫坑口开始算起，至底部实际深度在 26 米左右，不过这个数据还需要进一步验证。

有多少奇珍异宝

司马迁描述秦始皇陵时提到"奇器珍怪徙藏满之"。神秘的秦始皇陵中究竟埋藏着多少宝物呢？从《史记》中的资料来看，秦始皇陵中的宝物有"金雁""翡翠""珠玉"等，除此之外还有什么宝物就无从知晓了。

不过一些考古学家在地宫附近确实发现过一些其他的珍贵物品，如在地宫西侧发掘出的一组车马不但造型精致，而且装饰华美，世间罕见。更早之前还有考古学家发现了一组木车马，虽然车马为木

质，但其饰件都是用金、银或铜制造的。地宫外侧的随葬物品都这样珍贵，地宫里藏有的随葬品想来更加精致和华美，可能会超出人们的想象。

先进的防盗装置

秦始皇陵不仅随葬品世间罕见，其中的防盗装置也令人啧啧称奇。《史记》中提到，在秦陵地宫的修建过程中，统治者让工匠制作弓弩，以此射杀可能出现的盗墓者。也就是说，秦陵地宫中备有自动发射的暗弩。如果真是如此，那可算是中国古代最早的自动防盗器了。秦代曾出现过能连发的弓弩，因此可以合理推测，地宫中设置的暗弩大概也是自动发射的弓弩。只要有外界物体

触碰了弓弩，它就自动发射。在秦代为什么会有如此先进的弓弩制造技术，至今依然是一个谜团。

前面提到的这些谜团在秦始皇陵的所有谜团中不过是沧海一粟，相信随着考古学家的不断探索，既会有谜团被解开，也会有新的谜团出现，而其中一些谜团可能迟迟得不到解答，只能留给后人去研究。

你知道吗？

秦陵地宫展览馆处在秦始皇陵西侧，它是人们根据司马迁的记载建立的复原性景点，用横剖纵贯的方式来表现秦始皇陵陵园地貌与地宫，使游客可以领略到2000多年前秦始皇陵的雄壮气势。

张良墓位置之谜

张良是秦末汉初杰出的谋臣，与韩信、萧何并称为"汉初三杰"，他具有"运筹帷幄，决胜千里"的智谋，可以说他对西汉王朝的建立功不可没。但对于这样一位传奇人物，后人却难以找到他的墓地。那么，他的墓地究竟在哪里呢？

张良的传奇人生

根据相关史料的记载，张良的一生可谓大起大落，他的家族在战国时期的韩国具有较大的政治影响力，但秦国最终把韩国灭掉了。张良曾寻访能够刺杀秦始皇的人，并在博浪沙组织了一次针对秦始皇的刺杀行动，但并未成功。由于秦政严苛，陈胜等人发动起义，天下群起响应，刘邦也走上反秦的路，并在张良等人的帮助下打败项羽，夺得天下。汉朝建立后，刘邦封张良为侯，但张良并没有贪图名利，而是过上了隐逸的生活。张良晚年的经历在历史上长期带有神秘色彩，而他的墓地位置也成了困惑很多人的问题。

在河南兰考县

一种看法是张良的墓地在河南省兰考县。甚至有人认为，张良晚年的隐居之地也位于今天的兰考一带。有的文艺作品中也流露出张良葬于今兰考地区的观点。比如，有的作品中提到，张良在协助刘邦一统天下后，离

开名利场，去学习道家文化，刘邦舍不得张良，追到了今天的兰考一带，但终究没能留住张良。兰考地区确实有座张良墓，处在古树环抱之中，因此上面的观点并非毫无依据。

在徐州沛县

有的史料记载张良墓并不在今河南兰考一带，而是位于徐州沛县。这种说法也是有根据的。据说，汉高祖在天下一统后曾大封功臣，封到张良时，让张良自己在齐地选择"三万户"，张良并没有执迷于名利，而是自请封在留地，因为这里是当初张良与汉高祖相逢之地。有些史料认为留地就在徐州沛县附近。由此看来，张良墓位于徐州沛县的观点是有根据的，并且与一些史料的记载相吻合。

在湖南张家界

有的人觉得张良墓既不在今河南兰考地区，也不在徐州沛县一带，而是位于湖南的张家界。这种观点也有史料作为依据。一些史料记载，张良在天下安定后没有

留在朝中争名夺利，而是跟随一位名叫赤松子的道家高人学习道家文化，曾跟随着赤松子游历到青岩山，而这座青岩山便位于今天的张家界一带。青岩山风景秀丽，张良确实有可能在晚年隐居于此，并选择此处作为下葬之地。由此看来，张良墓位于张家界的观点也是较有道理的。

你知道吗？

　　张良虽然在历史上建立了很大的功勋，但并不雄壮，反而显得文弱。他很少独自领兵，往往向刘邦出谋划策。在著名的鸿门宴中，张良发挥外交才能，拉拢了项伯，使刘邦较为顺利地躲开了杀身之祸。

刘备的埋葬地之谜

刘备是蜀汉开国皇帝,是西汉中山靖王刘胜之后。公元 223 年,刘备于白帝城去世。关于刘备的埋葬地,至今众说纷纭,有人说他的尸身被葬在了白帝城,有人说在成都惠陵,还有人说在四川省彭山县。那么,刘备的埋葬地究竟在哪儿呢?

埋葬地在成都武侯祠

史书中记载,刘备伐吴失利后,退守白帝城(今奉节),公元223年4月病死。5月,诸葛亮携灵柩回到成都,8月安葬。人们研究史书发现,刘备的坟墓就位于成都武侯祠。上面所描述的内容均来自陈寿编著的《三国志》,陈寿在蜀汉担任观阁令史,相当于现在的文献档案管理人员,又在蜀汉生活几十年,所以很有可能知晓刘备的陵墓位置。刘备去世后,尸体从白帝城运往成都,后被安葬于惠陵(今武侯祠内)。我们今天在武侯祠,确实

能见到陵墓建筑。武侯祠博物馆的人偶然间发现该墓的封土边缘约30厘米的深处有很多蜀汉时期的砖。这些砖有泥土一样的颜色，但质地坚硬，砖的一侧长边上布满了花纹，与成都平原常见的东汉砖接近，据史料记载这种砖是专门为修建陵墓烧制的。这些都间接证明了《三国志》中刘备的陵墓在成都的记载是有一定根据的。

埋葬地在彭山莲花坝

一种看法认为刘备的陵墓位于四川彭山的莲花坝。持这种看法的人并不认同《三国志》中刘备的尸体被运回成都的记载。刘备在农历四月去世，当时的四川正是炎热的夏天。那时候交通落后，从白帝城去往成都的道路崎岖难行，光单程就要花费一个多月。如果刘备的尸体真的要运回成都，那么按照当时保存尸体的手段，如此高温和长时间的运输，尸体肯定会腐烂。

彭山莲花坝刘备墓的顶端，有一个盗洞，长六七

米，顺着洞口向下看，墓室是由一层三合土一层黄泥土修筑起来的，接近坟墓的地方还曾发掘出一块灌县石，重达数十吨。这座陵墓总面积达100多亩，墓室的墙壁都是由灌县石、黄泥和石灰等混合物修筑而成的，由于墙壁中含有石灰，所以蚂蚁、蚊虫之类都避而远之。按照传统制度，天子在位一年，就当以天下贡赋的1/3修建皇陵。刘备当了三年皇帝，尽管在位期间与其他国家战争不断，但仍有很多时间去考虑皇陵修建问题，莲花坝刘备墓很有可能是刘备提前命人修建的。但在当时运输技术落后的情况下，从哪里运来如此多本地没有的黄泥呢？巨大的灌县石又是如何从遥远的地方运到莲花村的呢？这些事情至今依旧是一个谜。因为当时尸体保存

技术不发达，按常理，刘备的尸体不可能运到成都下葬，而彭山牧马乡莲花村离成都很近，因此将尸体运往莲花村依然会面临腐烂的问题。这个历史谜题又让人想到了刘备墓在奉节之说。刘备身处乱世，为了防止自己死后坟墓被盗，出殡时四路同时进行，为的是迷惑那些想要盗墓求财的人。

但刘备的真正埋葬地到底在哪儿，这恐怕需要考古学家的进一步努力才能证实。

你知道吗？

刘备是一个忠肝义胆、有情有义的君王，他知人善任，礼贤下士，其临终前的"白帝城托孤"，被陈寿称赞为"古今盛大光明的举措"，后世众多文学作品都以刘备为主人公，宣扬其优良品德。

杜甫墓位置之谜

伟大诗人杜甫有着悲天悯人的情怀，却一生生活艰难、颠沛流离。据说杜甫晚年携带家眷出蜀，病死在湘江途中，也有说法称他死于耒阳。那么他到底死于何处，又被葬在哪里呢？

有关杜甫墓位置的观点

关于杜甫墓的位置，主要有以下几种观点。

杜甫墓在河南偃师。杜甫之孙杜嗣业曾请求唐代诗人元稹写了一篇《唐故检校工部员外郎杜君墓志铭》。汤毓倬、孙星衍所编撰的《偃师县志》卷四《陵墓志》中提到，根据元稹写的那篇墓志和《旧唐书》，推断杜甫墓位于偃师。

杜甫墓在湖南岳阳。这种说法主要出自清代同治时期的《巴陵县志》，是其中的《冢墓》卷根据元稹写的那篇墓志得出的结论。但仔细考究后可以发现，《巴陵县志》表达的意思是杜甫的权厝冢（将棺材临时放在一个地方，等待下葬）曾设在岳阳，后来，杜嗣业将杜甫墓迁到了偃师，岳阳就连权厝冢也没有了。

杜甫墓在湖南平江。这种说法也是清代流传的，并且要早于杜甫墓在岳阳的说法，主要依据嘉庆年间的《平江县志》。《平江县志》之所以有如此主张，是因为杜甫灵柩受到大历年间战乱的影响，归葬未成，杜甫的子孙之后便定居平江，这种说法沿袭了《嘉庆志》的说法。另外，此观点还得到了清朝学者李元度的支持。

杜甫墓在湖南耒阳。根据《耒阳县志》及新、旧《唐书》的记载，杜甫曾在耒阳生活。他初来耒阳时正遇上江水暴涨，杜甫没有食物，耒阳聂令乘船来迎接杜甫，

并送给他牛肉和白酒。有一天晚上，杜甫醉得很厉害，住在江上的酒家中，被水淹死了，江上只遗留着一只靴子。聂令便只能将靴子埋起来做了坟墓。所以，按照这种说法，耒阳的杜甫墓实际上只是一个衣冠冢。

观点被质疑

上面的前两个说法其实是同一个观点，即杜甫墓在偃师。而资料显示，耒阳的杜甫墓并不是真正的墓穴，只是一个衣冠冢。所以，杜甫墓不是在河南偃师，就是在湖南平江。事实上，这两种说法也被人质疑。对于平

江之说，有说法称杜甫墓最后
还是迁到了偃师；对于偃
师之说，有人觉得这可
能只是一个迁葬计划，
战火纷飞、社会动荡、
交通不便，并且又生活
贫困，种种因素导致杜嗣
业也许根本没有将杜甫墓迁
到偃师。

目前看来，杜甫墓的位置仍然是困扰人们的谜团。

你知道吗？

  杜甫，字子美，曾自称少陵野老，被后世称为杜
工部、杜拾遗、杜草堂、杜少陵，唐代伟大的现实主义
诗人，被称为"诗圣"，与李白合称"李杜"。杜甫的
诗歌多反映民生疾苦和社会现实，语言精练，不管是在
题材上还是艺术上，其诗都对中国古典诗歌有着深远的
影响。

成吉思汗陵墓之谜

成吉思汗是大蒙古国的可汗，在一次南征时死在军中。《元史》记载他在萨里川哈老徒行宫去世，被葬在了起辇谷。但是其中提到的"起辇谷"到底是哪里呢？

实行"密葬"的成吉思汗

成吉思汗是闻名世界的古代征服者，他南征北战，令无数人闻风丧胆，但死亡对每个人都是公平的，即使是成吉思汗在死亡到来时也无计可施。成吉思汗生前曾强调不能让自己陵墓的位置暴露于世。他死后，下葬过程十分神秘，据说他的陵墓是两三千名工人修建的，这些工人在陵墓建成后全部被士兵处死，而处死这些工人的士兵随后也被杀死。为了确保没有人漏网，每个被杀之人的耳朵都被割了下来作为证据。这些可能泄露消息的人全部被处死后，成吉思汗陵墓区域被数千匹马踏平，地面上一点陵墓的痕迹都没留下。就这样，成吉思汗的

陵墓位置成了千古之谜。

有的史料提到，虽然成吉思汗的陵墓没有痕迹，但成吉思汗的子孙却能够找到陵墓的位置，因为当时有一只幼年骆驼被杀于陵墓所在区域，因此成吉思汗的后人如果想要寻找陵墓的位置，只要带着被杀骆驼的母亲前来，母驼闻着气息就能找到。值得一提的是，为了确保陵墓的隐蔽性，马群踏平地面上的陵墓痕迹后，还会有士兵前来驻守，直到次年杂草长出来，陵墓区域与其他区域看上去没什么分别了，这些士兵才会撤离。这种"密葬"的方式并非专门为成吉思汗创立的，而是当时蒙古统治阶层内一种较为普遍的丧葬方式，因此不止成吉思汗，蒙古其他君主的陵墓位置同样到今天也不为世人所知。

被誉为"一代天骄"的成吉思汗究竟葬在哪里了呢？这个疑问由于"密葬"而长久困扰着人们，很多人四处搜集线索，却一直得不到答案。

成吉思汗陵到底在哪儿

虽然人们不知道成吉思汗真正的下葬之处，但内蒙古地区却有一座"成吉思汗陵"，不过此陵内存放的不是成吉思汗的尸身，而是衣冠，因为此陵的作用只是供人祭祀，至于成吉思汗真正的陵墓，只能靠人们慢慢去寻找。

目前关于成吉思汗陵墓位置，主要有四种观点：第一种认为位于蒙古国境内的肯特山南、克鲁伦河以北的

区域，第二种认为位于蒙古国杭爱山，第三种认为位于中国甘肃的六盘山，第四种认为位于中国内蒙古自治区鄂尔多斯鄂托克旗境内的千里山。

或许，成吉思汗陵墓的位置会一直是个谜团，等待后人去解开这个千古谜团。

你知道吗？

铁木真在历史上影响巨大，但人们至今没有对他形成统一的评价。有些人觉得他一生杀戮过甚，是个不折不扣的侵略者。但也有人认为铁木真领导的征服行动促进了不同地区的交流，推动了亚洲与欧洲间的文化传播，并深刻影响了后世。此外，他对蒙古其他部落发动的战争，也促进了蒙古民族共同体的形成。

灵川县碗墓之谜

2003 年 7 月初，有人在桂林市灵川县发现了一座奇怪的古墓。之所以说奇怪，是因为古墓中的一层是由数量众多的陶碗叠成的。人们很少在古墓中见到这种情况，那么，墓中陶碗的用途是什么？墓的主人是谁呢？

碗墓的发现

这座奇怪的墓位于一座名叫十字岭的土山上。发现它的人是一位姓庚的老师。2003 年 7 月的一天，庚老师无意中发现十字岭上的一个山包被挖开了，于是他仔细观察了一下，结果发现了这座古墓。被发现时，古墓已经被盗。中国的古墓数量众多，但像这样以碗碟封土的墓实在少见。

对墓中碗碟用途的困惑

这座墓引起了很多人的关注。一些老百姓以此为谈资，不过并没有谁能够对墓的主人、碗碟的用途作出可靠的判断。就连相关学者也对这座墓中的碗碟感到困惑。有位文物管理所的所长提到一座有类似碗碟的墓，即位于桂林的靖江王陵，但这个信息并不足以让人们对这类碗碟的用途作出判断。对于十字岭的这座古墓，人们提出了种种问题，比如，这种以碗碟封土的形式究竟来自哪里？又有什么意义呢？

一些考古学家对这座墓进行了发掘，遗憾的是，由

于这座墓在此之前已经被盗，所以工作人员只挖掘出一些骨头和铜钱。挖掘出的铜钱中有的已经看不清文字了。相关学者研究后认为，这座墓的所属年代应在明末至清朝乾隆年间。至于墓的主人是谁，还有待研究。

在十字岭的这座古墓周围其实还分布着一些砖石古墓，不过这些墓一般有较为明确的墓主，因此目前并未进行挖掘。相比于周围的砖石古墓，这座以碗碟砌成的古墓实在令人费解。从习俗的角度来说，清代和民国初期确实有些地方流行以碗和石灰等制作墓椁的做法，比如今天的重庆一带在当时就有这样的习俗。至于墓中碗碟的用途，墓的主人是谁，依然需要考古学家们继续探索研究。

你知道吗？

明朝初期，当时人们在婚礼丧葬方面一般沿袭旧制，达官贵族、地主阶级等一般以奢侈、浮夸的方式下葬，还有很多奢华的陪葬品，以厚葬为荣耀。家境不好的门户，则以借贷财物的方式在下葬时大摆宴席，邀亲朋好友前来，碗墓便是在这样的情况下兴起的。

我国的考古学家在江苏、河南、山东等区域的原始文化遗址中多次发现一种由鹿角制成的靴形器物。这种器物出现于新石器时代晚期阶段，其外形和制作材料非常独特，有的上面有用来拴绳子的圆孔。那么，这种器物是用来做什么的呢？

鹿角靴形器的分布

经过测定，考古学家发现这种鹿角靴形器长约 10 厘米，外观如靴，柄部往往刻着凹槽，少数几个靴形器的制作材料中还有兽骨。目前考古学家普遍认为，这种工具产生于新石器时代，是当时人类使用的一种生产工具，不过具体的使用方法目前无人知晓。

这些靴形器出土位置相对集中，普遍分布于郑州以东的江淮平原区域，北达泰山，南至太湖。奇怪的是，其他一些区域，如东北、西北、华北、西南及华南等地，

同时期的新石器时代遗址数量并不算少，出土的文物也很多，却丝毫没有靴形器的踪迹。从这种情况可以推知，靴形器应当为华东地区在新石器时代特有的一种工具。

鹿角靴形器的用途

鹿角靴形器的埋藏位置不固定，有一些作为随葬品被埋到死者的身边，有的则被发现于遗址的灰层中或废弃的窖穴中，但往往见于成年女性墓中，且旁边多伴有骨针、骨锥等物品；少部分见于成年男子的墓葬中，而且伴有凿、刀、镖等物，所以有些人觉得这种器物可能用来辅助纺织，或者用来制革。还有一些人认为，大汶口墓葬中发现的骨质靴形器在形状上与汉代的某种钹镰相似，不过在规格上比钹镰小，所以这种靴形器可能是汉代钹镰形成的基础。

根据鹿角靴形器的形状可以推测出，它可能用于纺织、制革，以及割取谷穗。之所以它能用到多个方面，是因为它的上端可系木柄或竹柄，下端为两侧磨得比较锋利的刃。但这种器物具体有哪些用途，考古学家至今还未完全了解，仍是未解之谜。

你知道吗？

大汶口文化是考古学界对大汶口遗址和与其相类同的文化遗存的称呼。大汶口遗址被考定为新石器时代晚期遗存，展现了新石器时代后期的典型社会文化形态。

塞外彩色陶罐来历之谜

考古学家在新疆维吾尔自治区乌鲁木齐南郊发掘一座古墓时发现了一件彩色单耳小陶罐。而且，哈拉墩遗址与阿拉沟烽燧遗址也出土了这样的陶罐。这种陶罐工艺精巧，颜色艳丽，纹饰独特。那么，这类陶罐来自哪个民族呢？上面的纹饰有什么意义呢？

彩陶文化类型

说到彩陶，很多人会立刻想起仰韶文化。不过仰韶文化的时间跨度和分布地域略有些复杂，一般需要以分类的方式进行区别，主要分为半坡类型与庙底沟类型。

半坡类型在我国彩陶文化中属于产生较早、特点鲜明、影响较深的一个类型。半坡类型的彩陶有汲水尖底瓶、长颈瓶、葫芦等，还包括与今天的盆、罐类似的盆类与罐类。

早期的半坡彩陶在纹饰方面以散点式构图为主，即

纹饰在彩陶表面所占空间的比例较小，纹样则往往是对自然界中各种事物形态的描摹。半坡彩陶的纹饰十分可爱，体现了人类与大自然的亲密联系，并带有一丝稚气。如果细细体味半坡彩陶，能感受到人和自然归为一体的状态。半坡彩陶也可以看作对半坡人原始生活的记录。

半坡彩陶的形象以动物为主，这些动物都是人们在日常生活中能接触到的，比如奔跑的鹿、鱼、鸟、蛙、猪等，有一些彩陶的纹样是用数种纹样组合而成的。还有一些半坡彩陶的纹样较为简单，如折线纹、三角纹、网纹等。

庙底沟类型的彩陶以碗、盆、罐等为主。早期和中期的庙底沟彩陶也有类似半坡彩陶的葫芦形瓶。

相较于半坡彩陶，庙底沟彩陶显得更加成熟，在点、线、面的搭配上更加得体，空间也显得更加疏朗明快，曲面之间还会穿插点、线，使纹样活泼并有韵律感，

一些纹样的搭配方式还可以视作节拍的具象化，使彩陶有了某种音乐效果。庙底沟彩陶的风格体现了原始人较为淳厚的心态。

真的有彩陶文化带吗

虽然彩陶文化种类甚多，但有些研究者发现，不同地方出土的陶器有时在花纹样式和构造方法上较为类似，这种现象是如何产生的呢？难道各地的彩陶文化是按照某种顺序先后产生或传播的？如果是这样，那么在新石器时代晚期，是否有某支彩陶文化发达的人类群体在东方与西方之间流动，从而使新疆地区和中原地区出现相似的彩陶文化呢？

英国学者赫伯森先生认为存在东方和西方之间的彩陶文化传播路线。他还认为，如果这条传播路线确实存

在，那么中国的新疆地区应该会有传播痕迹。当新疆塞外彩色陶器出土后，他的这一观点似乎更有说服力了。难道新疆出土的彩色陶器真的产生于古代彩陶文化传播的过程中吗？

墓穴的方向代表什么

古人选择墓穴所朝的方位时，出于对历史的追念，会把民族的来源方位视为参考因素之一。半坡遗址中，墓穴的朝向较为统一，而仰韶文化中的其他遗址也有类似情况。

以上所提到的墓穴，在建造时的朝向选取如果真的

以民族或文化的来源方位作为主要标准，那么这种墓穴朝向情况或许就是彩陶文化带导致的，从中可以推断出古代彩陶文化的传播途径。遗憾的是，目前并没有足够的证据来证明相关的观点，所以新疆地区彩色陶罐的来历至今依然是一个谜团。

你知道吗？

仰韶文化遗址发现前，世界学术界曾有很多人坚持"中国文化西来说"，不过在仰韶文化发现之后，随着相关考古工作的不断开展，"中国文化西来说"这一错误观点被推翻，中国本土文化得到了世界学术界的认可，世界历史也由此得到改写。

禹王碑碑文之谜

禹王碑位于岳麓山云麓峰左侧的苍紫色石壁上，面东而立，因为最初发现于衡山岣嵝峰，所以也叫岣嵝碑。碑上刻有奇特的古篆文，字分9行，共77字。据说描述的是大禹治水的功绩，真的是这样吗？

寻找禹王碑

禹王碑早在唐代便成为一些学者的关注对象，唐代大文学家韩愈曾到衡山游玩，并写过一首名为《岣嵝山》的诗，诗中的内容表明他并未找到禹王碑。刘禹锡也曾记载与禹王碑相关的资料，并认为禹王碑确实存在，只是一些人搜寻不到。从韩愈的经历和刘禹锡的态度可以推测，禹王碑应该最迟在唐代就已立于衡山，且禹王碑立于衡山的信息在当时已经流传于世，只是禹王碑的位置较偏僻以致不易搜寻。

南宋时期，一个名叫何致的人游览衡山，他借助樵

夫的帮助看到了禹王碑，还把禹王碑的内容拓描下来。后来，他在岳麓山立了一块摹刻的禹王碑。

难以解读的碑文

禹王碑的内容流传于世后，许多学者对其进行解读，但禹王碑的字体难以辨认，因此引发了一些争议。明代学者杨慎曾对禹王碑的内容进行解读，认为禹王碑的内容分为两部分，一部分讲述舜命大禹治水，另一部分讲述大禹辛劳治水的过程。有些学者对杨慎的观点大致认可，还有一些学者则认为禹王碑的内容可能并不是讲述大禹治水，而是另有深意。有一些人则直接根据神话传说去猜测。据说大禹治水时曾得到仙翁的指点，还得到

了一本讲述治水方法的书，由此治理好了洪水。因此这些人觉得禹王碑的内容可能就与那本书上的治水方法有关。不过学术研究要遵循科学方法，神话传说只能作为参考。杨慎的观点也不能作为最终的结论，因为他研究此事时已被贬到云南，手中能利用的资料并不充足，解读时难免有错漏之处。

禹王碑不仅内容难以解读，字体也令很多学者绞尽脑汁，因为这种字体既非大篆也非小篆，和甲骨文好像也没什么联系。难道这种字体是某个人独创的？这实在不太可能，毕竟很多学者认为，汉字的形成与百姓的生活密切相关，汉字是由人们共同创造出来的，没办法凭借个人的力量创造。但禹王碑的字体为何如此独特呢？

碑文与大禹无关

当很多学者以大禹治水之事为核心对禹王碑进行解读时，另一批学者走出了新的道路。比如，一位名叫曹锦炎的学者就表示，禹王碑的内容并非讲述大禹治水，而是越国一位太子替父祭祀时的颂词。还有一位名叫刘志一的学者觉得禹王碑的内容是讲述楚庄王的军事功绩。难道禹王碑真的与大禹无关吗？

到目前为止，学术界在解读禹王碑方面可谓众说纷纭，可惜没有一种解读有足够的证据证明，因此这个问题仍然是一个未解之谜。

你知道吗？

对于禹王碑，人们一般认为它是赞扬大禹治水功绩的碑，目前它与黄帝陵、炎帝陵一起在文物保护界被视为中华三大瑰宝。

矿冶技术起源之谜

近年来的考古发掘证明，我国古代的矿冶技术已经达到了相当成熟的阶段，但这也产生了新的问题：矿冶技术究竟是从什么时候出现的呢？

发现古代炼铜遗址

铜绿山古铜矿遗址位于湖北大冶县城不远处的铜绿山上，是一处以采矿和冶炼为核心的古代矿冶遗址，历史悠久，距离现在有2000多年，大概处于我国春秋末期至战国初期。1973年，考古学家发现这个遗址，并对其进行了挖掘。这里出土了大量文物，有采矿工具铜斧、铜锛、铜凿、铁锤、铁锄、木槌、木铲等，有运载工具藤篓、木钩、麻绳等，还

有用来维持井壁稳固性的圆木，以及一些生活用具，如陶罐等。

考古学家不久又在开采地附近的东北坡发现了古代炼铜遗址。他们发现遗址中存在很多炼铜炉，炉内残存着不少炉渣，而周围渣坑中的炉渣堆积竟高达1米多，专家们一致推测，这里的炉渣重量达40万吨以上，其数量之多，令人惊叹。

1988年，考古学家在江西瑞昌市夏畈镇铜岭村发现了古铜矿遗址，它是我国到目前为止发现的年代较早的采矿遗址。在发现它之前，人们一度认为冶铜业出现在西周晚期，而瑞昌古铜矿遗址的发现让我国采铜历史提前了几百年。

瑞昌古铜矿遗址面积宽广，约1平方千米，采矿区大概有 20 多立方米。铜矿遗址中出土了竹制的筐、盘、签等，木制的滑车、水槽、瓢、锨、铲等，铜制的斧、凿、锛等，陶制的盆、鬲、罐、豆、纺轮等。另外，考古学家还发掘出露采坑、木溜槽、斜巷、平巷、口竖井。就目前种种考古证据表明，早在商代，我国就出现了铜的开采与冶炼技术，但这样就能确定我国冶铜业的技术源头在商代吗？也许在不久的将来，考古学家们还能找到年代更早一些的铜矿遗址。

我国冶铁技术的出现时间

我国人工冶铁究竟什么时候开始出现的，不同领域的学者对此有不同的观点。地质学家章鸿钊认为开始于春秋战国时期；历史学家范文澜认为东周时期就有了铁器，并根据古体铁字的一种写法推断出炼铁技术最早掌握在东方夷族的手中；而历史学家李亚农则认为在西周时期就已经有了铁器，文学家、历史学家郭沫若先生也赞同李亚农的观点。

考古学家曾在北京周口店龙骨山山顶洞人的遗迹中发现了很多原始项链，这些项链是用红线将一颗一颗的青鱼上眼骨穿起来，然后将红线首尾相连制作而成的。

而值得注意的是，这些红线是用赤铁矿粉染成的，早在10多万年前的山顶洞人就已经知道利用金属铁锈做"染料"，那么，这是他们偶然为之，还是已经熟练掌握了这项技术呢？如果是后者，我国的矿冶技术又会向前推进多少时间呢？至今为止，这依然没有一个确定的答案。

你知道吗？

很久之前，我们的祖先就已经能够利用天然陨铁（含铁量较大的陨星）了，最晚在商代中期，我国人民已经掌握了一定水平的锻铁技术，当时我国在制铜方面的技术较为成熟，人们通过摸索铁与青铜在性质上的差别，逐步认识和掌握了铁的加工性能。

微刻甲骨文之谜

1976 年，考古学家在陕西岐山县凤雏村发现了一批微型甲骨文，锲刻在甲骨上面的文字非常小，需借助五倍以上的放大镜才能看清楚。对此人们不禁心生疑惑：这么小的文字是用什么办法刻上去的呢？微刻的目的又是什么呢？

是患眼疾还是天生视力好呢

据考古学家研究，这些刻有微型文字的甲骨大多属于周文王晚年到周康王初年，距今已有 3000 年。在西周时期，还没有放大镜这种东西，人们是如何刻出这么小的字的呢？现代医学研究证明，患有中心性视网膜炎等眼疾的人，看到的东西要比实物大好几倍。所以一些人猜想，创造微刻甲骨文的人可能就患有这种眼疾。也有人说在美洲丛林中，有一个原始部落，那里的人视力惊人，他们能用肉眼看到远在太空的人造卫星，所以有可

能就是远古人类的视力非常好，不用放大镜也能雕刻这么小的字。

是利用光学原理吗

据《韩非子》记载，有一位画家可以在豆荚上作微画，可能类似今天的小孔成像原理，让光透过豆荚，其中的微画可化作万物形状。有人猜测也许微刻甲骨文正是运用这种光学原理完成的。

考古学家曾在陕西宝山村商代遗址烧烤坑中发现了一枚铜针，经过鉴定，距今 3000 多年。铜针有着尖细如丝的针首，末端有一个小小的针鼻，针孔直径仅有 0.1 厘

米，做工之精巧让人叹为观止。有人据此推测，它可能就是古人微刻甲骨文用的工具。

为什么要微刻

至于微刻的原因，人们也感到非常疑惑。有关学者推断，甲骨文上记载的内容多数是周与商王朝的关系、商王狩猎及占卜之类的事情。这些内容之所以进行微刻，是因为它属于重大军事机密。大家都知道，

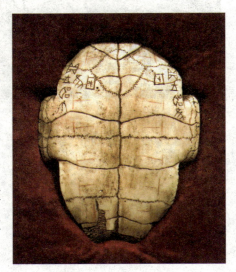

商朝被周朝所灭，所以周人在灭商之前，应该做好了长期且周密的准备工作。除了招兵买马、寻访谋士、研究周与商的关系，对商王的跟踪调查工作也是必不可少的，被安排跟踪工作的人会将看到的情况如实记录下来，而这些记录都属于国家机密，需要采取严格的保密措施，于是他们选择了微刻。

然而，这一切都只是猜测而已，古人究竟是通过什

么手段实现微刻的，以及他们微刻的目的到底是什么，这些问题至今仍然是未解之谜。相信随着时间的推移，微刻甲骨文神秘的面纱会逐渐被揭开。

你知道吗？

　　甲骨文是古代先民留给我们的宝贵财富，作为迄今为止中国较为成熟的文字系统，其历史悠久，内容大多为商周时期占卜记录，虽然难以辨识，但是它的文字特征与今天我们使用的现代汉字一脉相承，而且它作为汉字书写的源头，是探索中国书法的重要资料。研究发现，甲骨文已具备了书法的3个基本要素，即用笔、结字、章法。其古朴而又独特的书法艺术在今天依然被人所使用。

越王勾践剑在楚墓之谜

越王勾践剑是春秋晚期越国的青铜器，是那个时代短兵器制造工艺的代表，有"天下第一剑"的美誉。越王勾践剑是在湖北望山沙冢墓中被发现的，而沙冢墓属于楚墓。那么，越王勾践剑为什么会出现在楚墓之中呢？

越王勾践剑问世

20 世纪 70 年代，湖北望山沙冢墓中，闻名天下的越王勾践剑重见天日。这把剑在出土时位于棺内人骨的左边，插在涂有墨漆的木鞘中。这把剑出鞘时，寒光逼人，并未锈蚀，刃薄而利，有人用纸来试其锋利程度，

结果几十层纸张一划而破。目前，该剑收藏于湖北省博物馆。

在楚墓的原因

可是，如果这把剑属于越国君主，那它为何发现于长江中游的楚国墓葬里呢？有人提出一种观点，即此剑是作为陪嫁品随越王女儿来到楚国的，这种观点并非无稽之谈，确实有史料记载越王勾践有女儿嫁给楚昭王。还有一些人觉得这把剑是楚国的战利品，因为越国最终亡于楚国之手。

从《史记》《左传》《吴越春秋》等史料来看，越国和楚国的关系有一个从亲密到疏远的变化过程，关系一

度恶化到互相进攻的程度，最后以越国灭亡告终。这把剑就这样成了楚国的战利品，后出现在楚国墓葬中。

　　经过考古学家的判断，越王勾践剑所属墓葬的年代为楚威王或楚怀王前期。有些人认为这把剑可能是作为赠品流入楚国的。

　　从目前出土的各类越国剑来看，确实有一些作为赠品送到楚国，同样也确实有一些是做为战利品而辗转来到楚国，所以前文中所提到的各类观点都是可能的，至于越王勾践剑流入楚国的真正原因，在更多的证据被发现之前仍然是一个未解之谜。

你知道吗？

　　越王勾践剑通长 55.7 厘米，身宽 4.6 厘米，剑身有黑色菱形暗纹，剑格（剑身和剑柄之间的护手部分）两面均刻有花纹，镶嵌蓝色琉璃，接近剑格处有两行错金鸟篆文："越王鸠浅，自作用鐱"。

泰山无字碑之谜

　　泰山玉皇顶附近有座造型古朴的大石碑引得很多人疑窦丛生，因为在这座石碑上一个字都没有，因而得名"无字碑"。那么，这座石碑到底是谁立下的呢？它上面本来就没有字吗？

是秦始皇立的吗

　　清朝的乾隆皇帝认为这座碑乃秦始皇所立，因为他在一次登泰山时，观此碑后写下"本意欲焚书，立碑故无字"的诗句。诗中提到秦始皇焚书坑儒等事。不过从史料来看，秦始皇虽然在泰山立过碑，但他立的似乎并非无字碑。

是汉武帝立的吗

　　明末清初的大学者顾炎武则认为此碑为汉武帝所立，并在《山东考古录》中对这种观点加以论证，驳斥了碑为秦始皇所立的观点。汉武帝立下此碑并非不可能，确实有史料表明汉武帝曾立碑于泰山，不过这不代表无字碑就是汉武帝立下的。

　　针对无字碑是否为汉武帝所立，人们各有各的看法，学者郭沫若曾在登泰山期间写下关于无字碑的诗，诗中表明此碑乃汉武帝所立。但有的人根据汉武帝的性格提出反对意见，因为汉武帝喜欢夸耀功绩，这种性格的人想来不会立无字的石碑。

难道原来是有字的

　　还有一些人认为此碑并非一直无字，在建立之初是有字的，只是因年深日久而字迹模糊不清了。这种观点虽然独特，却没有足够的证据证明，况且此碑目前并没有太严重的风化痕迹，如果真的有字，字迹不太可能磨得这样彻底。而且，此碑早在宋朝便有"无字"之

名，如果此碑真的曾经有字，难道那些字在宋朝便无踪迹了？

总之，无字碑到底是什么人所立，在没有确凿证据之前，始终是一个谜团，需要人们进一步探索。

你知道吗？

高耸雄伟的东岳泰山在华夏大地上长期带有神秘色彩，华夏先民往往认为泰山有山神，并把这位山神视为能够影响风雨的崇拜对象。古代的君主往往将泰山视为天下归一的象征。

乾陵石像的头消失之谜

在唐代皇陵中，乾陵的地位较为独特，这里安葬着两位帝王——李治与武则天，而且保存完整。乾陵朱雀门外的神道两侧矗立着两组石像，这些石像大小与真人相似。但奇怪的是，这些石像都没有头。难道这些石像本来就没有头吗？应该不是，因为这些石像的脖子部位有明显的砸痕。那么，这些石像的头到哪里去了呢？

民间传说

有一种说法是，乾陵所在区域在明末出现过一次瘟疫，很多百姓因此死去。传说，乾陵中的石像在夜晚会变成妖怪，破坏田地，甚至有时会伤害人的性命。有些百姓便觉得瘟疫的出现与这些石像脱不了关系。当地百姓对石像厌恶至极，于是纷纷带上工具去乾陵砸掉了石像的头，觉得这样就可以避免石像为祸人间。但是当地的县志并没有相关记载，因此此事的真实性存疑。

六十一蕃臣
Stone Statues of 61 Foreign Officials

阿史那石明煽动百姓

另有一种说法是百姓为了免去祸害而砸掉石像的头，而百姓对石像的愤怒是被一个叫阿史那石明的人煽动起来的。据说阿史那石明是突厥可汗阿史那元庆的儿子。阿史那石明有一次听说有人按照阿史那元庆的模样雕了个石像立在乾陵，于是他生气地去乾陵一探究竟。他假装自己是一个喇嘛，来到乾陵观察，发现这里果真立有父亲的石像，不禁勃然大怒，抄起石头就要砸碎石像。结果他很快就被陵园的护陵人发现，不但没能打碎石像，还挨了顿揍，于是他想了一个巧妙的办法。

阿史那石明在夜晚悄悄破坏乾陵附近的农田，并造

谣说石像变成妖魔破坏了农田。百姓得知石像把自己的庄稼糟蹋了，都十分恼怒。阿史那石明便谎称只有把石像的头砸碎才能免去这种祸事。于是愤怒的百姓纷纷冲入乾陵砸石像，阿史那石明则趁乱找到照父亲模样立的石像，将石像的头带走了。

八国联军所为

也有人认为这些石像的头是被八国联军砍掉的，据说这些石像中有的是按照外国使臣的模样立的，因此八国联军看到后觉得颜面无光，就将石像的头砍掉了。不过有的学者经过研究发现，八国联军并未来过乾陵。

至于石像的头是怎么消失的，到底去了哪里，至今仍然是个谜。

你知道吗？

经考古发现，乾陵有十几处陪葬墓，这些陪葬墓中出土了大量珍贵文物，其中令人惊叹不已的是墓室壁画，如《马球图》《客使图》《出猎图》《仪仗图》等，这些壁画对研究唐代绘画、建筑、服饰、风俗习惯等具有重要作用。

探索中国
未解之谜
历史悬案

沛林◎主编

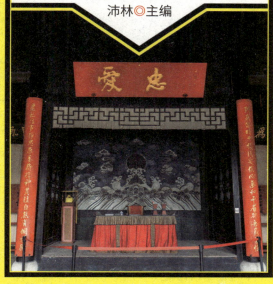

SPM
南方传媒
广东人民出版社
·广州·

图书在版编目（CIP）数据

探索中国未解之谜：全八册 / 沛林主编．—广州：广东人民出版社，2024.1

ISBN 978-7-218-17092-3

Ⅰ．①探…　Ⅱ．①沛…　Ⅲ．①中国历史—少儿读物　Ⅳ．①K209

中国国家版本馆 CIP 数据核字（2023）第 211719 号

TANSUO ZHONGGUO WEIJIE ZHI MI

探索中国未解之谜

沛　林　主编

版权所有　翻印必究

出 版 人：肖风华

责任编辑：李力夫
责任技编：吴彦斌　周星奎
装帧设计：朝旭文化

出版发行：广东人民出版社
地　　址：广东省广州市越秀区大沙头四马路 10 号（邮政编码：510199）
电　　话：（020）85716809（总编室）
传　　真：（020）83289585
网　　址：http://www.gdpph.com
印　　刷：天津泰宇印务有限公司
开　　本：890mm×1240mm　1/32
印　　张：24　　字　数：230 千
版　　次：2024 年 1 月第 1 版
印　　次：2024 年 1 月第 1 次印刷
定　　价：138.00 元（全八册）

如发现印装质量问题，影响阅读，请与出版社（020-85716849）联系调换。
售书热线：（020）87716172

　　中国有着五千年的历史，在这片充满神奇的土地上，不管是人文历史还是自然景观，都隐藏着令人困惑不已的谜团：秦始皇到底是谁的儿子？徐福东渡到底去了哪里？传国玉玺到底在哪里？千年古莲真的会开花吗？珠穆朗玛峰到底能长多高？十二生肖里为什么没有猫？万里长城是怎么建成的呢？……

　　为了让孩子们在一个个未能完全解开的谜团中获得不一样的阅读体验，以探索的眼光研究各种谜题，在思考与探索中走向未来，我们特意编写了《探索中国未解之谜》这套书。本套丛书共包含八个分册，从帝王之谜到历史悬案，从考古谜踪到文化谜团，从生物之谜到地理谜境，从民俗探源到建筑奇谜，全方位、多角度地介

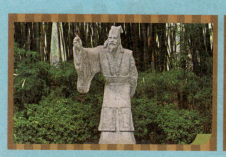

绍了中国多个领域具有探索意义的未解之谜，最大限度地拓展孩子的认知、视野，激发孩子对大自然和身边事物的好奇心以及探索未知世界的兴趣。

为了帮助孩子探索这些未解之谜，我们还在书中精心设置了有趣的板块，并配有精美的插图，以增加孩子的知识储备量，让孩子们的探索之旅更为有趣。希望孩子们通过阅读本套丛书能对我们神秘的国家多一些了解，并愿意为探索未解的谜团而贡献自己的一份力量！

Contents

目录

九鼎下落之谜

九鼎是我国的代名词，是至高无上的权力象征，甚至在夏、商、周三代被看作象征国家政权的传国之宝。然而，曾经地位如此高的器物，后来却消失不见了。那么，九鼎究竟在哪里呢？

九鼎的来历

据说九鼎是夏朝建立之后，夏王禹命人用青铜铸造的。之所以是九只鼎，是因为当时天下被禹划分为九个

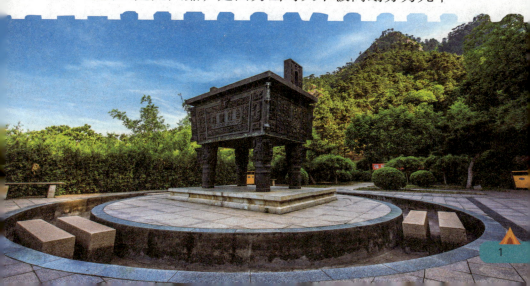

1

州，铸造鼎所用的青铜就是各州进献的。这九只鼎还分别刻有所对应州的山川风貌。九鼎铸造完成后，作为九州的象征被集中放置在夏王朝都城，体现了王权的高度集中，表明夏王禹已成为九州共主。九鼎从而成为"天命"的代表，象征着至高无上的王权。

九鼎去哪儿了

　　九鼎经过几个朝代后，就不知所踪了，关于九鼎的下落，史学界说法不一。《史记》中有关于九鼎的内容，是这样记载的，西周被秦国进攻时，周赧王将所辖之地全部献出，向秦国投降。秦昭王将周赧王贬爵为民。不久后周赧王去世，西周灭亡，秦国将九鼎从周朝都城洛

历史悬案

阳带回了本国。

    除了《史记》中记载的内容，《汉书》中还记载，其实九鼎早在周显王时期就沉到了泗水中。后来秦始皇在南巡途中曾派大量人员在泗水中打捞九鼎，但最终还是未能找到。

    随着岁月的更迭，九鼎的下落越来越难追踪。清末民初经学家王先谦提出了自己关于九鼎下落的看法，他认为，周王室衰落后，众多实力强大的诸侯国妄想取而代之，九鼎象征着王权，代表着"天命"，因此各诸侯国自然对其虎视眈眈。而周王室又遇到了经济问题，九鼎可能因此被用于铸铜钱了。但为了避免诸侯国前来问罪，便以九鼎丢失为由隐瞒了真相。

关于九鼎的下落，虽然不少史书中都有记载，但有很多不同的说法，目前专家们也没有找到其他证据，因此九鼎的下落到现在仍是未解之谜。

你知道吗？

象征九州的九鼎分别是冀州鼎、兖州鼎、青州鼎、徐州鼎、扬州鼎、荆州鼎、豫州鼎、梁州鼎、雍州鼎，每个鼎上不仅刻有对应州的山川名物，大禹治水时遇到的奇禽异兽或恶虫魔怪也刻在了对应的鼎上。

老子出关后下落之谜

老子是春秋时期的思想家，道家的创始人，老子学说对我国哲学的发展影响很大。后世涌现了众多研究老子的著作，然而对于老子出函谷关后的情况，却都没有明确的说法。老子出关后究竟去了哪里呢？

老子的一生

史书记载，老子曾在东周国都洛邑担任过管理藏书的史官，他学问深广，孔子曾经还向他问礼。到了晚年，老子辞官，开始四处游历，每走到一个国家或地区，就向人们传播道家学说。据说老子在游历途中经过函谷关（今河南灵宝），当时的关令尹喜很崇敬老子，便请老子著书，著作便是今天的《道德经》。然而，老子完成《道德经》后便出关了，他之后去了哪里却无人知晓。

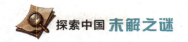

在楼观台、超然台飞升

有的人觉得尹喜陪老子一起出关，二人最后在今陕西周至一带落脚。他们之所以选这里作为落脚地，可能是因为这里没有红尘的喧闹，而且山水宜人。按照这种说法，老子结束巡游生活之后，是在这里修行的。老子还用茅草建了一座楼台用来讲经。今天在陕西周至一带还有座楼观台，据说就是当初老子所建的那座楼台，也是老子飞升的地方。

也有些人觉得老子一路巡游到甘肃地区才定居下来。定居之后的老子不但继续修道，还帮一些有缘分的人炼丹。今天甘肃临洮有座超然台，据说老子最后在那里飞升了。

向东而去

　　另外，还有一种与上面猜测完全不同的说法，认为老子并非一路向西，而是向东"归居"了。根据《庄子·天道篇》中的记载，老子辞去在洛邑的官职后便回家去了。史书记载，老子是今河南省鹿邑县人，因此称其是"东归"。这种说法不止见于《庄子》,《韩非子》《吕氏春秋》中也记载着老子东归的事情。

　　那么到底哪种说法比较准确呢？目前来说，前两种说法只是人们的猜测，并没有任何文献予以支持，只有

老子东归之说在史籍中有相关记载，但也无法就此下定论。因此，老子出函谷关后究竟去了哪里仍是未解之谜，我们期待着相关专家在未来能找到新的依据。

你知道吗？

　　《史记》中认为，老子的故乡是"苦县"。一些学者经过研究发现，《史记》中的"苦县"就是如今河南的鹿邑。鹿邑有太清宫、老君台等建筑，当地百姓有时还会举行庙会之类的活动来纪念老子。如今，鹿邑已经被中国民间文艺家协会等组织授予了"中国老子文化之乡"的称号。

伍子胥鞭尸楚平王之谜

　　春秋时期有一位才能杰出的臣子名叫伍子胥。伍子胥一家是楚国人，但他的父亲武奢被楚平王冤杀，伍子胥无可奈何之下逃到吴国。后来伍子胥被吴王委以重任，并率军攻打楚国，攻克楚国都城。据说伍子胥破楚后为了泄愤，掘开楚平王的坟墓鞭打楚平王的尸体。历史上真的发生过这件事情吗？

确有鞭尸一事

　　《史记·吴太伯世家》和《史记·伍子胥列传》两篇中均有伍子胥鞭打楚平王尸体的记载，在《伍子胥列传》中还提到伍子胥曾搜寻楚昭王，但没有找到，之后才掘了楚平王的坟墓并鞭打楚平王的尸体。

　　古代还有不少学者认为确有伍子胥鞭尸之事。西汉思想家扬雄在其著作《法言·重黎卷》中提到过伍子胥鞭尸的事情，并认为伍子胥的这种做法不符合道德。东

汉史学家赵晔在其著作《吴越春秋·阖闾内传》中提到
伍子胥鞭尸的事情，还丰富了这件事的情节，提到伍子
胥对着楚平王的尸体表达讥讽之意。

其实鞭打的是坟墓

有一些人则认为伍子胥并未鞭尸，只是鞭打了楚平
王的坟墓。比如《吕氏春秋》中就认为伍子胥的报仇方
式是用弓箭射楚国王宫，用鞭子抽打楚平王的坟墓。《淮
南子》《越绝书》等资料也认为伍子胥鞭打的是坟墓。

尽管司马迁的《史记》中认为伍子胥所鞭打的是楚
平王的尸体，但《史记》的成书年代晚于《吕氏春秋》，
因此可能《吕氏春秋》的观点更接近实情，即伍子胥鞭
打的其实是楚平王的坟墓。

其他观点

现代学者张君曾撰文同时对"伍子胥鞭尸"和"伍
子胥鞭坟"两种观点进行了驳斥。他甚至认为伍子胥可
能并未参与攻破楚国都城的那一战。他还给出了几点
理由。

第一，《春秋》是记录春秋时期历史事件的典籍，是研究伍子胥经历较为权威的资料，但其中并没有提到此事；《左传》倒是有一些武奢被冤杀的记载，但也没提到伍子胥鞭尸、鞭坟之事，而且字里行间流露出对伍子胥的怜悯之情。我国伟大诗人屈原在提到伍子胥时也将他视为正面人物。

第二，伍子胥和孔子是同时代的人，而孔子对于君臣等关系看得极重，如果当时真的发生了伍子胥鞭尸、鞭坟这样悖逆礼法的事情，孔子应当会发表一些言论，但从目前的资料来看，孔子并无相关言论。

第三，从《公羊传》中对伍子胥思想的记载来看，

他把君王与父亲看得同等重要，从这种思想来推测，他应该不会通过违逆君王的方式来为父报仇，更不会干出鞭君王的尸体或坟墓的事情。

如今距离伍子胥破楚已经过去了两千多年，而伍子胥复仇的故事也已经在民间流传开来，并衍生出很多文艺作品。不过伍子胥鞭坟、鞭尸之事究竟存在与否，至今仍是未解之谜。

你知道吗？

据说伍子胥死后，尸体被扔到江中。人们同情伍子胥，为他建起坟墓和祭祀的庙宇，又用"胥江"这个名字来称呼伍子胥主持挖掘的运河。除此之外，人们还用"胥山""胥湖"等名字来称呼与伍子胥有关的一些山山水水。

孔子删减《诗经》之谜

　　《诗经》是我国最早的诗歌总集，成书于春秋时期，内容丰富，不仅对我国的文学发展有深远的影响，还具有较高的史料价值。根据史书记载，现今的《诗经》是孔子删减后的，这种看法得到后世不少学者的认同。那么，这件事是真的还是假的呢？

确有"孔子删诗"一事

　　"孔子删诗"一事在很多文献典籍中都有记载，如《论语》。孔子在书中说，自从他从卫国回到鲁国后，才对音乐进行了整理，《雅》和《颂》得以归位。另外，《史记》中也记载孔子确实删减了《诗经》中的诗，后世典籍中的相关论述很多都是由此演化而来的。

没有"孔子删诗"一事

然而即使有相关史料,"孔子删诗"的事仍然一直遭到后世一些学者的质疑。

《史记·孔子世家》中记载,最初的《诗》有三千多篇,经孔子删订,最后只剩下了十分之一左右。但宋代理学家朱熹认为没有"孔子删诗"一事,他觉得孔子不会拿笔来做删这个、保留那个的工作。

清代著名的辨伪学者崔述通过对《论语》《左传》《孟子》《礼记》等史籍进行研究,认为孔子在整理《诗经》时,就是三百多首,所以不存在"孔子删诗"一事。

清代思想家魏源也持同样的观点。

据《左传》记载，吴公子季札出使鲁国，鲁国为他演奏周王室乐舞，表演的就是《诗经》的内容。根据《左传》对表演内容的记载，当时表演的国风、小雅、大雅、颂的编次与现在《诗经》上的编次相同。而那个时候孔子还不到 10 岁，由此可见，在孔子之前，《诗经》就已经定型，所以孔子并未进行很大的改动或删减。

近代学者们的观点

近代学者钱玄同则大胆地提出另一种观点，他认为孔子根本就没有编订过六经。钱玄同的这个观点堪称石破天惊，在古史辨运动的相关观点中算得上极端了。钱玄同不但认为孔子与六经之间没有古人所说的那种深厚关系，而且认为六经中除《乐经》外的 5 本书，《诗》《书》《礼》《易》《春秋》，最初也各自独立，这几本书被视为一个整体。

另一位大学者朱自清的观点与钱玄同有相似之处，他也认为《诗经》与孔子的关系不大。朱自清还曾在著作中简略地介绍了一下《诗经》的起源。他觉得《诗经》中的内容最初是由各国的太师搜集来的。所谓太师，类似于戏班的老板，是各国中领导、组织乐工的人。各国的太师根据不同的用途对诗进行搜集、保存。比如，有一些诗歌是用来宴客时演奏的，有一些诗歌用于祭祀，有一些诗歌用于打猎时烘托气氛，有一些诗歌用来庆祝房屋的完工等。此外，还有专门用来为君主演奏的诗歌，这些诗歌往往带有政治意义。总之，经过各国太师的努力，最后保存下来的诗歌共有三百余篇。那么是谁将各国诗歌统一进行了整理呢？朱自清认为是周王朝的太师。如果按照朱自清的观点，那么《诗经》真正的整理修订者就不是孔子。

这些诗歌到底是谁汇编而成的呢？"孔子删诗"一事究竟是传言还是确有其事？这些问题还需要学者们的进一步考证。

你知道吗？

《诗经》共三百零五篇，可分为"风""雅""颂"三大类。有描述当时政治状况、反映社会现实及社会风俗的篇章，还有关于统治者祀神祭祖、赞美其功业的言语，以及贵族之间的宴会往来、民众劳动打猎等相关记载，内容全面。

孔子的身世之谜

　　孔子是春秋时期伟大的思想家和教育家，是儒家学派的创始人，受到历代封建统治者的尊崇，拥有众多头衔，被后人誉为"万世师表"。但是，关于孔子的身世，人们却众说纷纭，这样一位伟人的身世是怎样的呢？

"野合"说

　　司马迁所著的《史记·孔子世家》中这样记载："孔子生鲁昌平乡陬邑。其先宋人也，曰孔防叔。防叔生伯夏，伯夏生叔梁纥。纥与颜氏女野合而生孔子。"这里的"野合"一词，字面意思即在野地里苟合。而唐朝的一些学者却对"野合"做出了合理的解释："野合"之说之所以成立，是因为孔子

之父叔梁纥成婚时年纪比较大，而其母亲颜徵在尚且年少，所以他们二人的结合属于老夫少妻的婚姻组合，是不符合礼仪的。

上天的恩赐

据说，当时孔子的父母成婚之后，父亲为了能够诞下儿子，于是带着母亲一起去尼丘山祈祷，祈祷上天能够保佑他们。正如人们所说：心诚则灵。或许是他们的真心感动了神灵，不久之后孔子的母亲就怀上了孔子。东汉儒家学者郑玄《礼记正义·檀弓》引《论语撰考谶》记载："叔梁纥与徵在祷尼丘山，感黑龙之精，以生仲尼。"现在看来，这种说法实在荒谬，这不过是儒学的后继者们为了神化孔子，特意写的附会之辞，自然不能以此为据。

还有一种说法是：一天，孔子的母亲颜徵在睡觉时，梦中出现了黑帝（指颛顼，他是上古部落联盟首领，人文始祖之一），之后，颜徵在便怀有身孕，生下了伟大的孔子。显然这个说法是在神话孔子，违背了自然规律，没有可信度。这种说法与上一种说法颇为相似，也是荒诞不经且带有迷信色彩的。人们在孔子的出生问题上故

弄玄虚，使之与凡人不同，尊其为神，孔子就更加成为世人眼中的圣人了。但孔子这种被神化的身份是不足为信的。

是私生子

这种说法出自蔡尚思等人所著的《孔子思想体系》一书。该书的作者根据自己多年以来积累的资料，认为颜氏既然能够长期向孔子隐瞒其父的事情，说明她在生孔子之前必定是独居的。再加之孔子总是自称"吾少也贱"，这些细节都足以证明颜氏家境贫寒，可能是奴隶或平民人家之女，与叔梁纥的身份地位悬殊，根本不属

于同一个阶层。所以，该书对"野合"做出了这样的解释：奴隶主叔梁纥在野外强暴颜氏而生了孔子，即孔子是私生子。不难发现，这个结论其实是对"野合"说的一个新解释。

虽然孔子大力主张"非礼勿视""非礼勿动"，但是极有可能孔子自己就是一个"非礼"的产物。孔子在中国文化史上有着重要的地位，但其身份仍是未解之谜，需要我们进一步研究。

你知道吗？

孔子知识丰富，智慧广博，被列为"世界十大文化名人"之首，孔子的儒家思想在我国和世界上都占有重要地位。他在世时就被人们尊称为"天之木铎""天纵之圣"，后世的人们更将其尊为孔圣人、至圣、至圣先师、万世师表。

西施结局之谜

西施美艳动人，是历史上具有传奇色彩的美女，据说她曾影响到当时的国际局势，不过她的结局却有些神秘，在历史上引发众多猜测。在吴国与越国的争斗结束后，西施的结局是怎样的呢？

远离纷争

西施的人生经历与吴、越两国密切相关，她本是越国女子，但越国君主勾践为了复仇而把西施作为牺牲品，于是西施被作为礼物落到了吴王夫差的手里。西施在吴王夫差那里极受宠爱。当吴王夫差陷入安逸生活的时候，

勾践却秣马厉兵，通过卧薪尝胆来激励自己。就这样，吴国和越国的实力发生了巨大变化，最终吴国被越国所灭。当吴国被灭后，西施去了哪里呢？民间对此有一种富含浪漫色彩的说法，那就是西施被范蠡救出，搭船远走高飞，从此过上了隐逸而安宁的平凡生活。

被沉入江河

但也有一些资料提出了不同的观点，比如《墨子》中就认为，西施的死因是"沈"。"沈"在古时意同"沉"，也就是说，西施被沉入水中而死。那么西施为什么会被沉入水中呢？有一种观点是，吴国都城被攻破时，西施拒绝了夫差带自己逃命的建议，而是留下来等着越国人。就这样，西施被越王勾践带走了。由于西施天生

丽质，勾践的夫人对西施心生嫉妒，担心自己的地位不保，便想悄悄把西施杀死。在越国人带西施沿水路返国的途中，西施被勾践的夫人骗到船尾，被一个大力士绑在石块上沉入水中。西施就这样死去了。

令人费解

不过以上的观点都没有充足的资料作为证据。在《史记》中，与越国有关的《越王勾践世家》与《货殖列传》则完全没有记载西施这个人。这样一位影响两国局势的重要人物为什么没有被司马迁载入书中呢？

西施的一生太过传奇，而西施的结局又太过神秘。西施究竟有什么样的结局呢？这或许会成为永远的谜团。

你知道吗？

作为历史上著名的美艳女子，西施被人们列入"中国古代四大美女"。人们在形容这四位美丽女子时，常常说她们有"沉鱼落雁之容，闭月羞花之貌"，其中的"沉鱼"一词便由与西施有关的故事演化而来。

和氏璧的下落之谜

和氏璧是我国古代举世罕见的宝玉。奇怪的是，就是这样一件价值连城的宝物，最后竟然下落不明，引发了多种猜想，至今没有定论。那么，和氏璧究竟在哪里呢？

和氏璧的故事

最初是一名楚国的玉工发现了和氏璧，这名玉工叫卞和。随着世事的变化，这块宝玉被赵惠文王得到。当时秦国强盛，秦昭王听说赵王有这样一块宝玉，便想占为己有。秦王派出使者，假装要用城池来换和氏璧。迫于形势，赵王只得派人带着和氏璧去秦国。赵国派往秦国的人叫蔺相如。蔺相如智勇双全，他觉得秦王不是坚守信义的人，所以他把和氏璧献给秦王后仔细观察着秦王的言行。秦王拿到和氏璧之后十分得意，还把和氏璧交给周围的亲信观赏，言行显得无礼。蔺相如观察了一

阵，断定秦王没有用城池换和氏璧的想法，就以指出和氏璧的瑕疵为借口拿回了和氏璧，然后站在宫殿的柱子旁边，先是怒斥秦王无礼的言行，指出秦王对赵国存有戏弄之心，之后以撞碎和氏璧为威胁，要求秦王履行用城池换取和氏璧的诺言。蔺相如说完便把和氏璧高高举起。

秦王被蔺相如的气势震慑住，害怕蔺相如真的把和氏璧毁掉，就一边道歉一边在地图上指出打算交给赵国的那些城池。蔺相如并没有因秦王的暂时退让而丧失警惕，他清楚地意识到秦王的退让只是权宜之计，秦国并不会真的向赵国割让城池。蔺相如为了保护和氏璧，便悄悄让可靠的人将和氏璧送回赵国。秦王得知和氏璧已经被送回赵国后虽然心中不满，却也无可奈何，而且在和氏璧已然无法得到的情况下，他也不愿徒劳地与赵国为敌，所以只能放蔺相如回国了。

"流亡"的和氏璧

后来，赵国被秦国所灭，和氏璧落入秦国，并被制成传国玉玺。一些史料记载，这枚玉玺刻有八字，即"受命于天，既寿永昌"。这枚玉玺后来又传到西汉。据说，西汉末年，这枚玉玺被一位太后摔破，后来在王莽的命令下，玉匠用金对这枚玉玺进行了修饰。曹魏代汉时期，曹丕逼迫汉献帝退位，又在这枚玉玺上刻上了一行新的字迹，大意为汉朝将玉玺传给大魏。后来，玉玺又归于李唐。再后来，后唐末帝李从珂拿到了这枚玉玺。不过当时已经天下大乱，李从珂也在乱世中自焚而死，很多御用的事物也随李从珂遭到焚烧。那么李从珂手里的和氏璧呢？难道也被火焚烧了吗？关于李从珂死后和氏璧的下落，后世的人们议论纷纷，但至今没有得出明

确的结论。

事实上，人们不但无法确认和氏璧如今落到了谁的手中，甚至连和氏璧究竟是否存世都不清楚。和氏璧真的像史料上记

载的那样精美吗？真的有那么多奇特的遭遇吗？它会不会被某个有权势的人带到了坟墓中呢？这些问题都有待人们去探寻。总之，和氏璧的下落至今依然是一个未解之谜。

你知道吗？

荆山就是传说中出现和氏璧的那座山，这里富含花岗岩，而且有很多巨大的石头杂乱地分布着。如今，这里还有一个"卞和洞"，据说就是卞和发现和氏璧的地方。

秦始皇的父亲之谜

秦始皇是战国时期秦国君主，他消灭六国，建立了我国历史上第一个统一的封建王朝——秦朝。但是，关于秦始皇的身世，几千年来众说纷纭，有人说他是秦庄襄王子楚的儿子，有人说他是吕不韦的儿子。那么，秦始皇的父亲究竟是谁呢？

《史记》中的相关记载

根据《史记·吕不韦列传》中的说法，秦始皇的母亲赵姬来历奇特，她本是富商吕不韦的侍妾，后来由于吕不韦想要进行政治交易而被送到异人手里。异人就是子楚，也就是秦始皇嬴政的父亲，当时是秦国派往赵国的人质。嬴政出生后，和父母在赵国生活了一段时间，直到吕不韦多方打点，异人获取了华阳夫人的信任，嬴政才和母亲回到秦国。异人回秦国掌权的过程并不容易，其间吕不韦出力甚大。经过残酷的政治斗争，子楚最终登上国君之位，嬴政则成为太子，后即王位。

为何有人说秦始皇之父是吕不韦

不过也有人认为，秦始皇的父亲是吕不韦，并提出了几点理由。

第一，这种说法可以用于政治斗争。如果此说法是真的，那么秦始皇就没资格成为秦国统治者，对反对秦始皇执政的人来说，这是举起推翻秦始皇政权大旗的正当理由。

第二，这是吕不韦为了与长信侯进行斗争而故意为之。长信侯是他的死对头，有强大的势力，吕不韦想要凭借血缘关系得到秦始皇的支持，从而好对付长信侯。

第三，吕不韦是"六国"之人，如果他是秦始皇的

父亲，那么吕不韦费心费力地帮助子楚，最后让嬴政登上王位，相当于不费一兵一卒夺得了秦国的江山，这样说来，就不是"秦灭六国"，而是"六国灭秦"。

第四，汉代以后的很多文献资料多支持这种说法，这样一来，秦被汉取代似乎就成了理所应当的事。在反对秦始皇统治的人看来，这么混乱的统治阶级是无法很好地统治天下的，所以秦王朝很快衰亡是十分正常的，而汉取代秦说起来就是名正言顺的。

生父是子楚的猜测

从当时秦国的政治局面来看，在赵国都城邯郸做人质的子楚自己都不一定能继承王位，更别说他未来的儿子了。不管吕不韦有什么样的计划和心思，实际情况也

很难按他的预设发展，所以他不可能提前预谋，让赵姬怀上自己的孩子，再大费周章地为自己的儿子谋划，这是不现实的。按照这种推测，秦始皇的生父就是子楚。

按常理推测，如果赵姬在被送给子楚前就已经怀了孩子，那么她必会早早生下儿子，而子楚对这种情况不可能不了解，若真是这样，恐怕子楚不会立一个外人为储君。因此，秦始皇的生父应为子楚。

有史书记载，赵姬出身豪门，在古代，豪门女子把贞洁看得极为重要，赵姬当然也不会例外。赵姬既然出身豪门，就不会先做吕不韦的姬妾，再做子楚的妻子，就不会存在秦始皇是吕不韦的儿子这种情况。以此推断，

秦始皇的生父是子楚。

史书记载加上各种推论，使秦始皇的父亲究竟是谁变得越来越扑朔迷离，始终没有一个定论。

你知道吗？

秦始皇统一六国后便开始在北方修筑长城，目的是抵御匈奴，增强北方边防，同时减少驻守军队的数量，减轻百姓的负担。但值得注意的是，秦始皇并非万里长城的开创者，他是在战国时期秦国、赵国及燕国已有的长城的基础上进行了修筑和连接。

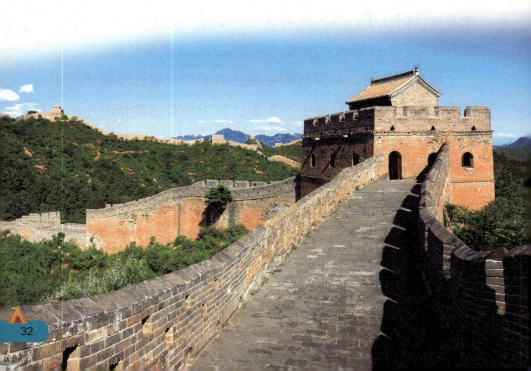

徐福东渡目的之谜

徐福是秦朝方士，据《史记》记载，徐福曾率领船队东渡，这是目前所知的有关这件事最早的记载。不过，徐福东渡的目的却一直困扰着学者们。那么，徐福究竟为什么东渡呢？

寻找长生不老药

关于徐福东渡的目的，史学界众说纷纭。《史记》中记载他是为给秦始皇寻找长生不老药，这也是大多数历

史学家认同的说法。

就目前掌握的资料看，徐福是有史料记载的第一个东渡的人。按《史记·秦始皇本纪》中的说法，秦始皇统一天下后，威震天下，名利、权势、地位都有了，他最害怕的就是死亡，因此特别希望可以长生不老。方士徐福听说了秦始皇想要求药的事，便上书称海中有三座仙山，有仙人住在山中，那些仙人有长生不老药，并说自己愿带人前去寻访仙人，为秦始皇求药。秦始皇听后十分开心，便让徐福带着大量珠宝钱财、粮食，以及几千名童男童女前去求药。徐福率领整个船队浩浩荡荡地出发了，但他在海上寻找了数年，最终一无所获。

《史记·淮南衡山列传》中也提到了徐福东渡的事，

但记载的内容与上面略有出入。其中提到徐福寻药无功而返后，并没有如实上报，而是谎称自己寻到了海中大神，只是海神嫌带的礼物不够多，所以不肯给长生不老药。之后，秦始皇便让徐福带三千童男童女及更多的金银财宝、粮食出海寻药。

二次东渡是为了避祸

然而，徐福率众出发后并未回去，秦始皇至死也没有等到长生不老药。徐福率领众人在海上漂泊，最后去了今天的日本。有些学者根据这种结果推断，徐福东渡并不是为了寻药，而是借此机会避祸。他不满秦始皇来治理天下，曾经说过秦始皇的坏话，加上最初寻药未果，欺骗了秦始皇，害怕被降罪，因此便谎称要继续寻求丹药，出海东渡，逃离了秦朝。

为了开疆拓土

除了上面两种说法，还有一种与政治有关的猜测，即徐福东渡表面上是寻药，实际上是去开疆拓土了。《吕氏春秋·为欲篇》中提到秦国统治者想要"北至大夏，

南至北户，西至三危，东至扶木，不敢乱矣"。其中的
"扶木"指"扶桑"，即今天的日本。因此，有学者认为，
秦始皇命徐福出海东渡，可能并非只是为了寻求长生不
老药，而是要将国家疆土开拓到现在的日本。

　　徐福东渡到底是为了寻找长生不老药，还是为了避
祸或者开疆拓土，至今仍是未解之谜，恐怕只有徐福本
人才知道真正的原因。

你知道吗?

　　关于徐福的族源，相关学者研究后发现，甲骨文中
就记载了徐国，这说明徐国早在殷商时期就存在了。徐
国灭亡后，徐国百姓的子孙以国为氏。《徐氏宗谱》中的
描述与《左传》《汉书》《后汉书》等史书具有相同的说
法，可以证明徐福是徐国的后裔。

苍头军成员出身之谜

陈胜被叛徒庄贾杀害后，他的部将吕臣组织苍头军继续起义，没过多久收复了陈县（今河南淮阳），并处死了庄贾，重建了"张楚"政权。在整个反秦斗争中，苍头军是一股很具有影响力的势力。但关于苍头军成员的出身，历来说法不一，有人说他们是奴隶，有人说他们是一支特殊的军队。那么，苍头军的成员到底是什么出身呢？

苍头军成员是奴隶吗

有一种说法称苍头军的成员都是奴隶出身。《汉书》中提到，"苍头"是奴婢的一种称呼。三国曹魏时期学者孟康为《汉书·鲍宣传》做注时说："汉名奴为苍头。"也就是说，苍头军成员的出身是"奴"。但是这种论断遭到了质疑，《史记》记事最晚到汉武帝时期，而查证此书，并未有孟康所做注解的说法，可见汉代奴被称为"苍头"是在汉武帝之后，而苍头军是在秦末，所以二者应没什么联系。退一万步讲，即使"苍头军"与书中所记的"苍头"有关，也无法就此直接断定苍头军成员都是奴隶，因为按照史书的记载，"苍头"指的是奴婢，并非奴隶，二者有本质区别。所以，这种观点并没有充分的证据。

苍头军是一支特殊的军队

另一种说法称苍头军就是戴着青帽或头裹青巾的农民军。按《史记·苏秦列传》中的记载，苍头与武士、奋击、厮徒一样，都是战国时期某些诸侯国军队的称号，侧面反映了苍头并非奴隶的说法。而《史记·项羽本纪》中有"异军苍头特起"之语，南朝宋史学家裴骃

在他的著作《史记集解》中引应劭之语，认为苍头军的"苍头"是指士卒戴的皂巾，就像赤眉军、青领军那样，为了与别的军队有所区别。《史记索隐》引晋灼之语，认为它是特殊的军队，是因为士兵都戴着青色的帽子。在《战国策》的相关注文中，也有类似的说法。这些注解都表明，苍头军并非奴隶军，只是一支头戴青帽或头裹青巾的军队。

综合来看，第二种说法的可信度更大一些，但仍然无法下定论。目前，苍头军的成员到底是什么出身，目前还是一个谜团，有待学者进一步查证。

你知道吗？

公元前209年，陈胜同吴广在大泽乡（今属安徽宿州）发动起义，这是我国历史上一次大规模的农民起义。后起义军迅速得到发展，陈胜在陈县被推为王，建立了我国历史上第一个由农民建立起来的政权——"张楚"政权。

千佛碑脚印来历之谜

在我国，以千佛命名的山、崖、洞、塔、殿，比比皆是，而以千佛命名的碑碣却比较罕见。四川省成都市新都区宝光寺内的千佛碑刻造于南北朝梁武帝时期，距今已有1400多年。因此，宝光寺千佛碑堪称国内稀有而珍贵的佛教之物。最神奇的是，这个寺庙里有一个巨大的脚印，这个脚印是怎么来的呢？

宝光寺千佛碑的样子

宝光寺千佛碑的千尊佛像高约5厘米，双手合十，坐于莲台，碑正中有一龛窟，内刻有一佛（释迦牟尼）二菩萨（文殊、普贤），佛祖正襟危坐，菩萨侍立两旁。碑下棱端为东、南、西、北四大天王，手执法器，勇武威严。碑额中心为接引佛，佛座下刻二力士，佛左右

刻"双龙盘缀",两条舞龙形体矫健,首尾相接,别有神韵。

是为了弘扬佛教教义吗

就在此碑碑额的接引佛下,刻有一只脚印。别看它只有十几厘米长,如按碑上佛像的比例折算,是相当大的。刻制佛的大脚印,在我国并不多见。据成都昭觉寺清康熙年间石刻的"释迦如来双迹灵相图"题记所述,释迦牟尼在逝世前,曾站在大石上对弟子阿难说:"我现在即将涅槃了,特别留下这双脚印,百年之后,将有无忧王(即公元前3世纪统一印度的阿育王)到这里来弘扬佛法。"

可见，许多佛教圣地刻制释迦牟尼双脚印的目的是希望佛教教义广被天下、世代相传。宝光寺内千佛碑上刻的单脚印也是为了弘扬佛教教义吗？就单脚印而言，国内其他地方尚未见到，据我国东晋高僧法显在其所著的《佛国记》中说，现今斯里兰卡中南部的圣脚山山顶，有一只长约1米的脚印，是释迦牟尼来此说法时留下的，这是一只左脚印，而千佛碑上刻的却是只右脚印，这是偶然的巧合，还是有别的含义和来历，这个谜一直没有被人们解开。

你知道吗？

昭觉寺的名字来自唐宣宗时期，是当时的皇帝亲赐的，之前曾叫建元寺。这个建筑早在唐太宗时期就已经是佛寺了。如今，这座佛寺位于四川省成都市成华区昭青路333号，还有"川西第一禅林"的美誉。

历史悬案

西天取经第一人之谜

提及西天取经之事，人们自是不会感到陌生，作为中国四大名著之一的《西游记》，其所描述的就是唐僧师徒西天取经的故事，所以人们一致认为玄奘就是历史上西天取经第一人。然而，学者们经过对史料的考究，发现事实并非如此。如果玄奘不是的话，谁才是西天取经第一人呢？

玄奘西天取经

据史料记载，玄奘出生于一个官吏家庭，他自小喜爱佛学，并凭借刻苦的钻研和过人的智慧，在佛学界脱颖而出，成为世人公认的"释门千里之驹"。玄奘经过多年研究，发现国内的佛经有很多不足之处，于是他决定去西天求取真经，来完善国内佛经的不足。公元629年（一说公元627年），玄奘毅然决然地踏上了西行之路。经过十几年的艰难历程，他终于顺利完成了西天取经的

探索中国 未解之谜

大业。由于这个故事深入人心，所以，人们以为玄奘才是西天取经第一人，然而，事实却不是这样。

法显的取经之路

原来，有一位名叫法显的和尚，他西行求法的时间似乎早于唐玄奘。法显出生于公元337年，当时正处于东晋时期。从时间上来看，东晋的确比唐朝早得多。由此看来，法显早于唐玄奘西行求法的观点是有些道理的。于是，许多历史学家认为，东晋时期的法显和尚应该是我国僧人西行取经第一人。

据说，法显和尚于公元399年从长安出发，翻山越岭，一路西行。他花了整整14年的时间西行，途经斯里兰卡、印度尼西亚等多个国家。直到公元413年，法显大师才回到东晋的首都建康。据史料记载，当初与他一同西行的共有11人，他们中有的

历史悬案

人半途折回，有的人不幸客死他乡，还有的人滞留异邦不肯归来。到最后，只有法显和尚一人顺利回到了祖国。

谁才是取经第一人

　　虽然玄奘是西天取经第一人的说法被打破了，但究竟谁是西天取经第一人，目前还没有定论。那么，还会有谁早于东晋时期的法显和尚呢？史学界人士发表了看法。他们提出：最早西行取经的人应该是三国时期的佛家弟子朱士行。细细考量他们的说法：朱士行的西行时间是公元 260 年，法显和尚的西行时间是公元 399 年。从时间上不难看出，朱士行西行的时间确实要比法显和尚早 100 多年，这可是一个不小的时间差距。而生在唐朝时期的玄奘就更不用说了，他去西天取经的时间比朱

士行晚了数百年。所以，唐玄奘并不是西天取经第一人。

那么，究竟谁才是西天取经第一人呢？目前，人们的说法颇为不一。或许还存在一些不为人知的人，他们西行的时间可能比玄奘、法显和尚、朱士行更早。他们之所以没有被历史所记载，可能是因为有一些统治者为了掩盖历史而从中作祟，可能是有些民间和尚独自去往西天取经，无人知晓，更无法记载。总而言之，西天取经第一人究竟是谁，还有待人们做进一步的考证。

你知道吗？

在我国历史上的众多僧人中，玄奘和法显的知名度都比较高。玄奘曾根据自己的取经经历，创作了《大唐西域记》一书，记载了自己的旅行见闻，涉及当时许多国家的地理情况，是研究中亚等地区历史地理的重要参考资料。而法显也同样根据自己的取经经历撰写了《佛国记》一书，翔实地记述了中国与东南亚的陆海交通，也是一部研究东南亚古代历史、地理的重要文献。

杨贵妃生死之谜

杨贵妃是我国历史上著名的美人，也是唐玄宗最宠爱的女人。可是这位贵妃的结局是什么呢？她真的如史书上记载的那样被赐死了吗？

杨贵妃被赐死

当唐玄宗沉迷于盛世的安逸生活中时，安史之乱陡然爆发。叛军一路势如破竹，连潼关都打了下来。面对如此严峻的形势，唐玄宗无奈之下带人逃离皇宫。一日，这支逃亡的队伍来到了位于陕西境内的马嵬驿。在这里，将士们发动了马嵬驿兵变。一些史料记载，唐玄宗迫于形势，忍痛赐死了杨贵妃。等到叛乱被平定后，唐玄宗回

到都城，悄悄派宦官改葬杨贵妃。但是，有些人对杨贵妃的结局产生了怀疑。

杨贵妃真的死了吗

　　有一种说法是，被唐玄宗派去改葬杨贵妃的人并未看到杨贵妃的遗体。而史书上关于改葬这段历史的记载，在内容上却有些区别，比如《旧唐书》中既提到了杨贵妃的遗体，也提到了一些遗物，如香囊；而《新唐书》却没有提到杨贵妃的遗体。

　　即使单纯按照《长恨歌》来分析，也会发现蹊跷，因为《长恨歌》中也提到杨贵妃的遗体没有被找到。为

什么《新唐书》与《旧唐书》对此事的记载有差别呢？为什么白居易认为杨贵妃的遗体并未被找到呢？如果杨贵妃并没有死，那她会去哪里呢？难道她真的如同一些人所推测的那样，逃到海外了吗？

有一种说法是，杨贵妃确实没有被杀，当时真正被杀的是一名侍女。杨贵妃之所以逃过一劫，是因为有一位名叫陈玄礼的将军对杨贵妃怀有恻隐之心，因此用计救了杨贵妃。之后，杨贵妃在陈玄礼所派之人的护送下到了海外，最后死于海外。有人认为杨贵妃曾到过日本。如今，据说日本某个地区还有杨贵妃墓。

不过，以上所谈的杨贵妃的结局都是推测，没有足够的证据，杨贵妃的结局至今仍是谜团。

你知道吗？

很多人都知道"杨玉环"这个名字，民间普遍认为这是杨贵妃的真实姓名。奇怪的是，在一些比较权威的史书上，并没有提到这个名字，比如《旧唐书》与《新唐书》中就未提及，《资治通鉴》同样未提及。直到杨贵妃死后百年左右，才有一些资料提到"玉环"这个名字，如《明皇杂录》。

才气纵横、文辞洒脱的南宋女词人李清照，是历史上少有的以才情留名的女性。然而，有着突出文学成就的李清照，在婚姻方面却留下了一个不解之谜——她晚年是否改嫁了？

关于李清照改嫁一事，文学界人士从"改嫁说"和"未改嫁说"两个方面进行了一番深刻的探讨和分析。

1132 年，李清照身患重病，在张汝舟的甜言蜜语下和他成了亲。婚后不久，张汝舟就暴露出了市侩嘴脸，想要骗取李清照手中的残存文物，但始终没有得手，于是对李清照拳脚相加。李清照无法忍受这种虐待，于是决定与张汝舟离异，并冒着坐牢的风险向官府告发了张汝舟的罪行。张汝舟因此获罪，被发配柳州。按照宋朝律令，妻告夫，即使属实，原告也要入狱两年。李清照入狱九天后，有个名叫綦崇礼的官吏向她伸出了援助之手，让她免受了牢狱之苦。事后，李清照特意撰写了一篇《投内翰綦公崇礼启》，来答谢綦崇礼。1149 年，王灼撰写的《碧鸡漫志》中也提到了此事，书中说李清照"再嫁某氏，讼而离之，晚节流荡无归"。公元 1151 年前后，有的资料也提及李清照与赵明诚婚后并无子嗣，赵明诚去世后，李清照才改嫁他人。

　　坚持李清照改嫁之说的人认为：那些能够在著作中记录此事的人，大多应该是当事人。比如，胡仔在湖州编撰的诗话集《苕溪渔隐丛话》，洪适在越州著成《隶释》。而湖州、越州这两个地方距离李清照居住的地方并不是很远，断然不会生出这样的讹传。再者，这些著作在成书时，李清照尚健在，难道这些学者胆大包天，能在李清照生前就如此造谣生事？此外，李清照"颁金通敌"的案件发生在 1129 年，而上文所说的《投内翰綦公崇礼启》作于 1133 年之后，这足以证明这两件事毫无关联。另外，在宋代，妇女改嫁之事也不是什么稀奇的事，所以宋人并不会无聊到将改嫁之事作为丑事谈论。

所以，部分人才得出这样一个结论：宋明以后的卫道士因为不能接受才女李清照改嫁的事实，于是拼命地替她掩饰，找各种理由否认她改嫁的事。

未改嫁的依据

自明代以来，一些学者就不断地对李清照改嫁一说提出各种异议。一位名叫徐勃的学者给出了两个理由：其一，李清照是官宦出身；其二，赵明诚去世时，李清照的年龄也不小了，在这样的境况下，她是不会改嫁的。更何况李清照与赵明诚二人情深义重，她怎么可能会改嫁他人呢？当时对李清照给予帮助的綦崇礼，就是赵明诚的亲戚。如果李清照真有改嫁一事，而且又涉讼，那么李清照应该是无颜接受他帮助的吧？而且，赵明诚的表甥谢伋在《四六谈麈》中也只字未提李清照改嫁的事，还称李清照为"赵令人李"，并且引用了李清照对赵明诚表示坚贞不渝的祭文，即"坚城自堕，怜杞妇之悲深"。

到了清代，许多学者纷纷为李清照改嫁之事做出"辩诬"。双方各执一词，莫衷一是。清代人卢见曾从李清照对丈夫的眷恋之情的角度，否定其改嫁之事。而继卢见曾之后，俞正燮又较为全面地论述了李清照改嫁之说不可信。再者，晚年的李清照曾自称"嫠妇"，也就是寡妇。如果她改嫁又离异，她又怎么会以此自称？此外，她还讲过"故虽处忧患，困穷而志不屈"等述志的话。在赵明诚去世后，她又为校勘整理《金石录》费尽心血；后来，她

还为颁行《金石录》上表于朝廷。诸如这类情况，都是否定李清照改嫁一说的依据。

两者均无定论

　　上述所讲的"改嫁说"与"未改嫁说"，既有文字考证，又有一定的臆测，但始终没有定论。近年来又有一些人提出一种观点，他们认为，争论之所以不断，多半是因为人们将《投内翰綦公崇礼启》中的"官文书"一词错误地理解成了"告身"（即"委任状"）。其实，"官

文书"是官家所出文书的总称，在这里专指判决书。而李清照由于"颁金通敌"案而被官府问罪，其结果可能就是沦为官婢，被强卖于人。而张汝舟手中的那份官文书，对李清照有着一定的威慑力，他完全可以强迫李清照改嫁。然而，改嫁应该是女方自己做主的事，一个孀妇由于错判而被人所占，又怎么能说她是改嫁呢？这种说法比较新颖，也算是一家之言。就李清照再婚的性质来说，"改嫁说"和"未改嫁说"可能都是不成立的，所以，李清照是否改嫁依然是一个不解之谜。

你知道吗？

因作为杰出文学家，李清照被人们称为"千古第一才女"。她以华丽的词风，女性独特的视角，留给后世很多清远俊逸的词作，有著作《李易安集》《易安居士文集》《易安词》等。后人根据她的著作整理出《漱玉集》《漱玉词》等著作。

害死岳飞的凶手之谜

岳飞是中国历史上著名的乱世英雄，据说是以"莫须有"的罪名被杀害于风波亭，一起被害的还有他的儿子岳云和部将张宪。岳飞死后，一名叫隗顺的狱卒掩埋了他的遗体。直到宋孝宗即位，才将岳飞迁葬在风景秀丽的栖霞岭下。然而，谋害岳飞的元凶到底是谁呢？

秦桧是凶手吗

据考证，开封失守后，秦桧被金兵带到了北方。在北方，他很快成了完颜昌的亲信。1130年10月，秦桧神秘地回到了宋朝（南宋），他声称自己是杀死监守金兵后逃回来的。但据《大金国志》记载，秦桧返回宋朝，是金国贵族决定的，目的是让他促成"议和"。后来成为南宋宰相的秦桧，实质上是金国皇族派到南宋的一个中间人，这种双重身份，使他成为南宋王朝降金政策的主

要炮制者和推行者。岳飞是南宋最有实力、立场最坚定的抗金将领，自然就成了秦桧杀害的首选对象。

宋高宗是凶手吗

《宋史·刑法志（二）》中明确记载："十一年，枢密使张俊使人诬张宪，谓收岳飞文字，谋为变。秦桧欲乘此诛飞，命万俟卨锻炼成之。飞赐死，诛其子云及宪于市。……名曰诏狱，实非诏旨也。"这段话的意思是秦桧假传圣旨，矫诏杀害了岳飞等人。

明朝时期有人提出杀害岳飞的元凶并不是秦桧，宋高宗赵构才是杀害岳飞的真正元凶，因为只有他，才有

权下令杀害岳飞，而秦桧只是宋高宗手下的鹰犬。持这种观点的人提出了几点理由。

第一，秦桧没有杀岳飞的权力。有人指出，当时秦桧虽然很受宋高宗信任，但还没到可以摆布宋高宗的地步，因此不能为所欲为地铲除异己。后来，秦桧积极对金议和，枢密院编修官胡铨上书反对，并请求皇帝"斩秦桧之头挂诸街衢"。秦桧对此人恨之入骨，却不敢任意杀害他。由此可知，对战功赫赫的岳飞，秦桧更不可能擅自处置。

第二，秦桧死后，赵构为许多被秦桧构陷的官员平反，却单单不肯为岳飞平反。许多大臣上书，请求为岳飞昭雪，而赵构依然置之不理。

第三，宋高宗有充足的动机杀岳飞。岳飞一心想收复山河，雪靖康之耻，迎回二帝。然而，一旦岳飞的愿望实现，赵构就很可能要将皇位还给父兄。

从这三点来看，元凶是赵构的可能性比秦桧要更大一些。

然而，直到现在，我们依然没有充足的证据证明岳飞究竟是被谁害死的，这恐怕只有当事人才知道。

你知道吗？

作为抗金名将，岳飞可谓有勇有谋，他不仅善于在战场上破敌，还善于发动群众。据说他曾经推行"连结河朔"的策略，促使民间抗金组织与宋朝官军协同作战。很多人喜欢把岳飞带领的部队称为"岳家军"。"岳家军"不但战斗力强，而且纪律严明，因而名留青史。

陆秀夫与陆游的关系之谜

　　陆游是南宋著名的爱国诗人，他的主张是恢复中原、北上抗金，但事与愿违，陆游到死也没有见到中原统一，带着遗憾死去。陆秀夫是南宋末年奋力抗敌卫国的民族英雄，后驻军崖山抗元，不幸战败，最终背着幼帝壮烈投海而亡。我们都知道陆游和陆秀夫都是爱国之人，那么，他们之间是什么关系呢？

陆秀夫是陆游的曾孙

　　一直以来，陆游和陆秀夫的爱国举动被世人称赞，史书上明确记载，陆游的祖籍是越州山阴(今浙江绍兴)，陆秀夫的祖籍是楚州盐城(今属江苏)，这两个地方相隔较远，因此，历史上从来没有人将"血缘关系"四字与他们二人联系在一起。然而，多年之后，有人从《会稽陆氏族谱》中发现，陆秀夫竟是陆游的曾孙，此事一出，直到现在都是学术界的一大疑案。

《会稽陆氏族谱》中记载，陆秀夫是陆游众多儿子中陆子布的孙子，陆秀夫便是陆游的曾孙。《会稽陆氏族谱》中称陆子布生有三个儿子，第三子为陆元楚，后从山阴迁居盐城，而陆秀夫就是陆元楚的幼子，陆秀夫还有两个哥哥。后来，有人找到了《世德堂陆氏家谱》，里面也记载了陆秀夫是陆游的曾孙，当人们以为这件事确凿无疑时，有人提出了疑问。

陆秀夫和陆游没血缘关系

一些学者对"陆秀夫是陆游的曾孙"一事持反对意见的理由有三个。

一是，一般情况下，如果陆秀夫的祖、父辈是仕宦或伟人，就会记录在重要的书上，而《陆君实传》和《宋史·陆秀夫传》中都没有记载陆秀夫祖、父的名字，可见，陆秀夫的祖、父辈均为无名之辈；如果陆游是陆秀夫的曾祖，那么史传上一定会记录。

二是，《宝祐四年登科录》中明确记载了陆秀夫的年龄，考试名次，曾祖、祖父、父等的姓名和职务，与《会稽陆氏族谱》中所载的情况完全不同，这难免令人生疑。按照登科录的惯例，里面会记载陆秀夫家中兄弟情况，但陆秀夫的名下，兄弟一栏却是空白的，这与《会稽陆氏族谱》中记载的陆秀夫还有两个哥哥的情况也是不同的，令人生疑。

三是，考取功名是光宗耀祖的事情，但《陆丞相世系考》和《盐城陆氏宗谱》中却不见赫赫有名的陆游的名字，反而记载了与陆秀夫相关的一些平庸之辈，如果陆游是陆秀夫的直系先辈，《盐城陆氏宗谱》中一定会记载他的名字，但现实却不是这样。

直到现在，人们还不能确定，陆游与陆秀夫的曾祖孙关系是不是真的。如果不是真的，《会稽陆氏族谱》为什么会这样记载呢？这需要学者们进一步研究和探索。

你知道吗？

有资料记载，陆秀夫投海殉国之后，有人在海边发现了他的尸体，并将其葬在了新会二城（即今广东省）。后来，有人在此地专门为陆秀夫修建了庄严的坟墓，坟墓旁还建有房屋，供守墓人居住，后该坟墓被破坏。

郑和七下西洋的目的之谜

  1405—1433 年，郑和率领船队七次出海，进行大规模的远洋航行，途中经历了无数艰难险阻，到达了多个国家，将我国的各类产品带到其他国家，也带去了我们博大的中华文化，同时换回了亚非各国的许多特产，极大地促进了中国与亚非国家的经济交流。然而人们却发出这样的疑问：郑和历尽千辛万苦，七下西洋究竟是为了什么呢？

寻找建文帝

  流传较早的一种观点认为是政治原因。《明史·郑和传》记载："成祖疑惠帝亡海外，欲踪迹之，且欲耀兵异域，示中国富强。"朱棣派郑和下西洋是为了找寻建文帝的下落，以消除政治隐患。但是，也有些学者认为：建文帝为人忠厚软弱，被朱棣从帝位上赶下台后，即使逃到国外也不会再有翻身之日，朱棣没有必要大费周折派人去寻找朱允炆的下落，而且有不少迹象表明，建文帝在南京城陷落前就已经葬身火海，不存在再寻建文帝的必要。他们认为郑和下西洋寻找建文帝之说实在是难脱牵强附会之嫌。

增强国力

另一种观点认为，明成祖派郑和七下西洋是为了"耀兵异域""教化异族"，使海外诸国"臣服明朝"。此外，他还想借扬军威、示国力来威慑一部分对他用武力夺得皇位不满的人。

还有人说郑和七下西洋是由于经济原因，是为了发展对外贸易，打开封闭、僵化的外交大门，在经济上与其他国家实行贸易往来，增强明朝的经济实力。

目的不断发生变化

近年来，海内外探索郑和下西洋原因的人们的角度又有所改变，他们认为郑和下西洋的任务随时间的推移而有所不同。郑和第一次出使是为了安抚邻近小国，减轻异族、异国对明朝的侵扰压力，以后几次主要是为了发展外交关系，促进明朝与周边各国的友好往来。

至今为止，郑和下西洋的目的仍是未解之谜，但是，

不管郑和七下西洋是出于何种原因，所起的作用却是毋庸置疑的，它促进了中外文化、经济的交流，让更多国家了解中国，正视中国的存在，在中国航海史上是一个壮举，在世界航海史上也是一大创举。

你知道吗？

郑和不仅有着高超的航海技能，还有着超强的军事才能。郑和的军事能力在靖难之役时便有所展现，在下西洋的过程中，郑和通过合理的战术剿灭海盗陈祖义、制止锡兰王亚烈苦奈儿的阴谋、擒获苏门答腊的苏干剌。这些事迹表明郑和可以在不同环境下因地制宜地选取作战手段。

宫女刺杀皇帝的主谋之谜

众所周知，皇帝往往处于重重保护之中，而皇宫也堪称防备森严，几乎每时每刻都有人在看守，但在明朝却出现了宫女刺杀皇帝的事情。那么，宫女为什么会刺杀皇帝呢？这次事件的主谋是谁呢？

皇宫发生刺杀事件

明朝的嘉靖皇帝是著名的迷信丹药的皇帝，他为了延长自己的寿命，曾请一些人为自己炼丹。当时有种说法是，未经人事的宫女的经血有延年益寿的作用。嘉靖皇帝便挑选宫女，让那些炼丹的人以经血炼丹。为了满足炼丹的需要，这些宫女还得忍饥挨饿，每天以露水等为食，

可谓饱受折磨。

一些宫女不愿坐以待毙，其中一个名叫杨金英的宫女带着其他宫女图谋杀死嘉靖皇帝，她们用的工具是麻绳。一天，嘉靖皇帝睡着后，这些宫女就用麻绳去勒他的脖子。由于宫女过于慌乱，麻绳还没有勒死皇帝便打成了死结，嘉靖皇帝虽然昏了过去，却最终逃过一劫。

这次事件便是后人所说的"壬寅宫变"，之所以加上"壬寅"两字，是因为事情发生时是壬寅年。这次事件是历史上少见的宫女起义。

主谋是谁呢

嘉靖皇帝逃过一劫后，开始反击。从他后来下的圣旨中可以看出，除了曾经阻拦刺杀行动的宫女，所有涉及此事的宫女都受到严惩，不分主谋从犯都被定下死刑。在圣旨中，嘉靖皇帝表示这些宫女凶恶悖乱，依律凌迟，其家属不限籍贯，一经查出，依律处决，并没收财产。圣旨颁布后，刑部等衙门便迅速执行了。

这些衙门后来回奏皇上，介绍了对这份圣旨的执行情况。这份文件中提到，此案中的主要犯人已经被押到刑场处死，并对这些犯人的尸体施以枭首的惩罚，同时

有关部门正在全力追查与这些犯人关系亲密的人。令后人感到奇怪的是，圣旨中特意提到了曹氏、王氏。这二人是什么身份呢？有人认为这两个人便是宁嫔王氏和端妃曹氏。有人还进一步指出，这两个人才是此案的幕后指使者。

杨金英的口供似乎可以作为曹氏、王氏发动此事的证据。在这份口供中，杨金英提到，在案发的那个月的十九日，王、曹两位嫔妃参与了此事，这两个人由于担心嘉靖皇帝提前发现这场阴谋，便以迟则生变为由建议快些动手。从这份口供来看，曹氏、王氏确实是此案的主犯。

难道曹氏、王氏是被冤枉的

也有些人觉得目前所掌握的证据不足以认定曹氏、王氏为此案主犯。试想一下，如果这二人真的是主犯，那么应当有对这二人行刑的较为详细的记载，但目前尚未发现相关记载，所以暂时不能判定这两个人就是主谋。

也有一些学者认为，此案发生的根本原因是后宫的压抑环境令不受宠的女子难以忍受，才发生了此事，如明朝学者谈迁便持有此种观点。

你知道吗？

嘉靖皇帝的迷信思想和对国事的不负责，不仅导致了"壬寅宫变"，还导致了明朝国力的耗损，进而引起社会动荡。在国势不振的情况下，边疆地区的一些势力也不断骚扰内地，"庚戌之变"便是当时明朝内忧外患局面的表现。

明朝"梃击案"真相之谜

梃击案是明末三大案之一，很多人都认为是郑贵妃主导了这次案件，但一些人经过考察发现，这个案件存在各种疑点。那么，这个案件的真相到底是怎样的呢？

是郑贵妃想除掉太子吗

明神宗也就是万历皇帝，在他执政期间，朝廷上的各股势力在立太子这件事上产生了严重的矛盾。当时明神宗没有嫡子（指正妻所生的儿子），他的长子名叫朱常洛，是恭妃王氏所生。但神宗最宠爱的女人不是恭妃，而是郑贵妃。郑贵妃也生了一个儿子，这个孩子叫朱常洵。神宗对朱常洵较为喜爱，对朱常洛则不够重视。

立太子是关乎封建王朝国势的事情，所以大臣们都催促神宗早日确立太子。在多方面的因素下，神宗最终还是不情不愿地将长子朱常洛立为太子，郑贵妃的儿子朱常洵则受封福王。当时，虽然朱常洛的太子之位已得

到确立，但郑贵妃一伙人不死心，福王迟迟不离开京城就任，看似稳定的局面实则暗流涌动。在这种背景下，疑似刺杀太子的梃击案发生了，有一人持棍在太子所住的宫殿袭击多人，不过太子本人并未受到伤害。

事发后，太子将此事据实上报给神宗，而犯人张差则暂时被关押。神宗皇帝命特定部门负责审理这一案件。提审时，张差满嘴胡话，嚷嚷着吃斋、讨封之类的事情，似乎是个疯子。不管审问的官员如何审讯，都没有得到有效的口供。无奈之下，只好把案子交给刑部。没想到，在刑部接手之后，张差依然不配合，说话还是颠三倒四。

尽管对张差的审问进行得很艰难，但最终张差还是没有扛住，供出了一些线索。张差提到，他本来以砍柴

等事谋生，一次偶然的机会结识了一个太监。这位太监又把他引荐给一位老太监。

老太监用酒食款待张差之后，将他带往太子所住的宫殿，并让他进宫后见人就打。那个老太监还特别指出，如果碰到穿黄袍的人，更是要打，如果能把那个穿黄袍的人打死，张差就会得到丰厚的奖励。那个老太监还宽慰张差，让他不要担心被抓，因为即使被抓也会有人救他出来。根据张差的描述，那两个太监是郑贵妃宫中的人。张差所供的内容流传出去之后引起轩然大波，很多人认为郑贵妃是幕后黑手，她的目的是扶持福王为太子。

郑贵妃听说这个情况后感到惊慌失措，找到神宗求救。神宗则让郑贵妃去向太子解释。由于皇上和太子都不愿再追究此事，最后只有张差被处死。张差死后，就意味着一个重要人证没有了。而被认为参与了此案的那两个太监也就有恃无恐，之后多次会审，他们都不承认自己与此案有关。后来神宗悄悄命人处死这两个太监，此案从此不了了之。

是太子自编自演的

后人在梳理此案时，往往也沿用前人的观点，认为郑贵妃是幕后黑手。不过也有人提出一些其他观点，比如一些人认为此案是太子自编自演的。这种观点在逻辑上确实有合理性，因为以郑贵妃当时面对的局势来说，如果太子被谋害，那她将成为众矢之的。况且，就算郑贵妃真的想谋害太子，也不太可能用这种漏洞百出的方法，毕竟，让一个手持棍棒的人在戒备森严的太子宫殿中行刺杀之举实在太过鲁莽。不过这种认为是太子自导自演的观点并没有足够的证据支撑，因此只能作为一种推测。

总之，由于相关证据不够充分，所以这个案子长期被人们视为未解之谜。

你知道吗？

　　"明末三大案"，也叫"晚明三大疑案"，均发生在明朝宫廷中。这三个案子分别是梃击案、红丸案、移宫案。由于这三个案子在政治层面产生了重要的影响力，所以被人们称为"三大案"。

明朝"红丸案"之谜

明光宗朱常洛在登上皇位前长期处于险恶的政治环境中，多次遭遇陷害，这从"挺击案"中便可见一斑。而在登基之后，他也没能长长久久地把皇位坐下去，而是即位一个月便病死了。但明光宗的病死过程十分蹊跷，据说和一枚红色的药丸有关，这也是"红丸案"名字的由来。"红丸案"是怎么样的一个疑案呢？

吃泻药病亡

一些史料对明光宗即位之后得病的过程有所记载。据说，明光宗有一个宠爱的女子，即李选侍。李选侍和郑贵妃的关系比较亲密。郑贵妃是神宗皇帝（朱常洛的父亲）的妃子。郑贵妃和李选侍合作，二人给明光宗进献了8个美女。明光宗的身体很快就出现了问题。之后，一个崔姓太监疑似在郑贵妃的授意下为明光宗选了泻药用来治病。吃过泻药后，明光宗的身体状况越发恶劣，

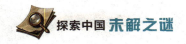

最终病死。

一些人推测，明光宗继位前的坎坷经历可能影响了他的心理。他继位之后陡然从以前如履薄冰的处境转到权势极大的处境，于是难以控制自己的享乐欲望。

众多大臣认为：郑贵妃在明光宗继位之前就意识到明光宗有好色的特点，所以用美人计来对付明光宗，这才主动献上美女，并尽力促使自己信赖的那个崔姓太监去侍奉明光宗，进而通过引导明光宗服用泻药来弄垮明光宗的身体。后来明光宗渐渐意识到自己的身体可能撑不了太长时间了，所以主动叫一些臣子来商议修建陵墓之类的事情。但当时很多官员真正担心的并不是陵墓的建设问题，而是及早确立太子的问题。在这种混乱的局势下，一个名叫李可灼的官员向皇帝献上红色的药丸。明光宗多次服下红色药丸后不久便去世了。

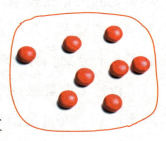

红丸到底是什么

对于这枚红丸究竟是什么，人们议论纷纷。有人认为，这枚红丸是一种铅丸，是春药的一种。李可灼之所以献上春药，可能是因为前朝有一些官员通过献类似的药而得到名利，李可灼想要效仿，而且春药是热药的一种，明光宗当时的状态则属阴寒，用春药来治，也有些道理。还有一些人觉得，李可灼献上的这枚药来自道家，有救命的效果，只是明光宗当时的身体实在太过虚弱，最终还是没能救回来。

可惜的是，由于与"红丸案"有关的证据不够充分，人们至今也无法确定究竟哪种说法是对的。此案可能成为一个永远解不开的谜团。

你知道吗？

虽然明光宗只在位一个月，但作为皇帝，他也有一些成就，比如废矿税、饷边防、补官缺。其中，废矿税就受到了各地民众的支持。矿税是明朝时期实行的一项税种，一般指开矿和榷税（开矿之后在全国各地征收商税），因太监不懂地质，所以演变成遍及全国的敲诈勒索运动，受到时人的厌恶。明光宗当上皇帝后，下令罢免全国的矿监、税使，停止任何形式的采矿、征税活动，此命令一下，朝野上下一片欢腾。

懿安皇后的结局之谜

懿安皇后张氏，是明熹宗朱由校的皇后，她的父亲是河南祥符县（在今开封）诸生张国纪。懿安皇后在明朝后期的历史中有重要影响，她帮助崇祯皇帝继承皇位，在崇祯皇帝摧毁魏忠贤集团的过程中也出力甚大。奇怪的是，当李自成带领的农民起义军攻克京城后，懿安皇后的下落却成了谜团。她的结局究竟是怎样的呢？

睿智的懿安皇后

明熹宗病重时，由谁继承皇位成了重大问题。由于明熹宗无子，魏忠贤便生出夺权的野心，希望张皇后能够将魏良卿（魏忠贤的侄子）的儿子作为皇子，让这个孩子来继承皇位。如果张皇后答应，那么她就可以得到干预朝政的机会，魏忠贤则可以巩固并发展自己在朝中的势力。张皇后在复杂的局面中保持了理智，并且劝皇帝将弟弟信王朱由检作为皇位继承人。皇帝先把信王唤

来，然后向他表明传位之意，信王认为自己不适合作为继位的人选。在这种局面下，张皇后果断地从屏风后面走了出来，诚恳地劝告朱由检，使朱由检最终同意。等到明熹宗去世，朱由检便登基称帝，就是崇祯皇帝。崇祯皇帝登基后，魏忠贤成了崇祯皇帝的心腹之患。崇祯皇帝对张皇后十分敬重，尊她为懿安皇后。在崇祯皇帝与张皇后的合作之下，魏忠贤的势力最终土崩瓦解。

逃出宫外

有些史料的观点是，当李自成带领的起义军攻克京城时，懿安皇后曾拿出金银迎接起义军，后来去向不明。不过据说拿金银迎接起义军的人虽然自称懿安皇后，却不是真正的懿安皇后。

还有些史料的观点是，当起义军进攻京城时，崇祯皇帝曾试图派使者找到懿安皇后，以便劝她自己了断。但当时后宫已经乱成一团，懿安皇后在慌乱中用衣服蒙住脑袋来到成国公的家里。但也有人觉得逃到成国公家的另有他人，并非懿安皇后。

自缢身亡

《懿安事略》中的观点是，在起义军进入京城时，后宫大乱，懿安皇后自缢而死，据说还有太监亲眼看到懿安皇后自缢的过程。

有人则认为，懿安皇后虽然自尽，却并非死于宫中，而是在成国公的家里被起义军的一位将军发现，那位将军帮懿安皇后回到娘家，之后懿安皇后才自尽。据说那位帮助懿安皇后的将军就是李岩。

《甲申日记》中也提到，懿安皇后在李岩的帮助下回到娘家，之后自缢。《怀陵流寇始终录》中也认为李岩对懿安皇后有所帮助。著名学者郭沫若先生同样认为李岩曾对懿安皇后施以援手，并在《甲申三百年祭》中表达了这种观点。在《甲申三百年祭》中，郭沫若先生还引用了一段《剿闯小史》的史料。这段史料中提到，京

城被起义军攻破后，懿安皇后便想自缢，可当时起义军已经进入宫殿，李岩将军发现懿安皇后的身份后，就约束部下的行为，并派人把懿安皇后送回了娘家。懿安皇后回到娘家后便自缢身亡了。

时至今日，懿安皇后的真实结局依然无人知晓，仍是未解之谜。

你知道吗？

从一些史料的记载来看，懿安皇后雍容华贵，目光温柔，有樱桃小口和挺直的鼻梁，是历史上著名的美女。她年纪轻轻便被选入宫中，不久便坐上了皇后的位置。

陈圆圆的下落之谜

说到明末清初的奇闻，人们总会提到一个充满浪漫色彩的女子，即陈圆圆。在当时，有一位将军名叫吴三桂，是足以影响政治局势的人物。据说，正是出于对陈圆圆的爱，吴三桂才做出降清的举动。奇怪的是，后来陈圆圆似乎神秘地失踪了。那么，陈圆圆到哪里去了呢？

史书中的记载

在民间，有关陈圆圆的事情可谓家喻户晓，虽然很多人觉得她对明末清初的局势有重要影响，但不管是《明史》还是《清史稿》，都没有为她花费太多的笔

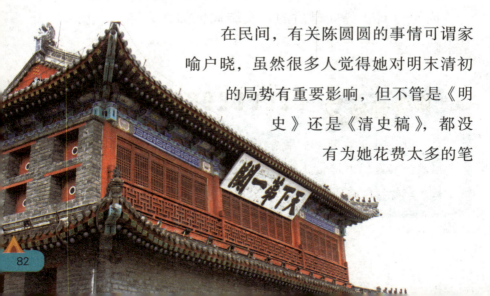

墨。从史书上看，人们只能推测陈圆圆曾是吴三桂的爱妾，后来落到起义军将领刘宗敏的手里，至于陈圆圆最终的下落，则没有明确记载。

死于宁远

有一种说法是，陈圆圆死在了宁远地区。这一观点可见于《甲申传信录》。书中记载，刘宗敏曾经确实想索要陈圆圆，但吴三桂的父亲则表明陈圆圆已在宁远去世。《甲申传信录》是较早的一本记载陈圆圆结局的书籍，这本书中陈圆圆到过宁远的观点得到了《国榷》《明季北略》等史料的采纳，但这些史料中并没有采纳《甲申传信录》中陈圆圆死于宁远的观点。这也表明，当时的人对于陈圆圆的结局并不敢下定论。学者姚雪垠对陈圆圆死于宁远的观点是认可的，并推测出了她的死亡年份，不过他的推测并没有得到学术界的公认。

《圆圆曲》中的记载

由于陈圆圆的一生极富传奇色彩，所以她成为一些文艺作品中的主角。比如吴伟业曾经以她为主角创作了

《圆圆曲》，讲述了陈圆圆与吴三桂的坎坷情路。按照这个作品的说法，陈圆圆不但没有死在宁远，还与吴三桂一起进入陕西等地。不过，作者在创作时可能采纳了很多民间传说，因此这个作品并不能被视为可靠的资料，而且作者并未对陈圆圆的下落进行说明。

《圆圆传》中的说法

清朝的陆次云也创作过一部和陈圆圆有关的文艺作品，名为《圆圆传》。在这个作品中，作者提到了陈圆圆的结局。按照这个作品的情节，陈圆圆并没有死在宁远，还曾和吴三桂一起谋划军政大事，最后和吴三桂一起死于三藩之乱中。

死于贵州岑巩县马家寨

还有一些人认为，陈圆圆确实曾经跟随吴三桂至三藩之乱时期，但她并未死于三藩之乱，而是在吴三桂失势后在吴三桂将领马宝的保护下逃到了今贵州岑巩县马家寨一带，死后也葬在这里。之所以世人长时间不知道陈圆圆曾躲在这里，是因为陈圆圆的后人一直谨慎地保守着陈圆圆下落的秘密。据说此地的吴氏家族就是陈圆圆之子吴启华的后代。而陈圆圆下落的秘密如今之所以公之于众，是因为中华人民共和国成立后，吴氏家族有人泄露了这方面的信息。

　　有一些人对吴氏家族与陈圆圆的关系表示怀疑，因为历史上记载的吴三桂的儿子均为"应"字辈，为何马家寨的吴氏家族却声称陈圆圆的孩子是"启"字辈呢？至于那个将领马宝，从史料来看，似乎没有机会护送陈圆圆逃亡。

　　总之，陈圆圆的下落至今仍是一个谜团，需要专家进一步研究。

你知道吗？

　　陈圆圆画像碑也有过一段奇特的遭遇，它最初立于莲花池老铁路旁，饱经日晒雨淋，后来消失在人们的视线中。1982年首次文物普查时，这个碑才在昆明市的某个车间被发现，后被保管于东寺街西寺塔的文化园内。

袁世凯告密的实际影响之谜

很多书籍讲述戊戌变法时，会提到袁世凯告密一事，并往往认为袁世凯的告密与慈禧太后的政变关系甚大，这种看法几乎成了定论。不过如果我们多研究一些史料就会发现，慈禧太后发动政变的决心可能并非来自袁世凯的告密，而且袁世凯在戊戌变法中的告密行为本身就疑点重重。袁世凯的告密真的有那么大的影响吗？

慈禧早已密谋政变

虽然慈禧太后曾对变法表示出容忍，但是从她对军权的高度掌控来看，她自始至终对变法一事满怀戒备，因此可以推测，慈禧太后之所以不明确反对变法，只是因为畏惧社会压力，她实际上一直对变法派持敌视态度。

从史料上看，"训政"（垂帘听政）的宣布似乎意味着政变的开始。但实际上，在此之前，慈禧太后就已经动用武装力量将颐和园和北京内外控制在自己手中，也

就是说,在"训政"开始之前,光绪皇帝就已经失去自由了。这也就意味着,慈禧发动政变是早有预谋的,与袁世凯的告密并没有多大关系。

在政变发生之前的变法运动中,光绪皇帝曾打击了阻碍变法的保守势力,这使很多保守派人士聚拢在慈禧太后身边,希望借助慈禧太后扳倒光绪皇帝。慈禧太后对光绪皇帝的很多做法也不满意,更何况光绪皇帝打击的一些人正好是慈禧太后的亲信。随着变法运动的规模越来越大,慈禧太后对光绪皇帝的容忍也逐渐达到了极限。

由于难以容忍光绪皇帝的所作所为,慈禧太后秘密地命荣禄带兵控制京津地区的一些军事要塞,而此时还

没有发生袁世凯告密的事情。也就是说，慈禧太后在袁世凯告密前就已经开始部署政变的相关事宜了。

有人觉得，虽然慈禧太后发动政变的时间与袁世凯告密的时间较为吻合，但是政变发生时，慈禧太后还没有收到袁世凯汇报的信息。也就是说，袁世凯告密与慈禧太后政变在时间上的吻合只是一种巧合，慈禧太后发动政变并非因为袁世凯告密。

《戊戌日记》存疑

从袁世凯留下的《戊戌日记》来看，他曾表示自己的告密行为并非迫于局势，而是积极主动。但是这个说法疑点重重，因为袁世凯并没有就近找北京的慈禧亲信告密，而是绕到天津地区告密。况且如果袁世凯真的主动告密，那他应该在与谭嗣同相谈之后立刻告密，为什么要犹豫一段时间呢？要知

道，谭嗣同与袁世凯商议的都是令人惊心动魄的大事，袁世凯竟然能忍耐很长时间才去告密，由此可见他对告密

之事是比较纠结的，并不是积极告密。那么袁世凯又为什么要欺骗世人，声称自己是积极告密呢？

　　由于袁世凯告密一事实在扑朔迷离，且相关资料不够严谨充分，所以袁世凯告密一事在戊戌变法中的实际影响至今仍是未解之谜。

你知道吗？

　　由于袁世凯生前所处局面十分复杂，且他本人善于玩弄权术，所以对他的心理和他在历史上所起到的作用也要从多方面去分析。综合而言，他并不能算是一个纯粹的革命家，他身上有浓厚的旧派人物的特点，他曾表现出爱国的一面，但也在晚年做出过称帝这种倒行逆施的事情。